U0724144

# 每天一堂 最有趣的 思维 游戏课

★ 记忆图像化 · 思维可视化 · 知识结构化 · 解题模型化 · 结果导向化 · 兴趣提升化 ★

宋师道◎编著

中国华侨出版社

图书在版编目（CIP）数据

　　每天一堂最有趣的思维游戏课／宋师道编著. — 北京：
中国华侨出版社，2015.7（2021.2重印）
　　ISBN 978-7-5113-5580-5

　　Ⅰ.①每… Ⅱ.①宋… Ⅲ.①智力游戏
Ⅳ.①G898.2

　　中国版本图书馆CIP数据核字（2015）第168949号

● 每天一堂最有趣的思维游戏课

编　　著／宋师道
责任编辑／文　喆
责任校对／志　刚
装帧设计／环球互动
经　　销／新华书店
开　　本／710毫米×1000毫米 1/16　印张／19　字数／271千字
印　　刷／三河市嵩川印刷有限公司
版　　次／2015年12月第1版　2021年2月第2次印刷
书　　号／ISBN 978-7-5113-5580-5
定　　价／58.00元

中国华侨出版社　北京市朝阳区静安里26号通成达大厦3层　邮编：100028
法律顾问：陈鹰律师事务所　　　　　编辑部：（010）64443056　　64443979
发行部：（010）64443051　　　　　传　真：（010）64439708
网　址：www.oveaschin.com　　　E - mail：oveaschin@sina.com

据统计，人的大脑在理论上的信息储存量，相当于 1 万个藏书1000 万册的图书馆。大脑的潜能，几乎接近于无限，理论上讲，我们每个人都比爱因斯坦聪明才对。但是，至目前为止，人类普遍只开发了大脑功能的 5%，仍然有着巨大的潜能尚未得到合理的开发。

人的大脑具有极强的可塑性，经常进行锻炼能激发脑细胞的活力，促进脑细胞的生长发育和神经信息的传递，可以使大脑思维更加活跃，激发大脑潜能。这便是俗话所说的"大脑越用越灵"，那么，最简单的锻炼大脑的方式是什么呢？答案很简单，就是来一次思维游戏的大挑战。在轻松愉悦、欢乐有趣的过程中，让你的脑细胞得到激活。

《每天一堂最有趣的思维游戏课》正是基于这样的理念而精选的一本思维训练书籍，精选了 365 道优秀的思维训练题目，以一天一堂的形式串连起来，每天只需利用几分钟的时间，就可以让你的思维得到开发和训练。在这个过程中，你会为喷薄涌出的灵感感到惊喜，其实正是这些看似简单的小游戏，在一步一步地引领着你认识思维中的奥秘。当一条路走不通的时候，不妨打开另一扇门，连这扇门也打不开的时候，房间里肯定还会有窗，换一种思维方式，你就能体会到"山重水复疑无路，柳暗花明又一村"的畅快感。

愿本书能全面开发你的思维潜能，激活你的大脑，提升你的能力，不断超越自我，走向不凡！

目录
CONTENTS

## 第一章　观察力大开发
### ——匪夷所思的图像思维游戏训练

## 第二章　数字思维训练
### ——在变幻无穷的数字中体味思维乐趣

### 第三章 推理思维训练
——顺藤摸瓜,推此及彼,挑战你的思维极限

## 第四章 演绎思维训练
——从抽象到具体，掌握事物发展的主动权

## 第五章 逻辑思维训练
### ——抽丝剥茧,突破你的思维瓶颈

## 第六章 归纳思维训练

### ——巧妙在"前提"和"结论"之间牵线搭桥

## 第七章 创新思维训练

### ——突破现实,发挥想象力,让思维去浮移

## 第八章 发散思维训练

### ——开启驰骋无限的思维想象力

## 第九章　转弯思维训练
### ——思维大转弯,磨炼敏锐的洞察力

## 第十章　应用思维训练
### ——着眼现实,立足生活,思维大升华

## 第一章

### 观察力大开发

#### ——匪夷所思的图像思维游戏训练

✡ **第1天 奇妙的"8"字圈**

观察前三个"8"字圈，选出第四个"8"字圈中"?"的值（ ）。

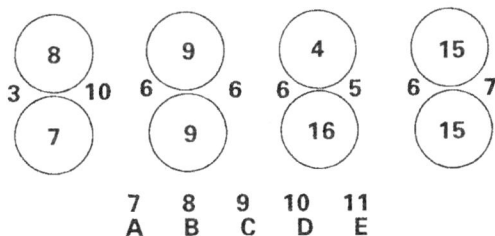

```
   8        9        4        15
3     10  6     6  6     5  6     7
   7        9        16       15
```

```
7   8   9   10   11
A   B   C   D    E
```

✡ **第2天 看内不看外**

根据左边一组的图像排列构成，选出右边一组"?"处的适合图像
（ ）。

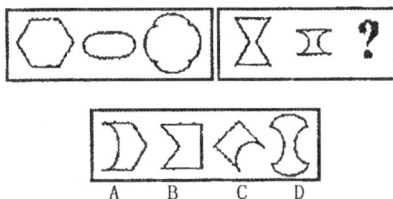

```
A   B   C   D
```

1

## ✿ 第3天　此消彼长

根据左边一组的图像排列构成，选出右边一组"？"处的适合图像（　　）。

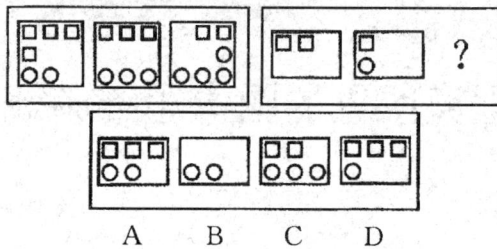

A　　B　　C　　D

## ✿ 第4天　头与尾

观察左边一组图形，选出右边一组的第一个图形（　　）

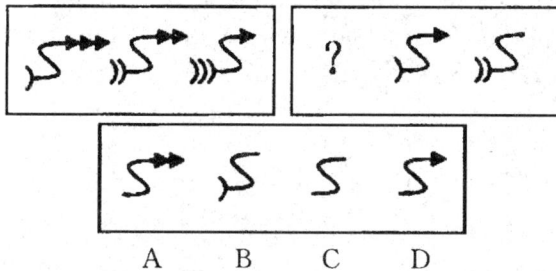

A　　B　　C　　D

## ✿ 第5天　公园路线图

周末，小红跟爸爸妈妈去公园。公园的布局如图所示，星号的位置是公园门口，每个方格代表一个景点，有黑点的地方是重点景区，有阴影的方格是水池，不能通过。而且公园的路都是直线，不能从一个景区斜插进另一个景区。他们该怎样设计路线，从门口进，不重复地游览完所有景点后再从门口出来？

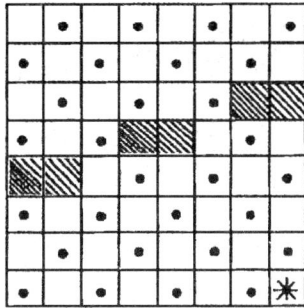

## ✿ 第6天　D代表多少

在下面的四个图形中，A代表0点，B代表9点，C代表6点，那么D代表了多少呢?

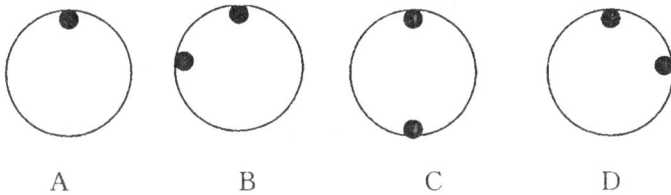

A　　　　　B　　　　　C　　　　　D

## ✿ 第7天　王林裁地毯

王林家有一个房间需要铺地毯，这块房间是一个三边各不相等的三角形。王林是个粗心大意的人，买地毯的时候不小心把地毯剪错了，这块地毯只有翻过来才能铺在要铺的地方。因为地毯是有正面和反面的，王林没有办法，只好将地毯剪开，重新组合后再铺在这个地方。

请问，怎样裁剪才能让地毯正面朝上，并且裁剪的块数最少呢?

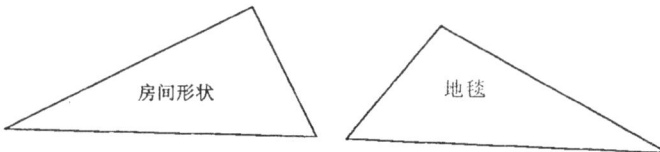

房间形状　　　　　地毯

## ✿ 第8天 小明观故宫

小明去故宫观察古建筑，发现有些屋顶形如图(1)，有些窗户状如图(2)，有些墙壁如同图(3)。她把这些图形都画下来，回家后让妈妈数一数屋顶上有多少个梯形，窗户上有多少个正方形，墙壁中有多少个四边形。你能数得清吗？

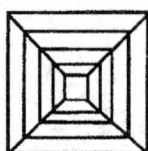
图（1）

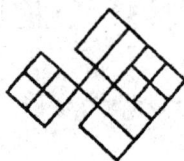
图（2）

图（3）

## ✿ 第9天 蜗牛环游世界

一只蜗牛把它所在的世界分成了64块儿（如图），它想慢慢地从一块儿走到下一块儿，就这样悠然地走遍世界，走过一生。但是它不想走回头路，也不能跳动，只能或上或下、或左或右，一块一块往前走。走遍这个世界后，它想叶落归根，所以最后一步要落在出发的地方，也就是它的家里。

你能帮这只蜗牛设计一条环游世界的路线吗？

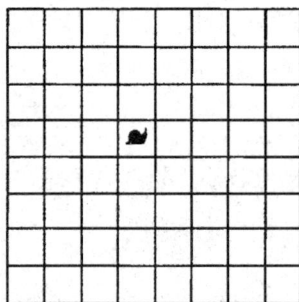

## ✿ 第10天 小华的烦恼

晚饭后，爸爸用火柴摆出了一个大正方形，里面又有许多小正方形（如下图）。小华数了数，大大小小的正方形一共有30个。爸爸问小华："只拿去9根火柴，你能让这 30 个正方形都消失吗?"小华百思不得其解，你能帮帮她吗?

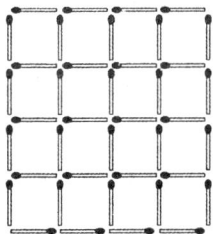

## ✿ 第 11 天　考考你的观察力

在图一的 13 块图形中，去掉其中的 1 块就可以组成图二中的小船，你觉得应该去掉哪一块?

图一

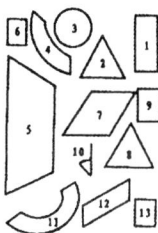

图二

## ✿ 第 12 天　图鹅升迁

对应左边一组的图形排列，右边一组的第三幅图应是（　　）。

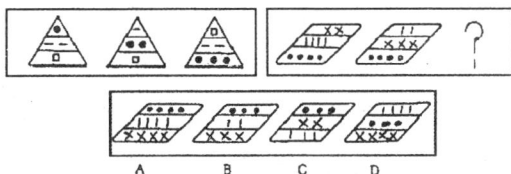

## ✿ 第 13 天　剪纸绝活儿

　　李奶奶虽然年纪大了，但是手上的活儿从没落下过，至今仍保持着非常高超的剪纸技艺，尤其喜欢剪影。图中 4 个头像就是李奶奶的作品，每个头像都是由①～⑧中的两个剪影合成的。你能说出 A、B、C、D 四个头像各是哪两个剪影合成的吗？

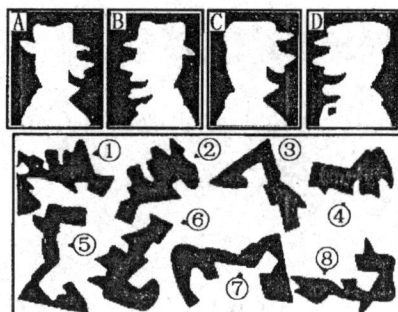

## ✿ 第 14 天　宁儿的愿望

　　一天，晓霞要去参加同学聚会，可她的妹妹宁儿却缠着她要跟去。为了甩掉这个"小尾巴"，晓霞灵机一动，给自己的妹妹出了个难题。她从桌子上拿出了 20 根火柴摆出了 5 个小正方形，并告诉宁儿只要把它变成 9 个正方形就同意带她去，但条件是只能移动其中的 3 根火柴。

　　宁儿想了很久也没有摆出来，你能帮助她实现自己的小小愿望吗？

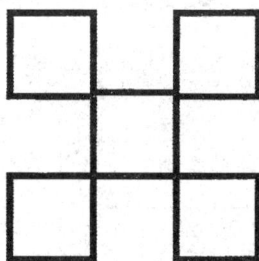

## ✿ 第15天　寻宝

　　某镇有 11 个村庄，分别是 A、B、D、F、G、H、M、P、R、W、Z。有一天，A村的一个少年从一个老人口中得知，Z村某处埋藏有一件珍宝，寻找珍宝的九条线索散落在其他 9 个村子里，缺少一个线索就找不到珍宝，而且每个村子只能去一次，如果再去就会被村民囚禁。老人给了少年一幅地图（下图），少年先确定了路线，然后一个村子接着一个村子寻访，最终收集到了所有线索，在 Z 村如愿找到了珍宝，原来是一本《孙子兵法》。

　　你知道这位少年的寻宝路线图是什么样的吗？

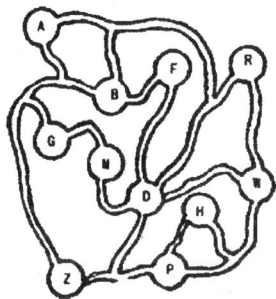

## ✿ 第16天　伤透脑筋的父母

　　一户人家有十胞胎兄弟，十兄弟住在一个大圆屋子里（如图），有时欢欢笑笑，有时打打闹闹。不管欢笑还是打闹，都很不安静，白天还好，一到晚上就搅得人睡不着觉。父母为此伤透了脑筋。有一天，爸爸找来 3 条长绳，在十兄弟的屋子里围了 3 个同样大小的圆圈，把十兄弟一一隔开了。十兄弟隔着绳子，你望望我，我望望你，都觉得莫名其妙，安静了一会儿，又吵闹起来。妈妈看了 3 个圆圈，哭笑不得，想把它们解开，但是她不知道怎么围成的，也就解不开。

　　你知道那 3 个圈子是怎么围出来的吗？

## ✿ 第 17 天　巧手裁手帕

　　刘英有一块三角形的布料，她想用它做一条正方形的手帕，她该如何裁剪才能使布料没有剩余，正好做一条正方形手帕？

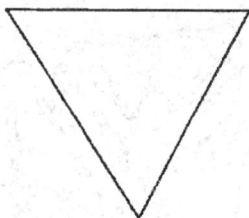

## ✿ 第 18 天　最理想的路线图

　　小王是一个客房管理员，每天下班之前他都要巡查 15 个房间，每两个相邻的房间之间有门相通。他理想的计划是从入口进去，每个房间只进出一次，最后走遍所有房间，并且到最里面的管理室签退。

　　小王试了很多次都没有找到最理想的路线，你能帮他画出这个路线图吗?

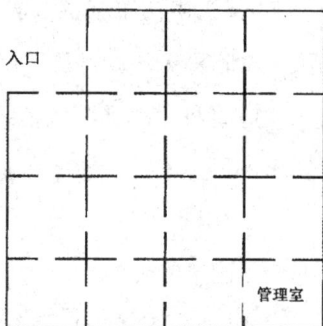

## ✿ 第19天　巧动笑脸

　　下图中一共有 10 个笑脸的图案，组成了一个正三角形。请问，如果只能移动其中的 3 个笑脸，怎样把这个正三角形倒过来？

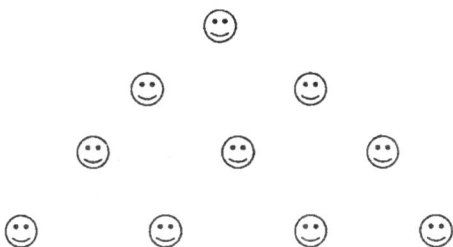

## ✿ 第20天　想象力大考验

　　仔细观察图形组 1 中的形态规律，并根据这个规律画出图形组 2 中带"?"的图片。

　　图形组 1：

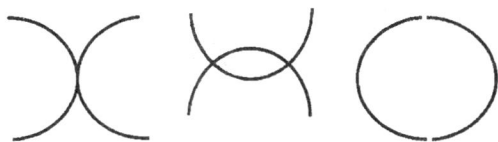

　　图形组 2：

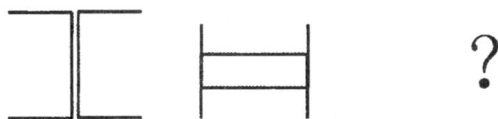

## ✿ 第21天　平分红十字

　　小华的妈妈是一位医生。小华在医院看到很多红"十"字标志（如下图左），医院的大门上，医生护士的衣服上，各种器具上，都有这种标志。小华想，能不能把这个红十字分成两个一样的图形，然后拼成一个六边形呢？

她拿出纸和笔，涂涂画画，竟然真拼成了。你知道小华是怎么拆分、拼合的吗？

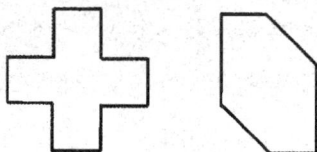

# 参考答案

第1天 D。

观察前三个图形可以发现，(8+7)×2=3×10，(9+9)×2=6×6，(4+16)×2=8×5。同理，(15+15)×2=6×?，所以?=10。即正确答案是 D。

第2天 D。

对比左右两组的前两个图像可知，右边一组的一、二两图是左边一组的一、二两图的两侧折向内变成的。"?"处的图像应由左边一组第三个图像的两侧内折变成，所以正确答案为 D。

第3天 B。

从左边一组图像可以发现，3个图像中，方格递减而圆圈递增。右边一组，第一个图像有2个方格，没有圆圈；第二个图像有1个方格1个圆圈，可见其规律与左边一组相同，方格递减而圆圈递增，所以第三个图像应有2个圆圈，没有方格，故选 B。

第4天 A。

左边一组图形中，箭头从3个依次减少到1个，尾部曲线由1条依次增加到3条。右边一组第二个图形有一个箭头一条尾部曲线，第三个图形没有箭头而有两条尾部曲线，右边一组图形的变化规律同左边一组，所以右边第一个图形应有2个箭头，没有尾部曲线。所以，正确选项为 A。

第5天 他们的游览路线如图所示：

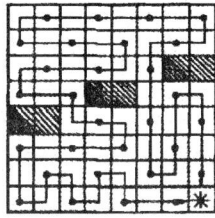

第6天 3点。仔细观察几个图形就会发现，其实这些点代表的正是时钟上的数字。

第7天 想要裁剪这块地毯，使其能翻过来覆盖在房间里，就必须保证所截取的小块是等腰三角形。裁剪方法如下图所示，先作一条垂线，然后分别连接两腰的中点，将不规则的三角形截为四份，构成四个等腰三角形，然后分别翻过来放在房间对应的位置上即可。

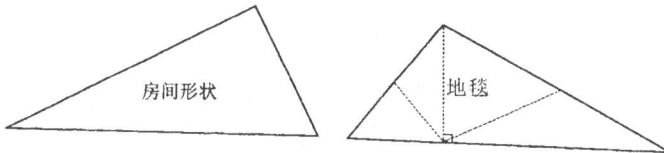

第8天 屋顶上有40个梯形，窗户上有16个正方形，墙壁中有6个四边形。

第9天 蜗牛环游世界的路线，如图所示：

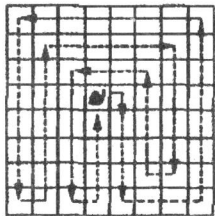

第10天 照下图拿去9根火柴，所有正方形就都被破了。

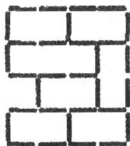

第11天 第12块是多余的。

第12天 A。

左边一组的每一个图像都分成3排，黑点在第一图第一排有1个，在第

11

二图第二排有2个，在第三图第三排有3个，位置下降，数量上升。横线在第一图第二排有2个，在第二图第一排有1个，在第三图第二排有2个，位置、数量都有升减。方格在第一图第三排有1个，第二图第三排有1个，第三图第一排有1个，数量未变。

右边一组的叉号对应左边一组的黑点，竖线对应横线，黑点对应方格，所以右边一组的第三图第一排应是4个黑点，第二排是4条竖线，第三排是4个叉号。正确选项是A。

第13天 A。

头像由④⑤合成，B头像由①⑧合成，C头像由③⑥合成，D头像由②⑦合成。

第14天 如下图所示：

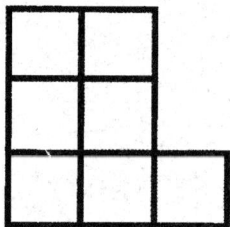

宁儿只需要把右上角那个正方形的3条边分别移动到上中下3个空缺处就可以了。

现在图中一共有9个正方形，其中包括7个小正方形和2个大正方形。

第15天 因为每个村子只能去一次，所以少年寻宝的路线应该是从A村出发，然后依次经过G、M、D、F、B、R、W、H、P，最终到达Z村。

第16天 如图所示，3条绳子是这样围成3个一样大小的圆圈的。

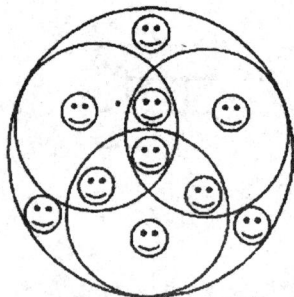

第 17 天 如图所示，沿着三角形内的直线裁剪，所得布块就能拼成一个正方形。

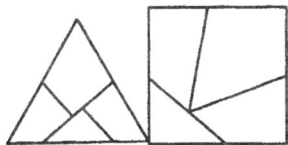

第 18 天 以下所绘就是小王需要走的路线图。

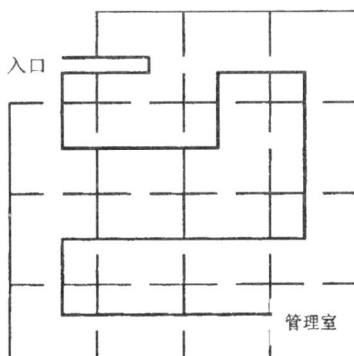

第 19 天 如下图所示，只需要将 3 个角的笑脸分别移动到对应位置即可（图中苦涩的脸是所移动的位置）。

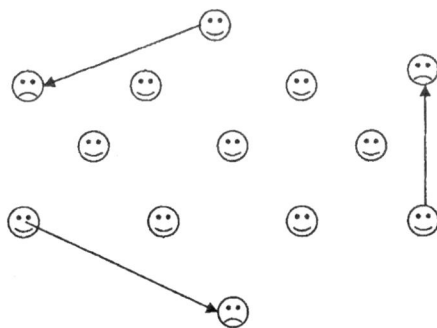

第 20 天 带"？"的图形为：

第 21 天 小华平分红十字，拼成六边形的方法如下图所示：

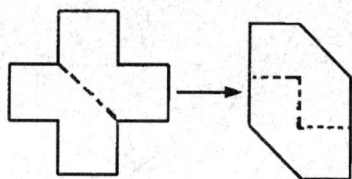

# 第二章 数字思维训练

## ——在变化无穷的数字中体味思维乐趣

### ✡ 第22天 一封不同寻常的家书

有一个美丽的小镇，镇子东街住着小商贩李秋明一家。李秋明虽然大字不识一个，可做买卖却十分精明。每次出去带少量的碎银，回家却掏出翻倍的银元来。

这年春天，李秋明又告别了妻子桃红，进关来到繁华的长安城。

两个月后，李秋明做生意挣了一些钱。但是他心里却没法高兴起来，只见他一个人站在屋檐底下，望着天空，双眉紧蹙，脸上布满了愁云。

原来，李秋明临从家里出来时，父亲得病刚刚去世。父亲生病几个月来，昂贵的医药费几乎花光了家里的所有积蓄。临走时，他只给妻子留了差不多两个月的生活费，现在眼看着期限已经到了，妻子肯定急需呢，要不然拿什么买米吃饭。李秋明想把这两个月挣的银子送回去，可是眼下正在进行着一笔大买卖，这样一个良好的挣钱机会怎能错过呢？想到这里，李秋明不禁长叹一声。

"老弟，听说你又发了大财，怎么还唉声叹气呢？"这时一个油头粉面的青年男子走进院子里来。

李秋明一看，来人是同街的邻居王大松，忙引进屋子："原来是仁兄，你什么时候到这来的呢？来来来，进屋子说话。"

王大松看看屋内没有外人，便故作神秘地对李秋明说："老弟，我这次

15

来长安也算福分不浅，一共赚了这个数。"说着，伸出了两个手指头。

"挣了 20 两银子?"

"不对，少说了 10 倍!"

"什么? 200 两银子!"

"对了，其实还能多挣，可我惦念家里的人，明天就要回去了。"说到这里王大松看了一眼李秋明那忧伤的面容，又说："哎，老弟，不往家捎个信吗?"

"噢，对了!"李秋明这才想起要往家里捎银子的事，忙说道："仁兄，我想托你给家里人捎点银子去，行吗?"

"这有什么，不必客气，一定给你捎到。"王大松答应得很痛快。

李秋明高兴地借来纸墨。王大松站在一旁感到很奇怪，心想，这小子斗大的字不识一个，怎么竟写起家书来了。他好奇地伸过脖子一看，差点笑出声来。那哪是什么家书，是一幅奇特的画。李秋明在纸上画了 3 座高山，并在每座山头上画了一面小旗。王大松忽然明白了，这可能是李秋明画给儿子玩的，于是脱口问道：

"这是给儿子画的吧?"

李秋明刚要说什么，却又止住了，只是朝王大松点了点头，并从包袱里拿出了 30 两白银，连同画一起交给了王大松。

半个月后，王大松带着银子和那张画来到了李家。李妻桃红得知丈夫托王大松给自己捎来银子，很是高兴。可是当桃红看过那幅画后，把王大松拽住了，问道："孩子他爹托你捎回来 30 两银子，你怎么才交给我 10 两呢?"

"那……那怎么能呢?"王大松的脸一下子红到了脖子根，嗫嚅着说道。

桃红指着画一说，王大松羞愧难当，只得交出昧下的那 20 两白银。

桃红是怎么知道丈夫给自己捎来了 30 两银子的呢?

## ✿ 第 23 天　实际的损失是多少

科尔开了一家珠宝商店，专门经营品质卓越的钻石饰品，当然，价格也相当昂贵。这天，他来拜访大侦探亨利。刚进门，亨利就发现他脸色不太好。

"怎么啦，老朋友？"亨利一边为他倒咖啡，一边问道。

科尔接过咖啡喝了一口，叹着气说："别提了，真是倒霉透顶！不但上了个大当，而且到现在我还没弄明白损失有多大呢。"

亨利有点奇怪了，科尔是生意精，上当就已经是奇事，上当以后还不明白损失更是莫名其妙。他问道："你是开玩笑吧？把事情说来听听，或许我可以帮你想一想。"

科尔说道："昨天下午，一个穿着华丽裘皮大衣的女士来到我的商店里，她举止很优雅，我丝毫没有怀疑。在试戴了几枚钻石戒指以后，她挑中了一枚漂亮的紫钻戒指。"

"你不会被她调包了吧？"亨利忍不住问道。

"当然不会，这种雕虫小技怎么可能瞒过我。"科尔继续说道，"她看中的那枚戒指卖价 20000 元，经过讨价还价，我们以 15000 元成交。然后，她从包里掏出一张银行支票递给我，我仔细看了一下，上面有令人信服的签章，票面金额是 20000 元。"

亨利专心致志地听着，"倒霉的是，我当时刚好没有零钱了，便拿着支票到隔壁的皮包店，向皮包店老板艾文换了 20000 元。在找给女士 5000 元后，我为她包装好钻戒，礼貌地送走了她。谁知道，过了一会儿艾文来找我，说他太太刚才去银行兑换支票，却被告知支票是假的！没办法，我只好收回支票，赔偿了艾文 20000 元。"

"我算了一下，我的损失是价值 15000 元的戒指，赔偿艾文的 20000 元，损失总共 35000 元。而且我还找给那个女士 5000 元真币，这样算下来我的损失高达 40000 元！可是，这个数字对吗？"

"当然不对了。"亨利说道，"你算错了，实际损失没这么严重。"

那么，你知道实际损失到底是多少吗？

## ✿ 第 24 天　第 13 号大街

伊瓦尔住在伦敦第 13 号大街，这条大街上房子的编号是从 13 号到 1300 号。一次，好友拜伦想去拜访伊瓦尔，就给他打电话，想得知他所住的房子的号码。

电话接通，寒暄一番后，拜伦问道：你的房间号小于 500 吗？伊瓦尔作了答复，但他讲了谎话。

拜伦又问道：它是个平方数吗？伊瓦尔同样也作了答复，但没有说真话。

拜伦继续问道：它是个立方数吗？伊瓦尔回答了并讲了真话。

拜伦最后说道：如果我知道第二位数是否是 1，我就能知道你房子的号码。

伊瓦尔告诉了他第二位数是否是 1，拜伦也讲了他所认为的号码。但是，拜伦说错了。

请问，你知道伊瓦尔住的房子是几号吗？

## ✿ 第 25 天　肇事车的车牌号码

午夜冷冷清清的街头，突然传来一声刺耳的刹车声，原来是发生车祸了。一辆疾驰而过的轿车撞到一个年轻男孩，男孩被撞出 5 米多远以后重重地摔在地上。

车里的司机迟疑了一下，然后猛然加速逃离了现场。出租车司机威尔从后视镜中目睹了这桩惨剧，立刻拨打报警和急救电话，同时记住了肇事车的车牌号码。

等警察和急救车赶到的时候，男孩已经因为失血过多死去了。威尔把他记下的车牌号码 18U 洛克 01 交给警察。

警察立刻回到警察局经过查实，查到了车主名字以及家庭住址。当他们火速赶到车主家中时，发现那个可恶的肇事者正在床上呼呼大睡。他满脸惊愕地问："发生什么事了？"

当警察说明来意后，他更是直喊冤枉。无论警方怎么盘问，他都不肯承认在 1 个小时前开车出去过，更不承认撞了人。

警察让他打开车库，不禁大惊失色：摆在他们面前的是一辆廉价的日本车，而不是威尔说的昂贵的跑车。

随警方一同来辨认的威尔也非常惊讶。他怎么也不敢相信，难道是自己的眼花了？记错了车牌号？可是作为多年出租车司机的他，记录车牌号这种小事威尔自信还是非常老练的。他确信自己看到的车牌号就是 18U 洛克 01，当时很快就记下来了，肯定没有弄错。

最后警方只得找出 18U 洛克 81 号、18U 洛克 10 号、10 洛克 U81 号和18 洛克 U01 号四个最相近的车牌认真分析，终于找出了真正的肇事者。

你知道哪个车牌是作案的车的吗？

## ☆ 第 26 天　残忍的谋杀案

昨晚，市内某小旅馆有一名女旅客被人杀死了。经警方调查，死者似乎是猝然死去的，尸体上半身挂在床边，右手垂下，脸部向着地面。身上还穿着睡衣，看来像突发心脏病而死的样子。但是死者双手的手指被残忍地砍掉了，断口处渗出少量的血液。房间里的一切东西都没有什么动过的痕迹，房门和窗户都从里边反锁了。床头尸体的旁边放着一个小柜，上边有以下东西：死者的护照、一张时间是当天早上 9：00 飞往纽约的机票、项链、手镯、一个小台灯、一杯喝剩下的咖啡，里边有安眠药的成分，但是并没有过量。

法医初步断定为中毒死亡。但是在鉴定死者曾用过的杯子时，并没发现有毒。死亡时间应当是早上 7：30 左右。

根据旅馆老板的证词，在这段时间里没有人进出过这个房间。经过调查，前一天晚上死者的男友到过这个房间，但是他在 10：00 就出来了，以后一直都有不在场的证明。

探长肖恩观察了一下现场，并听取了以下几个人的证词：

旅馆服务员：安眠药是死者让他去买的，因为她有头痛的毛病，不吃药很难入睡；

旅馆老板：早上发现尸体的时间为 8：00 左右，死者的男友来叫她，却没有回应，两人觉得不对就撞开门，结果发现尸体背向门口伏在床上，上身被床挡住了。死者的男友表现得很吃惊，立刻让老板去报警，他自己进去查看现场。大约两分钟后老板回到现场，两人就一直在一起；

死者男友的证词说，他前一晚来看死者，她说要赶第二天的飞机，所以睡得比较早。第二天他来的时候和老板一起去叫她发现没有人回应，就破门而入，当时他立刻叫老板去报警，自己则留下保护现场。2 分钟后老板回来两人就一直在一起；

邻房客人对死者表现出不满，说她总是在早上把闹钟调的很大声，影响他休息，至于今天早上他可以证明没有人进出过房间。

探长肖恩听完他们的证词后，指着一个人说：从这个人的身上，一定能找出证据，凶手就是他。

推理一下，凶手是谁？

## 第 27 天　奇怪的数学题

小建的数学老师给他们出了一些非常奇怪的数学题，让他们在下面的数字中间填上加、减、乘、除各项运算符号，从而使等式变得成立。但小建一道题也没有答上来。

聪明的读者朋友，你能帮小建解决这些难题吗？

1 2 3＝1

1 2 3 4＝1

1 2 3 4 5＝1

1 2 3 4 5 6＝1

1 2 3 4 5 6 7＝1

1 2 3 4 5 6 7 8＝1

## ✡ 第 28 天  最安全的牢房

警长抓住了一个盗窃犯交给监狱长，并千叮万嘱："这个盗窃犯不仅狡猾，脑子也很聪明。"

监狱长听罢，寻思着就把盗窃犯关在了监狱中最牢固、最安全的牢房中。牢房不仅是全封闭的，在牢房外面又是一条笔直的长廊，长廊上设置了5道铁门，铁门以不同的频率自动重复开启和关闭。

第一道门每隔 1 分 45 秒自动开启和关闭一次；

第二道门每隔 1 分 10 秒；

第三道门每隔 2 分 55 秒；

第四道门每隔 2 分 20 秒；

第五道门每隔 35 秒自动开启和关闭一次。

不过在某一点上，这 5 道门会同时打开，只有在这个时候，站在第 5 道门外的警卫会通过长廊查看罪犯的动静。罪犯可以出来到走廊散步透气，但如果在走廊里停留的时间超过 2 分 30 秒，警报器的铃声就会大作，警卫就会闻讯赶来。

那么，这位狡猾又聪明的盗窃犯能从牢房中逃脱吗？

## ✡ 第 29 天  赔了多少钱

一天，小王的店里来了一位顾客，他总共挑了 20 元的货，付账的时候给了小王 50 元钱。小王当时手里没有零钱，只好拿着钱去隔壁的超市找阿辉换。顾客走后没多久，阿辉就上门来找小王了，原来刚才换的那张 50 元是假钱。小王无奈，只好又拿出 50 元赔给了阿辉。

请问，在这一过程中，小王一共赔了多少钱呢？

## ✡ 第 30 天  公里之差

李强在池塘边发现水面漂着一具尸体，他立即向警方报了案。在池塘旁的泥地上，警方发现了一些汽车留下的痕迹，很显然这具尸体是被人从别处运来的。

依据车痕这条线索，警方很快查到，可疑车辆是属于距离该地 10 公里一家车辆出租公司的。该公司的工作人员翻查记录后，告知警方是一个叫黄亮的男子租了这部汽车。警方很快找到这名租车男子，向他询问。黄亮说他的车子只走了 16 公里，但从出租公司到池塘有 10 公里，来回一趟汽车要走 20 公里，所以他根本就不可能是凶手。

可经过后来的调查，警察发现按照里程表的读数计算，车辆确实只走了 16 公里。可这名租车男子明明是凶手。

聪明的读者，黄亮使用了什么诡计，改变了里程表的数字呢？

## ✿ 第 31 天　谁是凶手

艾弗里是个时间观念很强的人，他身上总是带着一只手表和一只怀表，时不时地拿出来核对时间。

有人在艾弗里家和他谈话，而他的侄子在楼下看电视。直到夜里 10 点，客人才起身告辞。但是第二天早上，艾弗里却被侄子发现摔死在楼梯上。楼梯的地板上有磕破的痕迹，显然是艾弗里在掉下来时跌跌撞撞所致。只见艾弗里的右手拿着怀表，怀表已经摔裂了，时针指向 1 点，但法医鉴定死者是在 12 点左右死亡的。这就说明怀表快了 1 小时。

"昨晚客人走后，我刚打算出去跟朋友喝酒，伯父在楼上说他忘了打开窗子，让我把窗子上下各打开 1 英寸。然后我就找朋友去了，12 点左右，我大声叫伯父开门，但是没人答应，我想着伯父是太累了没听到，就只好返回朋友家去睡觉了。谁想……"当警察询问时，侄子这样说。

"我 10 点离开艾弗里家后，直接就回家睡觉了，我的仆人们可以作证。"客人这样说道。

警方经过核实，两个最大的嫌疑人都可以证明案发时间自己不在现场，于是定案为自杀案。但是死者的好友科林探长闻讯赶来勘查现场后，却不这么认为,认为好友是被人谋杀的。

那么,你知道这是怎么回事吗?

## ✡ 第32天 深坑里的小虫子

很久之前,深坑当中住着一只小虫子,小虫子每天都在深坑当中过着单调的生活,久而久之就厌烦了,于是小虫子打算爬出深坑。已知,深坑的深度为27米,小虫子白天可以向上爬3米,但是晚上休息的时候又会下降2米,如果小虫子第一天早上开始往上爬,并且每天都是按照白天上3米、晚上下2米的速度,问,这只小虫子第几天可以爬出坑?

## ✡ 第33天 火车抵达时间

胡教授乘坐高速列车去上海参加一个学术会议。因为怕耽误了开会时间,胡教授便问列车上的乘务员:"火车什么时候到达上海站?"

"明天早晨。"乘务员答道。

"早晨几点呢?"

乘务员看胡教授一副学者派头,有意试试他:"我们准时到达上海市,车站的时钟显示的时间将很特别——时针和分针都将指在分针的刻度线上,两针的距离是13分或者26分。现在你能算出我们几点到达吗?"

胡教授想了一会儿,又问道:"我们到上海的时间是4点前还是4点后呢?"

乘务员笑了一下:"我如果告诉你这个,你当然就知道了。"

胡教授回之一笑:"你不说我也知道了。这下我就可以放心了。"

请问,这列火车到底几点几分到达上海站?

## ✡ 第34天 糊涂的鸭妈妈

鸭妈妈带着孩子去河边觅食,因为害怕孩子走丢,每隔一段时间鸭妈妈就要数一下。它从后向前数数到自己是8,从前向后数数到自己是9。最后鸭妈妈数出来自己有 17 个孩子，可是事实上它并没有这么多孩子。那么，你知道鸭妈妈到底有几个孩子吗？它为什么会把孩子数错呢？

## ✿ 第 35 天　戴维探长的猜测

这天，戴维探长要到数学教授格纳家去做客。是为了跟教授格纳讨论分析关于三天前一宗银行抢劫案的事情，并约在晚上 8 点钟。

在约定的时间，戴维探长准时到了格纳教授家的大门口，正准备按门铃时，探长发现大门是半掩着的，于是他推开门，直接进了屋子。叫了两声教授的名字也没人答应，戴维探长就坐在客厅的沙发上等待。10 分钟过后，仍然不见格纳教授回来，戴维探长觉得有点奇怪："教授一向是很守时的人啊。"

探长便踱着步在客厅里巡视，他的目光停留在一台开着的台式电脑上，只见电脑的荧屏上显示着一道"101×5"的算式。戴维探长看了觉得十分纳闷，格纳教授算这个还要用计算器？

突然，戴维探长从这道式子中想到了什么，立即拨通了 110。

那么，戴维探长发觉了什么？

## ✿ 第 36 天　框里的鸡蛋

农贸市场上，一个卖鸡蛋的妇女正急急忙忙地行路，希望可以赶个早市，将鸡蛋卖个好价钱，但路上一不小心被人撞倒了，装鸡蛋的筐子一下子被打翻，鸡蛋掉在地上都碎光了。撞上妇女的人急忙道歉，说要赔偿她的鸡蛋，并向妇女询问她今天一共带了多少只鸡蛋。

但女人却说："我记不清准确的数目了，只知道当我从筐子里按 2 个一次或 3 个一次、4 个一次、5 个一次、6 个一次拿出来的时候，筐子里只剩下了 1 个鸡蛋，但当我按 7 个一次拿出来的时候，筐子里便一个鸡蛋也不剩了。"

撞上妇女的人细心地算了一下，马上得出了正确答案，按市场价赔偿给了妇女。

请问，筐子里一共有多少个鸡蛋呢？

## ✿ 第 37 天　算年纪

很久之前，在村中住着 3 个人，他们分别姓李、刘、张。已知，姓李的和姓刘的年龄加在一起是 86 岁；姓张的和姓刘的年龄加在一起是 94 岁；姓张的和姓李的年龄加在一起是 82 岁。问，你知道这 3 个人各多少岁吗？

## ✿ 第 38 天　柑橘的数量

工厂中为了中秋节发放福利，特地购进了一批优质柑橘。但由于数量过多，会计数了好几次也没有数清到底有多少个。只知道这些柑橘如果 10 个 10 个数的话，最后会剩下 9 个；如果 9 个 9 个数的话，则剩下 8 个；8 个 8 个数，则剩下 7 个；7 个 7 个数，则剩下 6 个；6 个 6 个数，则剩下 5 个；5 个 5 个数，则剩下 4 个；4 个 4 个数，则剩下 3 个；3 个 3 个数，则剩下 2 个；2 个 2 个数便只剩下 1 个了。

请问，怎样才能计算出这堆柑橘到底有多少个呢？

## ✿ 第 39 天　登山家之死

登山家 A 的尸体于 2 月 23 日下午 5 时 30 分在雪山上的一间小木屋里被人发现。赶到小木屋的警察，除了勘验尸体，也搜查凶手的行踪。

根据法医鉴定，死者死亡时间在当日 1 时 30 分至 2 时 30 分。而山庄的老板 B 表示 2 时整曾和 A 通过电话，这样其死亡时间范围更缩小了。

经过调查，涉嫌者有 C、D、E 三人。他们也都是登山爱好者，和 A 同在一家登山俱乐部，听说最近为了远征阿尔卑斯山的人选和其他一些原因，分别和 A 发生过激烈的冲突。为了避免火暴场面，三人都搬到山庄去住，只留 A 一个人在小木屋里。C 服务于一家保险公司，正午时离开小屋，沿着山路下山，5 时多到达山庄。走这段路花 5 小时 20 分算是脚程相当快的人，最快的纪录是 4 小时 40 分。另外，服务于报刊杂志社的 D 和贸易公司的 E 于 1 时 30 分一同离开小屋。到一条岔路口时，D 就用制动滑翔往下滑，4 时整到达山庄。

E 利用制动滑翔一段距离后，本打算再滑雪下去，但找不到滑雪板，到达山庄已经 8 时多了。他在上一次登山中，弄伤了腿，所以从滑雪处走到山庄行动不便，全程至少要花 6 小时。

E 说遗失的滑雪板后来在山庄附近的树林中被发现。

他们都和死者一起来登山，所以这 3 个人中必有一个是凶手，那么到底是谁呢？为什么？

## ✿ 第40天　算错的账

一天下午，侦探巴德在街上散步的时候突然看到两个渔夫在争吵。

只见那个高个子渔夫大声骂道："算我瞎了眼，交了你这种朋友，我这么信任你，你竟然不顾我们的情意明日张胆地吞了我的钱！"

"你也不要太过分，血口喷人，我根本没有拿过你的钱，你的鱼卖的钱全部在这里了，难道你还让我给你变多点出来吗？"个子稍矮的渔夫反击道。

两人你一句我一句地争得面红耳赤，巴德便上前一问究竟。

高个子渔夫说："侦探先生，事情是这样的，我们今天一起来卖鱼。之前我俩已经商量好鱼的价格，因为他的鱼大，卖 1 元钱 2 条；我的鱼小，卖 1 元钱 3 条。摆好摊子后，突然遇到个多年不见的老友，我们就去喝酒聊天，让他帮我看一下摊子。刚刚我回来一看，摊子空了，鱼已经全部卖完了，心里很是高兴。但是谁料他却给我分了这么一点钱，我算了一下，跟我原先预计的差了好多。您说，不是他吞了我的钱还有谁？"

巴德还没说话，个子稍矮的渔夫就大声叫起冤枉来。他说："他这是狗咬吕洞宾不识好人心，我帮了他的忙，他却反咬一口。他把鱼交给我以后，我想了一想，既然我的是 1 元钱卖 2 条，他的是 1 元钱卖 3 条，何不干脆合起来卖，这样就是 2 元钱卖 5 条呢？很多城里人喜欢这样买鱼，因为 5 条鱼刚好够一家人吃一顿。果然不出我所料，鱼一会儿就卖光了。可我算了一下账，发现卖的钱比应该得到的少！我敢肯定的是卖鱼时我没有算错账，更没有找错钱。这样的话，肯定是他说的总数是错误的。"

这可真是一件奇怪的事情。巴德苦苦思索着这个问题，终于想通了，他兴高采烈地解释给两个渔夫听，他们听了以后，终于结束了无休止的争吵。

你能想明白其中的问题吗？

## ✿ 第41天 猜纸片

小明与爸爸一起玩猜纸片的游戏，游戏规则爸爸是这样设定的：在3张完全相同的纸片上，每张纸片的正反两面都分别画上了√、√；×、×；√、×两种符号。将3张纸片交到某个人的手中时，他可以偷偷选中1张放在桌子上面。如果只看一眼朝上的那面，便可猜出朝下的那面是什么标记。如果猜对了，对方要给猜对者5块钱；猜错了，猜错者要给对方5块钱。

请问，因为纸片上画的所有"√"、"×"数量各占总数的一半，也没有做出别的记号，看起来好像非常公平，请问你感觉小明赢钱的可能性大吗？

## ✿ 第42天 金环付工资

某个国家没有固定的货币，他们用以结算或付账的是由7个金环组成的金链，而如果切割次数过多的话，便会造成金子过多损失。一家家具店请了一批工人为其做工7天，每天的工资是1个金环。

请问，怎样才能在切割次数最少的情况之下，将金链按每天发一次工资的量发给这些工人呢？

## ✿ 第43天 当"1"遇到"1"

我们知道，"1"是一个很简单的数字，而当众多"1"在一道数学题中出现之后，就会出现一些神奇的现象。不信，你将下列算式的结果计算出来，找到规律后，看自己能不能迅速回答出"1111111×1111111"的结果。

$1 \times 1 =$

$11 \times 11 =$

$111 \times 111 =$

$1111 \times 1111 =$

$11111 \times 11111 =$

## 第 44 天　聪明的阿凡提

阿凡提是远近皆知的聪明人，就连国王也听说过他的大名。有一次，国王想考考阿凡提，看他是不是真的像传说中那么聪明。于是，国王便把阿凡提叫到了皇宫，询问他说："阿凡提，你知道王宫中的那个大水池里一共有多少桶的水吗？说正确了我就奖赏你 10 两黄金；如果说错了，你就要终身在皇宫为奴。"水池那么大，怎么能用桶测量出来呢？那些被阿凡提捉弄过的大臣都等着看阿凡提的笑话。

但阿凡提摸了一下胡子，立即回答了出来。整个大殿中没有人敢反驳他的答案，国王只好按承诺奖赏了阿凡提 10 两黄金。

你知道阿凡提说了什么吗？

## 第 45 天　主犯的密码

一天深夜，班杰明探长为捉拿一个贩毒集团的主犯，潜入某大楼，不想他却发现主犯被人暗杀了。

班杰明在主犯的衣兜里搜出一张小便条，上面写着几行数字：710 57735 34 5509 51 036145，班杰明猜测应该是线索的密码。为了迅速破案，警方将数字登于全国各大报纸上，面向大众人群征询答案，并承诺能破译者将获得 5000 美元的奖金。

半个月过去了，没人能破解此密码。一天警察局突然收到一封特别的信，是由一个 9 岁的小男孩写来的。信中写道："警察先生，这几行数字，其实并没有你们想的那么复杂，它只是用英文写的一句简单的话，读出来是这样的……"

那么，小男孩把这几行数字用英文读出来是什么意思呢？

## ✿ 第46天　救人的数字

这天傍晚，史密斯夫人在妹妹家里刚住了一天，管家就打电话让她赶快回家。

史密斯夫人刚到家，电话铃就响了，听话筒里传来一个男人的声音："你丈夫史密斯现在在我们手里，如果你希望他继续活下去，就准备50万美金，你要去报警，就别怪我们对史密斯不客气！"

史密斯夫人听罢吓得瘫坐在地上，不知该怎么办，她叫来管家一起商量后，还是决定报警。

亨利警长接到报案后，立即来到史密斯夫人家，了解情况。管家说："昨晚有个戴礼帽和墨镜的客人来家中拜访，他把帽檐压得很低，我也没看清他具体长什么样。不过看起来他跟先生是熟人，他一进来，先生就领他到楼上的书房里去了。结果，过了两个小时，他们还没出来，我上楼敲门，里面没人答应。我推门进去后，屋子里空空如也，窗户是大开着的，我就赶紧给夫人打了电话。"

亨利警长来到书房查看，也没发现什么线索，他朝窗子外面望去，发现泥地上有两行脚印，一直延伸到别墅的后门外，看来绑匪肯定是逼迫史密斯从窗子里跳出去从后门走出去的。

亨利警长又在书房里转了一圈，突然眼前一亮，他看到书桌上的台历上写着一串数字：7891011。亨利警长想了想，便问史密斯夫人："你丈夫有个叫加森（JASON）的朋友吗？"史密斯夫人答是。

"那么绑匪很可能就是这个叫加森的人。"果然亨利警长从加森家的地窖里救出了史密斯，加森因此锒铛入狱。

你知道亨利是如何根据那串数字，推断出加森是绑匪的吗？

## ✦ 第 47 天　甲乙丙的零花钱

甲、乙、丙三兄弟用零花钱打了几次赌。

开始，甲从乙那里赢得了相等于甲原有数目的钱数。

接着，乙从丙那里赢得了相等于乙剩有数目的钱数。

最后，丙从甲那里赢得了相等于丙剩有数目的钱数。

结果，他们每人现在拥有的钱相同。

"我在开始时有 50 元。"

请问：说这话的是甲、乙、丙中的哪一个？在开始打赌前，他们各自有多少零花钱？

## ✦ 第 48 天　巧妙的运算符号

星期日，小明想和同学们一起出去玩，但是他的妈妈要让他做出一道数学题才允许他出去。这道题是这样的，五个没有运算符号的式子，最终的结果都要等于 100，如果小明能在上面填写出正确的运算符号，就可以出去玩。那么，聪明的你可以帮帮小明吗？

3 3 3 3 3 3＝100；

3 3 3 3 3 3 3＝100；

3 3 3 3 3 3 3 3＝100；

3 3 3 3 3 3 3 3 3＝100；

3 3 3 3 3 3 3 3 3 3＝100。

## ✦ 第 49 天　密码里隐藏的秘密

8 月底，纽约警方接到线报，纽约黑手党家族准备在近期搞一次大规模的恐怖活动，目标和时间都不详，但线人秘密传回来一串密码如下：IFB＋IBB＋B＋IBF＋F＝BI＋B＋B，据称其解码方法只有黑手党高层才知道，但不幸的是随即这位线人就被暗杀了，现在唯一的希望就是在没有其他任何线索的情况下破解这串密码的秘密。

聪明的你能做到这一点吗？

## ✿ 第 50 天　浑水摸鱼

一个深夜，小偷潜入一家名牌手表店，偷了 45 块价值昂贵的手表。得手后，小偷美滋滋地开车逃跑。岂料乐极生悲，他的汽车一头撞在桥柱上，他也当场昏了过去。不久后，交警发现被撞坏的汽车，便把受伤的小偷送到一家医院进行抢救。

第二天，公司一名男售货员首先发现商品被盗，马上报了警，同时经理开始彻底清点各柜台丢失的手表，并列出了一份失窃商品的清单。店内的失窃情况为 19 块女式手表、28 块男式手表。

警方在处理小偷的事故现场时，发现了表店丢失的手表，于是，当天下午 3 点，警方便致电表店，通知窃贼已被抓获。所有失窃物品完好无损，并派人送回。

两天后，这名公司男售货员却由于这起失窃案被公司解雇，这是为什么呢？（已知该名销售员并非小偷的内应。）

## ✿ 第 51 天　起诉的地点

康妮小姐因车祸失去了四肢，撞倒她的是美国"全国汽车公司"制造的汽车，在法庭上，尽管有 3 个目击者证实：虽然司机踩了刹车，但汽车没有停住，而是后部打了个转，把人撞倒了。但全国汽车公司的律师马格雷先生利用警方所掌握的刹车痕迹等许多证据，巧妙地推翻了这些目击者的证词。

而康妮小姐也说不清是她自己在冰上滑了跤，还是被卡车后部撞倒的，只知道自己被卷进卡车底下，碾碎了四肢和骨盆。就这样，她败诉了。

纽约大名鼎鼎的律师詹妮芙·帕克小姐决定出庭为康妮小姐辩护。通过全国计算机中心查明：该汽车公司生产的汽车，近五年来共出过 15 次车祸，原因全都一样：产品的制动系统有缺陷，急刹车时，车子的后部会打转。随后她又设法搞到该公司卡车生产方面的全部技术资料，作了细致的研究。

詹妮芙找到全国汽车公司的律师马格雷先生，向他指出：在上次审理过程中，马格雷隐瞒了卡车制动系统存在的问题，而她将根据新发现的证据和对方隐瞒事实为理由，要求重新开庭审理。

马格雷愣了一下，马上问："那你希望怎么办？"

詹妮芙说："我希望能找到一种合理的解决办法，稍稍弥补一下那可怜的姑娘遭到的损失。汽车公司得拿出 200 万美元给那位姑娘。但如果你逼得我们不得不去控告的话，我们将要求 500 万美元的抚恤金。"

马格雷说："好吧！明天我要去伦敦，一个星期后回来。到时候，我也许会做出某种安排的。"

谁知到了约定的那天，马格雷却让秘书打电话给詹妮芙，说他整天开会，无法脱身，请她原谅。詹妮芙忽然想起诉讼时效问题。一查，康妮案件的诉讼时效恰好在这一天届满，她知道自己上当了，但她还是给马格雷打了个电话。

马格雷在电话里哈哈大笑说："小姐，诉讼时效今天过期了，谁也无法控告我啦！请转告你的当事人，祝她下次交上好运。"

詹妮芙气得浑身发抖，她抬头看了看墙上的钟，已经是下午 4 点了。如果上诉，必须赶在 5 点以前向法院提出。她问秘书："你准备这份案卷需要多久？"

秘书说："需要三四个小时。"

"全国汽车公司不是在美国各地都有分公司吗？我们在旧金山对他们提出起诉，以后再提出需要改变审判的地点，那里现在是下午 1 点钟。"

"来不及了。文件都在我们手上，即使我们在旧金山找到一家律师事务所，向他们扼要地说明事实，再由他们草拟新文件，也绝不可能在 5 点钟之前完成。"

但是，最终詹妮芙小姐胜诉，全国汽车公司赔偿康妮小姐 600 万美元。

你推断一下，为什么会这样？

## ✡ 第52天　3个数字

小明是个近视眼，坐在班级的最后一排。一天数学课，老师在黑板上写了三个数字，但是严重近视的小明却看不清楚黑板，于是问同座花花，黑板上写的究竟是什么数字。花花是个数学迷，于是和小明这样说道，老师在黑板上写了 X、Y、Z，XY＋XX＝YXZ。聪明的小明听完花花的描述之后，很快就知道了答案，那么，你知道老师在黑板上写了什么数字吗？

## ✡ 第53天　3地上的铅字

警方根据群众举报，查获了一家非法地下印刷厂。但是当警方赶到现场时，罪犯已经把非法印刷的书以及工具全部都转移了。大概走得匆忙，地上还留有排印书上页码用的全部铅字，共计2775个。

几位警员望着地上的铅字露出迷茫的眼神。这时警长来到了现场，盯着铅字看了一会儿，就算出了这本非法印制书的总页码。

你知道警长是怎样算的吗？

## ✡ 第54天　谁射杀了小邓？

小邓和老白经过一个月的调查，终于找到了抢劫银行的歹徒团伙的藏身之处。这天，两人悄悄地潜入歹徒所躲藏的屋子门外。

两人刚刚准备破门而入，突然，门自动开启，里面射出密密麻麻的子弹来。小邓不幸被射中，重重倒地。老白闪到旁边的垃圾桶背后，才幸免于难。紧接着他看到4个歹徒蹿出来一溜烟逃走了，老白寡不敌众，只好作罢。

他赶紧打了急救电话，可惜小邓已经死亡了。他身上中了4枚子弹，都是同一把手枪中射出来的。回到警局，调出资料，老白了解到4名歹徒A、B、C、D的具体情况。如下：

1、4人中，有一个歹徒曾经是一名教师，他就是这群歹徒的头领。

2、B一直在巴结他们的头领，但头领却不买他的账，一直对他不大信任。

3、C、D以及头领的妻子，3人是手足关系。

4、射杀小邓的凶手和头领是要好的朋友，他俩在一起混的时间最长，并且曾经一同被捕入狱。

5、抢劫银行时，D和枪杀小邓的凶手比其同伙出了更多的力，所以两人多拿了3万美元。

根据这些线索，你知道是谁枪杀了小邓？

## ✿ 第 55 天 痴人的幻想

很久之前，村里住着一个痴人，这个痴人终日无所事事，总是做梦天上会掉馅饼，自己会突然发财。一天，这个痴人在集市上买了一头牛，他的家人问他买牛做什么，这个痴人傻笑着说："我就要靠着这头牛发家了啊。"家人不解，痴人继续说道："我买的这头牛是母牛，它在第二年的时候一定会下崽，保守估计这头牛会下2头小公牛、3头小母牛，那么再过一年，母牛还会下崽，每头母牛依旧保守估计会下2头小公牛、3头小母牛……按照这样的繁殖率，很快我就会发家致富了，到时候买房买地，看村里的人谁还会看不起我。"家人听了这个痴人的话之后，只好无奈地走开了。问，假设这个痴人所说的都会实现，那么，到第五年的时候，这个痴人一共拥有多少头牛？

## ✿ 第 56 天 招生计划

有一所三年制高中学校，每年级为300名学生，共900名。该校制订了一个学生名额翻一番的招生计划，决定从明年新生入学开始，每年招生要比前一年多100名。请问几年后才能完成这个扩大招生计划？当然每年的毕业生一个也不能少。

## ✡ 第 57 天　不得其解

张小树是概率论专业的研究生，他所在的大学靠近市中心的地铁站。

城市的东边有一个游泳中心，城市的西边有一个网球中心。张小树既爱好游泳，又爱好打网球。每逢周末，他总站在地铁站面临着选择：去游泳呢，还是去打网球？最后他决定，如果朝东开的地铁先到，他就去游泳；如果朝西开的地铁先到，他就去打网球。

张小树在周末到达地铁站的时间完全是任意的、随机的，例如，有时是周六上午 9：16，有时是周日下午 1：37，等等，没有任何规律；而无论是朝东开的地铁，还是朝西开的地铁，都是每 10 分钟一班，即运行的时间间隔都是 10 分钟。因此，张小树认为，如此选择无论他去游泳还是去打网球，概率应该是一样的，正像扔一枚硬币，国徽面朝上和币值面朝上的概率一样。

一年下来，令张小树百思不得其解的是，用上述方式选择的结果，他去游泳的次数占了 90％以上，而去打网球的次数还不到 10％！

你能对上述结果作出一个合理的解释吗？

## ✡ 第 58 天　丢失的数字

数字屋里住着 1、2、4、8 四个数字，几个数字在一起总是能相加成不同的数字。但是有一天，有一个数字和其他三个数字走散了。自从丢失了一个数字之后，数字屋里的数字们就再也不能相加出 12 和 7。问，你知道丢失的数字是什么吗？

## ✡ 第 59 天　多少盏灯笼

中秋佳节到了，一家饭店为了营造出节日的气氛，特意在饭店的大厅里装了很多灯笼。其中一种装法是一盏灯下 1 个大灯笼和 2 个小灯笼，另外一种装法是一盏灯下 1 个大灯笼和 4 个小灯笼。已知大灯笼一共有 360 个，小灯笼有 1200 个，你能猜出这家饭店大厅里两种灯笼的装法各是多少组吗？

## ✿ 第 60 天　同伙的电话

一天夜晚，警方接到举报电话后，立即追捕一名在逃的通缉犯。警方设置警戒线进行封锁，使得该名逃犯插翅难飞。

"可恶！又被发现了。我得赶快找一台电话，让同伙来救援。"说着通缉犯闯进了一家盲人按摩的小店内，碰巧店内只有盲人老先生在。

"嘿嘿嘿……瞎眼的老头更好。"说着通缉犯将老先生捆绑后又将其嘴捂上，然后马上拨通了电话。电话挂断后，通缉犯立即逃出与同伙接头。最后，通缉犯顺利地突破警戒线，再一次逃脱警方的围追堵截。

直到早晨，邻店的老板来敲门，才发现了被捆绑着的老先生，赶紧向110 报了警。刑警马上赶到，向老先生了解情况："听说盲人听觉很敏锐，您听出逃犯拨的电话号码了吗？"

"我虽然听觉较好，但是无法完全辨别。那个逃犯拨了 8 个号后，按了一下上面的键，然后又拨了一个号。"所谓上面的键，就是指放听筒处的一个突起物。

"可一按上面的键，电话不是挂断了吗？"刑警感到不可思议。

后来，经过周密的调查，警方终于找到了逃犯的两名同伙，两个人的电话号码分别是 0474－43－9819 和 003－353－9125。

那么，你知道那晚逃犯拨的号码是哪个么？

## ✿ 第 61 天　神奇的计算机语言

学过计算机的人都知道，高级计算机语言中的逻辑运算非常难，当两个数的同一位上都是 0 时，其和也为 0；当两个数一个为 0，而另一个为 1 或者两个数都是 1 时，其和必为 1，那么以下推论哪个是正确的呢？

A. 如果两个数的和为 1，则两数中至少有一个为 0；

B. 如果两个数的和为 0，则两数中可能有一个为 1；

C. 如果两个数的和为 0，则两数必然都是 0；

D. 如果两个数的和为 1，则两数必然都是 1。

## ✡ 第 62 天　沙漏计时

一个数学老师有个漂亮的女儿，到了婚嫁的年龄。数学老师有 3 个得意的学生，个个都很聪明，对他家的女儿也是早已心存爱慕。

数学老师看在眼里，喜在心里，但是这三人中只有一人才能做他的女婿吧。于是他的就想了个办法。

数学老师拿出家里的两个沙漏，对他的 3 个学生说：这两个沙漏一个可以计时 5 分钟，一个可以计时 7 分钟，你们谁能只利用这两个沙漏，分别计算出从 10 分到 20 分的时间，我就考虑把女儿嫁给他。

3 位学生立马开始思考起来，最后最聪明的那个学生解算出来，数学老师就同意了他和自己的女儿交往。

那么，这个聪明的学生是怎样计算出来的呢？

## ✡ 第 63 天　卖电动车

金超想把家里的电动车卖掉，起初他为电动车标价 1100 元，可没有一个人能接受这个价格。金超又把价格降到了 880 元，电动车还是无人问津。金超没有办法，又以 704 元的价格兜售电动车，可还是没人感兴趣，最后，绝望的金超再一次把价格降了下去。这一次，他的同事刘波把车买走了，你知道刘波买这辆电动车花了多少钱吗？

## ✡ 第 64 天　拼凑正方形

9 张边长为 5 厘米的正方形纸张拼接大正方形，拼接结构为"3×3"，要求在拼接的过程中，每相邻的两个小正方形之间需要有 2 厘米的间隙。问，拼接好的大正方形面积为多少？（包括空隙面积）

## 第 65 天　提前到达

每天早上的时候，都会有一列邮寄到本市的邮件列车到达火车站，而每天早上，邮局都会派出一辆汽车到火车站去接回这些邮件。这天，火车到站的时间比预定的时间来得早了些，而运来的邮件被火车站的工作人员用摩托车送往邮局。当摩托车走了半小时的路程之后，遇到了来接邮件的汽车司机，汽车司机接过邮件之后，立即往邮局赶去了。

回到邮局之后，汽车司机发现今天回来的时间比预定时间早了 20 分钟。

请问，火车到达车站的时间比预定时间早了多少？

## 第 66 天　九宫阵

九宫阵是一个 9×9 的方阵，由 9 个九宫格构成，每个九宫格又由 3×3 共 9 个小格子构成。请在图中每个空白小格子里面填上 1～9 的数字，使每个数字在每个九宫格内以及在整个"九宫阵"中每行、每列上均只出现一次。

|   | 9 |   |   | 2 |   |   |   |   |
|---|---|---|---|---|---|---|---|---|
|   |   | 5 |   |   | 4 |   |   |   |
| 7 |   |   | 3 | 6 | 2 |   | 9 |   |
| 9 |   |   |   |   | 1 |   |   |   |
|   | 5 |   |   | 6 |   |   |   | 8 |
|   |   | 8 | 4 |   |   | 7 |   | 6 |
| 4 |   |   |   |   | 6 |   |   |   |
|   | 2 |   |   | 8 |   |   |   | 1 |
|   | 1 |   |   | 9 | 5 |   | 3 |   |

## 第 67 天　商人卖水

在炎热的大沙漠中，水比金子还要珍贵，常常有过往的旅客为了争一点水而大打出手。生活在沙漠中的居民深知水的珍贵，因此有很多人以步行在沙漠卖水为生，阿克拉就是这些人中的一员。

这一天，阿克拉又在自己的大皮囊里装上了 30 公斤水，然后徒步走进了茫茫大漠。他走了很久才遇到两个旅客。见到卖水的商人，两个人狂奔着跑了过来，其中一个人要买 22 公斤水，另外一个则要买 20 公斤水。阿克拉没有那么多的水卖给他们，只能将水卖给其中的一个人。为了不引起无谓的纷争，而且能尽快赶回家，阿克拉需要迅速决定将水卖给谁。从大皮囊中每倒出 1 公斤的水就需要费时 10 秒钟，请问阿克拉应该将水卖给谁呢？

## ✿ 第 68 天　寻找鸳鸯飞贼

警探梅特雷出外执行任务。一日，来到某宾馆准备住宿。他刚刚抵达宾馆的大厅，接到警长打来的电话，说他们通缉多日的那对飞贼夫妇正投宿在此宾馆二楼。

他向宾馆的前台工作人员出示了证件，要求查看宾馆的住宿记录，发现二楼有 3 间房间有人住。这 3 间房分别有两男、两女以及一男一女住宿，计算机上显示出的记录是"201－男、男""203－女、女""205－男、女"。

梅特雷心想："看来，这对鸳鸯飞贼一定是在 205 房间。"

为了避免惊动这对鸳鸯飞贼，梅特雷决定自己捉拿他们。于是，他悄悄爬到二楼，准备一举捉拿他们。

然而，就在梅特雷要撞破 205 号房门时，宾馆经理突然出现了。经理把他拉到一旁，悄声对他说："我刚刚发现，计算机上的显示完全不符合房间里宾客的身份，这表明住宿记录已经提前被人偷改过了！"

梅特雷想了一会儿，只敲了其中的一个房门，听到里面的一声回答，就完全搞清楚 3 个房间里的人员情况了。

请问，梅特雷到底敲了哪一间房门呢？

## ✿ 第 69 天　借唱片

阿江非常喜欢听爵士乐，而他的好朋友小诚那里正好收藏了不少爵士乐唱片。这一天，阿江来找小诚借唱片。小诚对他说："我现在只有一张唱片了，我已经把一半的唱片和一张唱片的一半送给了小梅，又把剩下的一半唱片和一张唱片的一半送给了小段。如果你能猜到我以前有多少张唱片，那么这张唱片我就送给你了。"

阿江听了小诚的话后一脸茫然，亲爱的朋友们，你们能帮助阿江解决这个难题吗？

## ✿ 第 70 天　口红数字

美国一名私家女侦探来到中国调查一起黑帮凶杀案，不料却被人枪杀在她所住的豪华宾馆。

警长刘勋带着助手赶到现场，只见女侦探趴在浴室的地上，手里紧紧握着一只口红，尸体翻转过来后看到胸部中了两枪。

警长在湿湿的地上看到几个模模糊糊的红色数字"809"。应该是死者在凶手走后挣扎着用口红写下的。

警长又在床上的小皮包里搜出一张卷得很紧的小纸条，纸条上写着："已查到 3 名嫌疑犯，其中一人是凶手。这三人是代号 608 的罗西、代号 906 的安格斯、代号 806 的奥布里。"

"那么，女侦探在地上留下的 809 又是谁的代号呢？"警长皱着眉头思索着，突然他的眼前一亮，知道凶手是谁了。

你知道吗？

## ✿ 第 71 天　按顺序排列西瓜

小明买了 7 个大西瓜的重量（以整千克计较）是依次递增的，平均重量是 7 千克，最重的西瓜有多少千克呢？

## ✿ 第 72 天　隐瞒诈骗

一天，公安局抓到了一名诈骗犯名叫马龙。

马龙自称是某公司的采购员到乡下去给村民代买电视，先后骗得 9 个村民数额相等的现款。

公安局在审讯的时候，马龙耍了个"脱身法"，承认骗了 9 个村民的人民币共 1984 元，并说可以把钱还给他们，要求宽大处理。

审讯员吴起听了马龙的交代后，略加思索，当即指出："我看给你加个谎报案情的罪名更合适，你这人不老实，坦白的不彻底啊。"马龙大惊失色。

接着吴起单刀直入地说："你诈骗的钱不是 1984 元，而是 6984 元。"

马龙一听，脸色惨白，随即耷拉下了脑袋，他的诡计被戳穿了，因为他诈骗的现款确实是 6984 元。

为什么审讯员吴起能如此准确地判断出马龙诈骗的金额呢？你能做出正确的推理吗？

## ✡ 第73天 一家人过桥

周末，军军和家人出去游玩，由于玩得太高兴，大家都忘记了回家的时间，等他们发觉的时候天都已经黑了。为了赶上最后一班公交车，一家人匆匆忙忙往回走，路上经过一条小河，河上有座桥，一次只允许两个人通过。如果他们一个一个地过桥，军军需要 15 秒，妹妹要 20 秒，爸爸要 8 秒，妈妈要 10 秒，奶奶要 23 秒。如果两个人一起过桥，只能按着走路慢的人的速度来计算。离最后一班公交车到来还有 3 分钟的时间，过桥之后还有 2 分钟的路程。

请问，军军一家来得及赶上公交车吗？他们该怎样过桥？过桥用了多长时间？

## ✡ 第74天 中尉身上的密码

事情发生在上世纪 70 年代。

H 国的一艘巡洋舰"马格德堡"号在波罗的海触礁沉没。M 国得到情报后，立刻派出潜艇前去搜索。从这只沉船中，M 国的潜水员打捞出许多死难者的尸体，其中的一具从军装上可以辨认出是一名中尉。这具尸体的胸前放着一只装有绝密文件的铅盒子。

打开铅盒子，发现3个密码本：一本是H国海军用的战略密码；一本是H国海军用的战术密码；一本是H国的商用密码。

这一发现使M国欣喜若狂。于是，他们立即组织了一个由M国海军情报局局长雷金纳德·霍尔少将主持的直属于海军总部的密码分析机构，代号为"04邮局"。

这个密码分析机构集中了数十名称得上权威的语言学家、数学家和电脑技术专家。经过几个月的紧张工作，终于把大部分密码破译出来了。

依靠这3个密码本，M国源源不断地截获了许多宝贵情报，其中包括H国在各大洋上舰队的战斗序列、火力分布以及H国派遣在世界各地的间谍的活动。而对于这一切，H国还一直蒙在鼓里，他们还在继续使用这些密码。

下面是M国截获的一组密码："101 100 102 210 001 112"。这是H国派驻在E国的间谍拍发给本国情报总部的一份情报。这份情报的内容是以下三者之一："盼归"、"寄款"、"买书"。特别有趣的是，这组密码运用了汉语拼音的规律，而且这组密码运用的是三进位制。

请问：这组密码是什么意思？并请说明理由。

**附：三进位制与十进位制对照表**

| 十进位制 | 三进位制 | 十进位制 | 三进位制 |
| --- | --- | --- | --- |
| 1 | 001 | 6 | 020 |
| 2 | 002 | 7 | 021 |
| 3 | 003 | 8 | 022 |
| 4 | 011 | 9 | 100 |
| 5 | 012 | 10 | 101 |

☆ **第75天　清晨的钟声**

志强家的对面有一座大楼，楼顶装有一口大钟。自从志强搬家到这里之后，他家里的闹钟就完全成了摆设，因为那口大钟每天都会准时将他从睡梦中唤醒。

这一天的凌晨6点，大钟又像往常一样准时敲响，而钟响的第一下志强也醒了。已知这口大钟每响一下就要延时3秒，间隔1秒之后再响第二下，请问，从志强清醒以后，直到他明确判断已经到了6点，前后总共经过了几秒钟？

# 参考答案

第22天 桃红把画递到王大松的面前，指着画上的三座山说："三山（三）得九！"又指着山上的三面小旗说，"三旗（七）二十一！你是读过书的人，加一加看吧！"

第23天 亚当的实际损失是25000元。亚当找给顾客5000元以后，自己还剩下15000元真币，只要他再添5000元就可以和艾文结清。加上戒指的价值15000元，他在这笔交易中损失了25000元。

第24天 房子的号码是64

推理过程：首先由前三个条件可以得出符合条件的数只有2个，一个数的第二位数为1，一个数不为1，否则由第四个条件拜伦绝不会有完全的把握得出伊瓦尔的地址，而13到1300间既是平方数又是立方数的只有两个，64和729，故伊瓦尔所说的条件中这个数肯定不是既是平方数又是立方数，根据拜伦问伊瓦尔第二位数是不是1，而这两个数都不是1，而且一个小于500，一个大于500，同时这个数也不可能既不是平方数又不是立方数，这样的数太多，拜伦由最后一个条件也得不出唯一解，所以伊瓦尔给出的答案中平方数和立方数肯定只满足一点，而无论大于500还是小于500的平方数都较多，所以也不可能，那么伊瓦尔对拜伦说的答案是：这个数不是平方数，而是立方数（当然前一条是假的）。小于500的立方数有5组，3到7的立方，太多故排除，500 到 1300 的只有 3 个 512、729、1000，而 729 既是平方数又是立方数，不符合条件，于是就只有两个数了，一个数第二位是 1，一个不是，拜伦由第四个条件肯定能知道伊瓦尔的地址，而实际上前两个条件都是假的，那么伊瓦尔的住房号码是小于 500 的，既是平方数又是立方数，那么就是 64 了。

第 25 天 从后视镜中看，所看到的图像是相反的，也就是说，正确的车牌号应该是 10 洛克 U81。

第 26 天 死者的男友是凶手。

推理过程：他和旅馆老板破门而入时，并没有看到死者的尸体而就立刻叫老板去报警，而不是叫救护车，这是最大的疑点，因为他已经知道她死了；闹钟应该放在小柜上，而小柜上没有，说明被人拿走了；手指截断，出少量血，说明是死了以后截断的；死者 7：30 死亡，8 点发现，期间没有人进过房间，只有其男友有 2 分钟单独与其接触时间；门窗均上锁，说明没有人进来。综上，说明凶手是死者的男友，他将毒药擦在闹钟上，待其早上闹钟响触摸时中毒，毒死。在独处 2 分钟时间藏起闹钟，割断手指，消灭罪证。因为时间紧迫所以罪犯来不及把切掉的手指和那只带毒的闹钟处理掉，所以那些东西应该还在他身上。探长说的证据也正是这些。

第 27 天 解答这样的题时，需要多方面的发散思维，并要充分地运用各种运算符号。正确答案如下所示：

$(1+2) \div 3 = 1$

$1 \times 2 + 3 - 4 = 1$

$[(1+2) \div 3 + 4] \div 5 = 1$

$(1 \times 2 + 3 - 4 + 5) \div 6 = 1$

$\{[(1+2) \div 3 + 4] \div 5 + 6\} \div 7 = 1$

$[(1 \times 2 + 3 - 4 + 5) \div 6 + 7] \div 8 = 1$

第 28 天 设 35 秒为一个时间单位。5 道门两次开启的时间分别为 3、2、5、4、1 个时间单位，所以 5 道门同时开启的时间间隔是 60 个时间单位，即

1、2、3、4、5 的最小公倍数。盗窃犯穿过 5 道门的时间最多只允许有 4 个时间单位即 2 分 20 秒，否则会惊动警报器。只有在一种情况下盗窃犯才有可能逃脱，就是从第一道门开启算起，按顺序每两道门之间开启的间隔是一个时间单位。在警卫两次相邻出现的时间间隔内，即 0 和 60 个时间单位之间，5 道门按顺序间隔一个时间单位连续开启的情况只在第 33、34、35、36、37 个时间单位内会出现，它们分别是 3、2、5、4、1 的倍数。所以，盗窃犯只有在警卫离开的第 33 个时间单位后穿过第一道门，以后每个时间单位穿过一道门，就能在第 37 个时间单位时逃脱。

第 29 天 顾客先是给了小王 50 元假钞，小王没有零钱，换了 50 元零钱，这时小王没有赔。顾客买了 20 元东西后，因为 50 元是假钞，所以小王赔了 20 元。换完零钱之后小王给了顾客 30 元，小王此时赔了 20＋30＝50 元。当阿辉过来索要 50 元时，小王手里还有换回的 20 元零钱，他只需从自己的钱里拿出 30 元即可。此时小王赔的钱是 50＋30＝80 元。所以，最后的结论是小王一共赔了 80 元。

第 30 天 一般汽车的里程表，都是根据后轮或前轮（看汽车由哪个轮驱动）的转动次数来计算里程的。向前转则里程表显示前进的里数，向后驶时里程表会倒过来走。

黄亮当然不可能将汽车倒行 4 公里，但他利用千斤顶把汽车的后轮抬起（假设车子是由后轮驱动的），把车轮向反方向逆转，于是改变了里程表的读数。

第 31 天 罪犯就是艾弗里的侄子。表从高处掉下来，不是停，就是变慢了，不可能变快。这是他侄子上楼开窗时故意拨快的。在 12 点回来后，侄子故意大叫开门，他知道伯父只要被吵醒必定要下楼来对表，便事先在地毯上弄出皱褶，让他绊倒，从楼梯上摔下来跌死。

第 32 天 一些人在解这道题的时候一定是这样想的，小虫子白天上爬 3 米，晚上下滑 2 米，也就是说，每天的上升距离是 3－2＝1 米，那么，答案就是 27÷1＝27，第 27 天爬出坑外。

如果这样回答，那就错了。这道题应该这样想，第一天的时候，小虫子白天上爬3米，晚上下滑2米，也就是说，净爬了1米。第二天，小虫子就是以1米为起点，以此后推，第25天就是从24米开始爬的，因为白天可以爬3米，那么小虫子在第25天的白天就可以直接爬到27米，爬出坑外。所以，这道题的答案是第25天的时候，小虫子爬出坑外。

第33天 答案：0分（0°）12分（72°）24分（144°）36分（216°）48分（288°）

"两针的距离为13分或26分"之中时针与分针的组合能表示一个时间的只有时37（222°）分24（144°）、时23（138°）分36（216°）和时14（84°）分48（88°）这三组，对应的时间分别是7点24分，4点36分和2点48分，再根据胡教授提问的问题4点前或者4点后以及乘务员的回答，得知2点48分。

第34天 第一步：鸭妈妈从后向前数，数到自己是8，说明它后面有7只小鸭子；

第二步：鸭妈妈又从前往后数，数到自己是9，说明它前面有8只小鸭子；

第三步：鸭妈妈一共有15个孩子，而不是17个。它之所以会数错，是因为数了两次都把自己也数进去了。

第35天 101×5算出是505，但在计算机上显示的看起来像"SOS"，救命的意思。

第36天 2、3、4、5、6的最小公倍数是60，而由于每次妇女拿出鸡蛋时还剩下1个鸡蛋，所以必须找到一个比60的倍数大1，又可被7整除的数，可得式子：$60n+1=56n+4n+1$，如果$4n+1$可以被7整除的话，那么$60n+1$应该也可以被7整除，而符合这两个条件的最小$n$值是5，这样便可以得出筐子中有301个鸡蛋，下一个符合条件的$n$值的数是12，那么筐子里便有721个鸡蛋，但这种情况以及$n$值更大的数字都可以不予考虑，因为一个女人是无法拎那么多鸡蛋的。所以，筐子里最可能的便是只有301个鸡蛋。

第 37 天 为了方便解题，我们分别用字母来代表 3 个人。

A——姓李；

B——姓刘；

C——姓张；

根据题中所给条件我们知道：

A＋B＝86；

B＋C＝94；

A＋C＝82；

将这三个式子相加，便得到 2（A＋B＋C）＝86＋94＋82

然后结合这几个式子，分别求出：

A＝37；B＝49；C＝45；

即，姓李的人 37 岁；姓刘的人 49 岁；姓张的人 45 岁。

第 38 天 观察各次数过之后所剩下的结果，便会发现，不管怎样数，结果都是正好缺了 1 个柑橘，如果再加上 1 个的话，便可以被所有数整除。

也就是说，这些柑橘的总数量再加上 1 的话，便是 2、3、4、5、6、7、8、9、10 的最小公倍数。通过计算可得这个最小公倍数为 2520，所以这堆柑橘至少有 2520－1＝2519 个。

第 39 天 凶手是 C。

理由：他假装正午离开小屋，于 1 点 30 分 D 和 E 都离开后，再等 A 与 B 通过电话，便进入小屋杀了他，凶器为登山用的攀岩锤。C 行凶之后离开小屋之时为 2 点 10 分，随即从东边往山下跑，跑到半山腰，便偷了 E 放在那儿的滑雪板，一口气滑向山庄，所以 4 点 40 分就到达了目的地，因此 1 点 30 分出发的 E 在 5 点到达半山腰时，找不到滑雪用具。

第 40 天 两人分开卖的单价是 $\frac{1}{2}$ 元和 $\frac{1}{3}$ 元，在这种情况下，每条鱼的价格是 $\frac{(\frac{1}{2}+\frac{1}{3})}{2}$，也就是 $\frac{5}{12}$，但是现在合起来卖，每条鱼的价格就变成了 $\frac{2}{5}$。

也就是说，每卖掉一条鱼，平均损失（$\frac{5}{12}-\frac{2}{5}$）最后等于$\frac{1}{60}$。这就是为什么钱会变少的原因。

第41天 不大。因为假如朝上的一面画的是"√"，而朝下的一面画的是"√"或"×"的概率并非是$\frac{1}{2}$。因为朝下方是"√"的机会一共有两个：一个是第一张卡片的正面朝上时，另一个是第一张卡片的反面朝上时。但朝下是"×"的机会只有当第二张的卡片正面朝上时。也就是说，只要爸爸看了朝上那面的图案，他便有$\frac{2}{3}$的概率会赢。小明当然赢不过爸爸了。

第42天 只需要切割两下，便可以做到了。将金链的第一个接口与第三个接口处给弄断，便使金链成了1个金环、2个连在一起的金环和4个连在一起的金环三个部分。

第一天的时候，拿1个金环付工钱。

第二天的时候，拿2个连在一起的金环付工钱，取回1个单独的金环。

第三天的时候，拿1个金环付给工人，这时工人手中有3个金环。

第四天的时候，拿4个连在一起的金环付工钱，并换回工人手中的3个金环。

第五天的时候，拿1个金环付给工人，工人手中有5个金环。

第六天的时候，拿2个金环换回1个金环，工人手中有6个金环。

第七天的时候，拿一整条有7个金环的金链付给工人，取回工人手中的6个金环即可。

第43天

$1\times1=1$；

$11\times11=121$；

$111\times111=12321$；

$1111\times1111=1234321$；

$11111\times11111=123454321$；

由此找到规律，$1111111\times1111111=1234567654321$。

第 44 天 阿凡提说："尊敬的国王啊，这道题非常简单！想要知道大水池里的水终究有多少桶就要知道那个装水的桶有多大。如果桶和水池一样大，那就只有一桶水；如果桶只有水池的一半大，那便有两桶水；如果桶只有水池的 $\frac{1}{3}$ 大的话，那就是三桶水……"这样一来，国王与大臣们自然无法辩解了。

第 45 天 这并不是数字，而是一组英文字母，把这串数字倒着看并联想成英文，你就能找到答案：Shigeo is boss, he sells oil。翻译出来就是：西格奥是头目，他是做石油买卖的。有时候看似复杂的事情其实非常简单。

第 46 天 7、8、9、10、11 月的英文首个字母拼出来就是 JASON。

第 47 天 是乙说的话。在开始打赌前，甲有 30 元，乙有 50 元，丙有 40 元。

第 48 天

$(333-33) \div 3 = 100$；

$33 + 33 + 33 + 3 \div 3 = 100$；

$33 \div 3 \times 3 \times 3 + 3 \div 3 = 100$；

$(33-3) \times 3 + 3 + 3 + 3 + 3 \div 3 = 100$；

$3 \times 3 \times 3 \times 3 + 3 \times 3 + (33-3) \div 3 = 100$。

第 49 天 第一步，题目中讲明作案者是黑手党，黑手党起源于意大利，提到意大利，一般会想到罗马数字；第二步，观察密码字母，只有三个字母，猜测每个可能代表 1 个数字；第三步，猜测加验证，按大小排列，B＝I (1)，F＝V (5)，I＝X (10)，结果：$16 + 12 + 1 + 14 + 5 = 9 + 1 + 1$ 就是 911。

第 50 天 原来是这名手表销售员借商店遭窃的机会，浑水摸鱼为自己偷了 2 块男士手表，向经理汇报说丢失了 47 块。因为实际上小偷只偷了 45 块表（19 块女式表，26 块男式表）。

第 51 天 位于太平洋上的夏威夷在西十区，那里同纽约（西五区）时差整整 5 个小时，在夏威夷起诉全国汽车公司，赢得这半天时间就是赢得诉讼的关键。

第 52 天 X＝9；Y＝1；Z＝0。$91 + 99 = 190$。等式成立。

第 53 天 警长的算法是：开始 9 页每页用一个数字铅字，计 9 个；此后的 90 页每页用两个铅字，共计 180 个；再往后的 900 页百位数字的页码每页用 3 个铅字，共 2700 个。

因此推断出：这本书若是 999 页，就要用铅字：9＋180＋2700＝2889（个）。

但它只用了 2775 个铅字，因此书的页数在 100～999 之间。从第 100 页算起共需用铅字 2775－189＝2586（个）；因每页用 3 个字，所以，2586÷3＝862（页），再加上前边的 99 页，这本书共有 961 页。

第 54 天 首先，从 2、3 可以得出头领是 A，再从 4 得知 A 不是凶手，从 5 得知 D 也不是凶手，所以凶手只有可能是 B、C 中的一人，再从 4 得出凶手是头领的好友，而 2 中说到，头领不信任 B，他们不可能是要好的朋友，所以凶手是 C。

第 55 天 根据题中所给的条件，我们可以列出这样一个算式从而求出 5 年后牛的数量：

$1＋（2＋3）×5＋2×3×6＋3×3×6＋2×9＋3×9＝161$。

所以，如果这个痴人所说的都会实现，那么，5 年后，他会拥有牛 161 头。

第 56 天 要用 4 年。乍一想，每年增加 100 人，好像是需要 9 年时间才能完成扩大招生计划，这完全是错觉。实际上扩大招生后第一年的新生入学数是 400 人，第二年是 500 人，第三年是 600 人，第四年的新生是 700 人。而在第四年，一年级 700 人，二年级学生为 600 人，三年级学生为 500 人，共计 1800 人，增加了 900 人。

第 57 天 对本题的一个合理的解释是，向东的地铁和向西的地铁到达该地铁站的时间间隔是 1 分钟。也就是说，向东的地铁到达后，间隔 1 分钟向西的地铁到达，再间隔 9 分钟后另一班向东的地铁到达，依此类推。这样，当然东去的可能性是 90%。

张小树产生迷惑的原因是，他只注意到同向的地铁到站的时间间隔是相同的，而没有注意到相向而开的两列地铁到站的时间间隔是不同的。

第58天 要想用数字屋里的数字相加出 12 和 7，两个算式是这样的：

4＋8＝12；1＋2＋4＝7。观察这两个算式，共同需要的数字是 4，所以说，丢失的数字是 4。

第59天 这道题目其实就是鸡兔同笼的变形。一个大灯笼两个小灯笼的灯当作是鸡，一个大灯笼四个小灯笼的灯当作是兔。(360×4－1200)÷(4－2)＝240÷2＝120（一大二小灯的盏数）360－120＝240（一大四小灯的盏数）。或者可设第一种装法为 x，另一种装法为 y，则有 x＋y＝360；2×x＋4×y＝1200；解得：x＝120，y＝240。

第60天 拨打自动电话，拨"1"时，不拨数字盘上的"1"，只要按一下上面的键，也可以代替"1"。逃犯拨了 8 个号后，按了一下上面的键，然后又拨了一个号。所以，其电话号码一共是 10 位数，而倒数第二位的数字是"1"。也就是说逃犯拨打的是 0474－43－9819。

第61天 由题中所给出的陈述可以推得三个结论：0＋0＝0，0＋1＝1，1＋1＝1。由 1＋1＝1 可知 A 不正确，由 0＋0＝0 可知 B 不正确，由 0＋1＝1 可知 D 不正确，所以只有 C 是正确答案。

第62天

10 分，2 次 5 分。

11 分，同时开始倒转，转 2 次 5 分、2 次 7 分，2 次 5 分倒转结束后开始计时，可以得到 4 分，转 1 次 7 分，得到 11 分钟。

12 分，一次 5 分，一次 7 分。

13 分，同时开始倒转，转 2 次 5 分、一次 7 分，7 分倒转结束后开始计时，可以得到 3 分，转 2 次 5 分，得到 13 分。

14 分，2 次 7 分。

15 分，3 次 5 分。

16 分，同时开始倒转，5 分倒转结束后开始计时，可以得到 2 分，转 2 次 7 分，得到 16 分。

或者，同时开始倒转，转 2 次 5 分，2 次 7 分，2 次 5 分倒转结束后开始计时，可以得到 4 分，转 1 次 5 分和 1 次 7 分，得到 16 分。

17 分，2 次 5 分，一次 7 分。

18 分，同时开始倒转，转 2 次 5 分、2 次 7 分，2 次 5 分倒转结束后开始计时，可以得到 4 分，转 2 次 7 分，得到 18 分。

19 分，1 次 5 分，2 次 7 分。

20 分，4 次 5 分。

第 63 天 仔细观察你就会发现，金超每次降价都是在前一次价格的基础上降 20%。所以他最终卖掉电动车的价格是 563.20 元。

第 64 天 虽然是一道比较简单的题，但是很多人在计算这道题的时候容易犯这样一个错误，就是将 9 个小正方形面积计算出之后，再加上空隙面积。其实，我们只需要求出大正方形的边长，然后计算面积就可以了。边长为 5×3＋2×2＝19 厘米。面积为 19×19＝361 平方厘米。

第 65 天 解这道题的时候最好使用倒推法，这次汽车司机接邮件所用的时间比平时早了 20 分钟，说明司机到火车站、再返回的路程少用了 20 分钟，即他与摩托车手相遇的时候，到火车站还需要花上 10 分钟。但我们已经知道汽车司机遇到摩托车手时，摩托车手已经走了半小时的路程，即火车这时候已经到车站半小时了。因为汽车司机是按准点时间离开邮局的，所以在 30 分钟的基础上，再加上汽车司机与摩托车手相遇时离火车站还有 10 分钟的路程，便可以推测出火车比预定的时间早到了 40 分钟。

第 66 天

| 8 | 9 | 3 | 1 | 4 | 2 | 5 | 6 | 7 |
|---|---|---|---|---|---|---|---|---|
| 2 | 6 | 5 | 9 | 7 | 8 | 4 | 1 | 3 |
| 7 | 4 | 1 | 5 | 3 | 6 | 2 | 8 | 9 |
| 9 | 7 | 6 | 8 | 2 | 1 | 3 | 4 | 5 |
| 3 | 5 | 4 | 7 | 6 | 9 | 1 | 2 | 8 |
| 1 | 2 | 8 | 4 | 5 | 3 | 7 | 9 | 6 |
| 4 | 8 | 9 | 3 | 1 | 7 | 6 | 5 | 2 |
| 5 | 3 | 2 | 6 | 8 | 4 | 9 | 7 | 1 |
| 6 | 1 | 7 | 2 | 9 | 5 | 8 | 3 | 4 |

第 67 天 初看上去，阿克拉可以从皮囊中取出 8 公斤的水，然后剩下的正好可以卖给需要 22 公斤水的旅客。但实际上旅客并不知道皮囊里有 30 公斤水，如果他这么做了有可能会引起纷争。最好的办法是将水卖给需要 20 公斤水的旅客，这样阿克拉既能够早点回家，也能够挣到应得的钱。

第 68 天 梅特雷敲了 205 房间的房门，因为经理说计算机上的显示完全不符合房间里宾客的身份，表明 205 房间里一定是两女或者两男；如果敲了 205 房间，通过回答的声音是男或女，就可知道 205 房间里是两男或两女。

假设 205 房间里是两男，则 201 房间里一定是两女，而 203 房间里则是一男一女。

而另一种可能性是，205 房间里是两女，则 203 房间里一定是两男，201 房间里则为一男一女。

第 69 天 看到这个题目后，你有没有产生过疑惑，认为某物的一半再加上 $\frac{1}{2}$ 就不可能是一个整数？如果你是如此考虑的话，那么你也许会从掰开唱片的角度去考虑这道题，这样就误入歧途了。本题的窍门在于，数量为奇数的唱片，取其一半再加上半张唱片，一定是一个整数。因为小诚在最后一次送礼后只剩下了一张唱片，所以可以得知他把唱片送给小段之前还有三张唱片，送给小梅之前有七张唱片。所以小诚原来一共有七张唱片。

第 70 天 凶手是代号 608 的罗西，因为女侦探背着手写下 608，数字排列发生变化，正反顺序也颠倒过来，608 便成了 809。

第 71 天

？？？7？？？

1 3 5 7 9 11 13

最重的西瓜是 13 千克。

第 72 天 原来，数学上有一条规律：9 乘以任何整数，其积无论是几位数，各位数字相加的和总是 9 的倍数。审讯员吴起正是以此作为前提进行推理的。马龙诈骗的钱，是 9 位村民相等的数额（即是 9 的倍数）；而把马龙交代的金额数每位数字相加：1＋9＋8＋4＝22，这不是 9 的倍数。所以，可以断定马龙交代的金额数是假的。

接着，审讯员又进一步推断，22+5才能构成9的倍数，可见马龙交代的数额差5。如果把5加到个位，这不大可能，因为大的数字都交代了，隐瞒5块钱，没有什么价值。如果把5加到十位或百位上，更不可能，因为十位数已经是8，百位数已经是9。只有加到千位才合乎情理。所以，断定马龙故意隐瞒的5，是一个千位数，即把6984元说成1984元。

马龙想以此避重就轻，既取得坦白从宽的"优待"，又隐瞒诈骗的大量金额，可谓一举两得。谁知却被审讯员一眼看穿。

第73天 第一步：一家人里走得最慢的是奶奶，其次是妹妹，然后依次是军军、妈妈、爸爸。首先应该让走得最慢和次慢的同时过桥，也就是先让奶奶和妹妹过桥，所用时间以奶奶为准，即23秒；

第二步：接下来同样让走得最慢和次慢的一起过桥，即军军和妈妈同时过桥，所用时间以军军为准，即15秒；

第三步：最后一次爸爸一个人过桥，用时8秒，一家人过桥总计用了46秒。

第四步：过完桥他们还要走2分钟的路，再加上过桥用掉的46秒，到达车站共用了2分钟46秒，此时公交车还没有到，所以他们能够赶上公交车。

第74天 因为密码运用了汉语拼音的规律，所以这3个词的拼音分别为：pangui、jikuan、maishu，然后可以先看一下每个词的最后一个字母对应在字母表中的顺序数字。第一个词的i对应的数字是9，换算成三进位制为100，第二个词的n对应的数字是14，换算成三进位制为112，第三个词的u对应的数字是21，换算成三进位制为210，所以可以确定是第二个词的最后一个字母对应密码的后三位。再验算一下前边的字母，也符合要求，所以答案为"寄款"。

第75天 从第一下钟声响起，一直到第六下钟声响起，中间一共出现了5次延时和5次间隔，总计（3+1）×5=20（秒）。第六下钟声敲响后，志强要判断这是不是6点的钟声，还需要等3秒的延时和1秒的间隔。所以，本题的正确答案应该是（3+1）×6=24（秒）。

# 第三章

## 推理思维训练

## ——顺藤摸瓜、推此及彼、挑战你的思维极限

### ✡ 第76天　谁是小偷

新的一学期又开始了。校园里、教室里都沸腾一片，因为大家很久没见面了，彼此谈着想念的心情，当然话题中少不了自己在假期所买的好东西。

家里很富裕的苏菲说："我买了最新款的手机，全美国可只有30部噢！"

奥布里不甘示弱地说："那有什么，我这只高级多功能手表可是这种型号的最后一只！"

凯瑞则插嘴说："别得意，你们的东西迟早都会落伍。可我的纯金项链，无论是价格还是价值才可以永存。"

这时，准备要去学校教务处办理转学手续的同学亚当，听了露出羡慕的神色。还有一位每天都会来学校散步、挂着拐杖的老爷爷，碰巧正好经过这儿也听见了这些对话。

不一会儿，上课铃响了，大家都回到自己的座位上，教室外边没人了。老师安娜进来点完了名，确定大家都在自己的位子上后，就出去了。教室里又开始热闹起来。这时，凯瑞、奥布里、苏菲3个人，非常骄傲地把刚刚所说的东西拿出来炫耀。

一刻钟后，老师安娜就带同学们去上体育课了。大家把书包留在了教室，一些贵重的东西也都没带走。当大伙儿到了操场时，安娜突然想起体育用品房间的钥匙忘在了教室，于是赶忙跑回教室去取。过了一会儿，安娜慌

慌张张地跑回来说："我刚刚看到一个人影从咱们教室旁的围墙跳了出去，等我赶过去，已不见了踪影。请同学们赶紧回去检查一下，看有没有丢掉什么贵重东西。"

大家回到教室，发现前面六排的书包都掉在地上了！但是奇怪的是，前六排的同学检查完后，并没有发现丢失什么东西。可是同样坐在前六排的苏菲的手机、奥布里的多功能手表却不翼而飞了。由此可见，小偷应该听见他们三人的对话或者看见他们炫耀的东西，所以才直接奔着他们三人的东西而来。

凯瑞松了一口气说："好险！我刚好坐在第7排第一位，幸好安娜老师发现的早，不然下一个倒霉的就是我了！"

综合以上的描述，你推断，小偷最有可能是谁？

## ✿ 第 77 天　电梯内的诡秘

著名画家王永因车祸伤愈后只能以轮椅代步。虽然他的画很值钱，但他从来不卖，只送给朋友或慈善机构。王永的住宅是一幢五层楼高的独立洋房。为了方便上下，他安装了专用电梯。近来他的弟弟王远失业，王永就叫他来做助手，还可照顾自己的起居生活。兄弟俩相处得不错。

有一天，王永的同学林方来探望他。林方也是一个坐轮椅的人，他这次带来了慈善机构的朱先生，准备与王永商讨是否可以捐助一家医院的事情。

当林方和朱先生进门时，王远主动地接待了他们，请他们在楼下大厅坐下后，王远就用对讲机与楼上的王永通话，要求带客人上五楼画室，但是王永坚持下楼与客人见面。

"这时，我们看到电梯在四楼停了一下，然后就下来了。电梯一到楼下，自动门就打开了。我们看到王永竟然死在狭窄的电梯间内；他的后颈被一把锐利的短剑刺穿，在短剑的剑柄上系着一条粗橡胶绳子。"王远回忆说。

王远走进电梯间，把王永的尸体和轮椅一起推出来，为他把了一下脉，脉搏已经停止了跳动。

"奇怪，难道四楼的画室还有其他人？"

"除了电梯之外，还有没有其他的太平梯？"

林方及朱先生询问王远。

"嗯，还有一个应急用的回旋梯，如果凶手真的在楼上，那么要逮捕他，就如同探囊取物了。"王远回答说。

"那么我们现在分成两批来进行搜查。"林方和朱先生几乎同时说道。

坐轮椅的林方乘电梯上去。林方到了四楼，一个人影也没看见。他巡视了一下王永的画室，画稿零乱地散在地上。就在这时候，王远也气喘吁吁地从回旋梯上来了。

朱先生利用画室的电话通知了警察，随后也跟着王远，钻入电梯的纵洞内。过了一会儿，只有他一个人从里头钻了出来，手脚、裤子上都沾满了灰尘。

现场中四楼画室的窗子，都镶上了铁网，所以凶手根本没办法从窗口逃出。王永是坐电梯下楼时遇害的，电梯由四楼到一楼，都没有停止过，凶手不可能避开 3 个人的视线逃走。

这时候，林方忽然想到，他刚才乘坐电梯时，看到电梯的顶板上有一个气孔。

"哦，原来是这个样子，我确定凶手绝对是他弟弟王远。他在我们来访之前，就先做好了手脚，待会儿警察来了之后，你就把他逮住交给警方。"

你知道，这是为什么吗？

## ☆ 第 78 天　左撇子

初夏的一个晚上，因调查一个案子的需要，私人侦探吉田正一访问了影视明星大原富枝。她住在东京郊区的豪华公寓的最顶层。

"请问昨天下午 3 点左右，你在哪里？"侦探吉田正一要求她提供不在场的证明。

"在平台上写生来着，就是这幅画。"大原富枝指给他看放在画架上的那幅油画。画的是从楼顶上仰视摩天大饭店的景观，画的很在行。

"因在拍戏过程中出了点意外事故住了 3 个月医院，前天刚出院，所以从昨天早上起一直在画画，也好解解闷儿，而且连续大晴天，是多好的日光浴呀。"

"怪不得脸黑红黑红的，显得挺健康的样子，我想也是晒的。现在几点啦？不巧我忘了戴表。"侦探若无其事地问道。

"6 点半。"大原富枝看了看戴在左手腕的手表答道。

侦探注意到，她的左手指好似白鱼一样白皙细嫩，美极了。粉色修长的指甲也格外漂亮。她觉察到侦探的视线在注意自己的手，"我的手怎么啦？"她不安地问道。

"不由得被您漂亮的指甲迷住了呵。您是左撇子吧？"

"嗯，是的。那又怎么啦？"

"您晒了两天日光浴，并画画，可左手却一点儿也没晒黑，我觉得有些奇怪。"

"左手因端着颜料板，所以没晒着哇。"大原富枝话说一半，突然觉得说走了嘴，慌忙闭了口。

那么，这是为什么呢？

## ✿ 第 79 天　贼喊捉贼

寒冬腊月，某个夜晚的 10 点钟，郊区一所小别墅里，腾腾的炉火把屋子烤得暖暖的，窗外的夜空却飘着雪花。室内黄色的灯光，照着一位不到三十岁的女士，她躺在床上一动也不动。警察来到，发现她已经死去半个小时了。门关着却没有锁，窗户紧闭，窗帘只拉上了一半，珍贵物品被洗劫一空。警察确认这是一起抢劫谋杀案。

第二天，别墅附近有位居民报告说，他家离小别墅 50 米都不到，可以清楚看到死者所在的小屋。他亲眼看见一个头染黄发、一脸络腮胡子的青年男子杀害了死者，并盗走了珍贵的首饰珠宝。

警察根据这位居民提供的线索，找到了死者生前的男朋友。但是她的男朋友说当晚没有去她家，而且提供了不在场的证据。警察回来又仔细审查了那位居民的证词，问道："那天晚上，你是怎么看见青年男子杀害女死者的？"

居民说："那天晚上，死者屋内亮着灯，窗户虽然关闭着，但是窗帘只拉上了一半，窗玻璃也是透明的，透过窗户，我可以清清楚楚地看到屋内发生了什么事。"

警察目不转睛地盯着他，眼神中充满了疑问，"你确定你说的是你亲眼所见？你确定你说的都是事实，没有一点儿虚假？你确定凶手是一头黄发、满脸胡子的青年，而非另有其人？"

该居民吞吞吐吐地说："我……确定啊，凶手就是……那个……黄发男子，不是……不是别人。"

警察大喝一声："你说谎！竟然敢做伪证！我看，那个凶手就是你，你就是杀人劫财的凶手！"该居民目瞪口呆，只是一直说着"不是我……不是我……"

后来，警方调查证明，那位警察的判断是正确的，凶手就是那个居民。你知道那位警察是怎么认定居民做伪证的吗？

## ✿ 第80天　父替子罪

一天，一个失明的中年男子来到县衙自首，说自己失手打死了老父亲，要求县令治他的罪。县令听罢，立刻带着手下人赶往了事发现场。

到了男子的家中，只见一位白发老翁横卧在血泊之中，已经断气多时。仵作验尸后得出结论，死者的致命伤是后脑勺的3处伤口，这些伤痕有规则地分开排列着。县令看了这一切，对失明男子说道："你可要知道，杀了人是要抵命的，这一去你就别想再回来了。你家中还有什么人，临走之前道个别吧。"

男子脸色阴沉，过了好一会儿，才说道："家中尚有一个儿子。"县令立刻派人去找他的儿子。

没过多久，男子的儿子便跟着衙役来了。他畏畏缩缩地站在父亲身旁，一会儿瞟瞟县令，一会儿又看看父亲，时不时还向血泊中的祖父望上两眼。县令察言观色，心中早已了然，但是并没有急于拆穿他们，而是朗声说道："你们父子有什么话就赶紧说，此地一别，以后就再难相见了。"

听了这话，儿子突然紧紧抓住父亲的手，泪水不自禁地流了下来。父亲也伤心欲绝，呜咽着说道："儿啊，以后可要好好做人。只要你以后好好过日子，我心里也就没什么牵挂了。不要想念我，我只不过是个瞎子，不值得你挂念。"说罢，瞎子就扭过头去。儿子听了这一番话，神色痛楚。县令随后喝令儿子退下。

过了一会儿，县令又让失明男子退下，传他的儿子上来。县令铁青着脸，厉声问道："刚才你的父亲已经供认了，明明是你杀死了你的祖父，却还想让你的父亲来顶罪，你还不速速招供！"儿子神情慌乱，急忙跪倒在地，哆嗦着说："祖父确实是我打死的，但我父亲投案完全是他自己的主意，与我毫不相干，还请大人明鉴。"

原来他家一共有四口人，失明男子还有个弟弟。老翁因为大儿子是瞎子，所以常常偏袒小儿子，孙子也就对此怀恨在心。这一天，家中只有祖父一人，孙子便趁此机会砸死了祖父。父亲回来后闻知惨状大吃一惊，为了保住自己这唯一的儿子，才想出了顶罪的主意。

县令是如何得知儿子才是真正的杀人凶手的呢？

## ✿ 第81天　人财两空

李刚的父亲做生意，家境很好，但他幼年丧母，父亲又娶了一个老婆，并且生下了一个弟弟——李强，比李刚小4岁。李刚缺少母爱，学习也不好，整天跟一帮哥们儿混在一起。高中毕业后，李刚用父亲给的一笔钱开了一个酒吧，一帮哥们儿仍是往来不断。

转眼间十几年又过去了，李刚已过而立之年，酒吧的生意却越来越惨淡，几近亏损。恰在这时，六十多岁的父亲因病去世，留下了几百万元的遗产。李刚当然可以得到一份遗产，但只是很少的一份，因为继母的挑唆，父亲把大部分钱财都留给了继母和弟弟。

这天晚上，李刚邀请刚刚获得博士学位的弟弟到他的酒吧坐坐。弟弟李强也知道，哥哥要和他谈遗产继承的问题，哥哥是长子，理应和他分得同等的遗产，他已作好了决定，把自己继承的遗产分给哥哥一部分，只是还没告诉李刚，正好借这个机会把决定跟哥哥说说。

弟弟来到后，作为酒吧的老板，哥哥亲自为弟弟调了一杯威士忌苏打。李强还没把决定告诉哥哥，担心李刚会在里面下毒。李刚看出弟弟为难的样子，说："你是不是怕杯中有毒啊？那我先喝给你看看，打消你的疑虑。"说着就喝了一大口，然后把杯子放到弟弟面前。李强这才放心，慢慢地喝着。

李强告诉哥哥，他要把自己多分的那部分财产让给他，因为两人毕竟是亲兄弟，虽然不是一母所生。李刚听了还以为李强在骗他，只是说说而已，所以他仍然看着弟弟把一杯酒慢慢喝完了。最后，李强拿出一张银行卡，说："哥哥，这是我多得的那部分钱，现在我把它交给你，密码是你的生日。"

李刚惊呆了，原来弟弟是真心诚意想跟他平分遗产，可是弟弟已经把酒喝完了。他拉着弟弟说："弟弟，都是我不好，我好糊涂，我们赶紧去医院。"李强还没明白哥哥的话是什么意思，就感觉到浑身不舒服了，慢慢失去了知觉，昏死过去，这一过去就再也没有醒过来。原来李刚在那杯酒里下了剧毒，虽然送到了医院，但是太晚了，医生回天乏术。

李刚因故意杀人罪被捕，被判处无期徒刑。

既然是李刚下的毒，他也喝了那杯酒，为什么他没有中毒呢？

## ✿ 第82天　保险柜和酬金

严冬的一天，盗侠阿道儿应团侦探之邀来到侦探事务所。一进屋，见屋子正中摆着3个完全一样的新型保险柜，感到有些惊讶。

"啊，阿道儿先生，你来得正好。都说你是开保险柜的高手，那么能请你在 10 分钟之内，不用电钻和煤气灯打开保险柜吗？"探长金问道。

"你的意思是 3 个用 10 分钟吗？"盗侠阿道儿不解地问。

"不，一个用 10 分钟。"探长金回答说。

"要是这样的话，没什么问题。"阿道尔很自信地说，"可是，这保险柜里装的是什么呢？"

"里面是空的。"探长金笑着答道。

"唉……"阿道儿准备开口，但是又把话吞了进去。

"实际上，这是一个保险柜生产厂家准备在今春上市的新产品，并计划推出这样的广告宣传词'连盗侠阿道儿也束手无策'。为慎重起见，保险柜生产厂家特地委托我请你给试验一下，并且提出无论成功与否，都要用摄像机录下来送还厂方。"探长金很是认真地告诉阿道儿。

很快，侦探事务所的职员安装好摄像机的三脚架。

阿道儿说道："还没有我打不开的保险柜呢？可如果我在 10 分钟内打开了保险柜该怎么办呢？"

"可以得到厂家一笔可观的酬金。还是快干吧，我用这个沙漏给你计时。"探长金说。

探长金把一个 10 分钟的沙漏倒放在保险柜上面。阿道儿也开始行动起来。只见阿道儿很麻利地将听诊器贴在保险柜的密码盘上，慢慢拨动着号码，以便通过微弱的手感找出保险柜密码。

1 分钟、2 分钟、3 分钟……沙漏里的沙子在静静地往下流。

"阿道儿先生，已经 9 分钟了，只剩最后 1 分钟了，还没打开吗？"探长金问。

"别急嘛，新型保险柜，指尖对它还不熟悉。"阿道儿一边说着，一边瞥了一眼沙漏，全神贯注在指尖上，终于找出了密码。因为是 6 位数的复杂组合，所以颇费些工夫。

好了，开了。阿道儿打开了保险柜。开保险柜门时，沙漏里的沙子还差一点就全到下面去了。

"可真不赖，正好在 10 分钟之内。那么开始打第二个吧。不过，号码与方才的可不同啊。"团侦探说着把沙漏倒过来。

第二个保险柜，阿道儿也在规定时间内打开了。沙漏上边玻璃瓶中的沙子还有好多呢。

"真是个能工巧匠啊，接着开第三个吧。"探长金说。

"如果是一样的保险柜，再开几个也是一样。"

"但第三个保险柜也要在规定时间内打开，否则就拿不到酬金。实话告诉你吧，酬金就在第三个保险柜里。"探长金说。

"那好，请你把炉火再调旺些，这么冷手都木了，手感太迟钝。"阿道儿说。

探长金赶紧将煤油炉的火苗往大调了调，并将炉子挪至保险柜前。阿道儿将手放在炉火上，烤了烤指尖。

"怎么样，准备好了吗?"探长金问。

"开始了。"阿道儿说。

探长金将沙漏一倒过来，阿道儿就接着开第三个保险柜。

然而，这次沙漏中的沙子都流到了下面，10 分钟过去了，但保险柜还未打开。

"阿道儿先生，怎么搞的? 10 分钟已经过去了呀。"探长金有点着急地问。

"怪了，怎么会打不开呢? 可……"阿道儿瞥了一眼煤油炉旁的沙漏接着问，"探长金，这个保险柜没做什么手脚吧? 我肯定是做了手脚。"

阿道儿有些焦急，额头沁出了汗珠，可他依然聚精会神地开锁。约莫过了 1 分钟，他终于把保险柜打开了，柜中放着一个装有酬金的信封。

"这就怪了，与前两次都是一样的干法，这次怎么会慢了呢?"他歪着头，感到纳闷儿。突然，他注意到了什么，"我差一点儿就被你蒙骗了，我就是在规定时间内打开的保险柜，酬金该归我了。"

"哈哈哈，还是被你看出来了，真不愧是盗侠，真骗不了你。"探长金乖乖地将酬金交给了阿道儿。

那么，请问，探长金是用什么手段做的手脚呢？

## ✦ 第83天　火灾之谜

一天早晨，一位科学家跟往常一样，工作得很投入以致忘了休息的时间。科学家吹熄了案几上的蜡烛，拉起窗帘，刺眼的阳光射进来，照在桌上那些昨晚还未来得及收拾的论文稿和书上。热衷于研究工作的他总是把书本和杂物放得乱七八糟的，这也是科学家最坏的习惯。

"啊！今天是星期天。"

科学家想到今天该去教堂一趟，先到浴室洗把脸，洗着洗着，突然灵感袭来，想要在论文上写下所感，脸尚未擦干，就飞也似的跑到桌边，脸上的水珠，还断断续续地往下滴。他拿起钢笔，又坐在书桌前，径直把刚才所想的感悟记下来。

"啊！"如此这般神速，对自己神助似的构想觉得很满意。直到这时他才觉得脸上湿漉漉的，也分不出是兴奋的汗珠，还是未擦干的水滴，擦干脸，整装完毕，忙赶到教堂。弥撒已近尾声，无所事事，本来想回家，可是和煦的阳光吸引着他，忽然生起散步的兴趣，他在街头徘徊了1个小时，才走回家。

进门一股烤焦的味道扑鼻而来，书房已被烧掉大半了，仆人及时发现，才把火扑灭，否则，后果不堪设想。

"啊，是什么东西引起火灾呢？"科学家一进门就追问仆人。

"我也搞不清楚，初时只觉得窗口冒出阵阵的浓烟，接着有火苗蹿出，我才意识到火灾。先生，你出门的时候，有没有吹灭蜡烛？"仆人问道。因为他知道每当科学家热衷研究工作时，其他一些琐碎事物，他是绝不会经意的，所以才这样问他。

"我，我记得很清楚，我是先把蜡烛吹熄，然后洗脸的，在洗脸时，我还回到桌上在论文稿中写了一段话，当时并没有半点烧起来的痕迹，这些我都记得很清楚。"科学家做出了肯定的回答。

"你桌上有没有做实验用的透镜？凸透镜受到阳光照射时，光线集中在一点，太久的话，也会造成火种，引起火灾的，是不是？"仆人问道。

仆人分析着，科学家的仆人对科学也颇有概念，科学家仔细观察被烧得面目全非的桌子，但是没有凸透镜的残骸，在烧毁的书籍与论文稿中，有一块长 20 厘米，宽 10 厘米的玻璃板，他在 5 年前出版了一本书叫作《Princopal》，而这块完好如初的玻璃板隔在此书和论文稿之间，恰似一座小桥梁。

"主人，你看，这儿有一块玻璃板，亦可能受光能的影响，而引起火灾。"

"不！这只是一块普通的玻璃，纵使受到日光的照射，也绝不会产生焦点，引起火灾。"科学家一边回答，一边仔细观察，试图找出引起火灾的蛛丝马迹。"是不是那些坏家伙故意想毁掉我的书稿和研究成果？"科学家心里想着。

由于找不出失火原因，科学家有种失落的感觉，可是仆人为了证明科学家的假说不成立，强调着说，当时他在庭院打扫卫生，未曾发现有可疑人出现，假使有人进入窗口，他在庭院，也绝对逃不过他的眼睛。

事情已经过去了两年，科学家为此事一直耿耿于怀。可是，就在两年后的一个早晨，科学家洗脸时，突然觉得空虚的头脑里，有一道曙光射进的感觉。"对了，那场大火的星期天早上，我也洗过脸。唉！像这样简单的事情，我为什么两年以来都没想到呢？"

起火的原因，突然得以证明，同时他的神经质亦云消雾散。

那么，你知道到底是什么原因引起的火灾吗？

## ✿ 第 84 天　高德的纰漏

一天，一名年轻的男子用力敲打玛丽的房门，一边敲，还一边大喊着她的名字。巨大的噪声吵醒了正在睡午觉的林克先生。林克非常生气，他怒气冲冲地打开了房门，冲着那个敲门的陌生男子大吼。

男子发现了林克先生，对他报以歉意的一笑，他自我介绍说："我叫高德，是玛丽的上司，这几天她没有来公司上班，电话也不接，所以我才特意来找她。现在您也看到了，我敲了半天门都没人来开，真担心她会出什么事。"

林克先生听了男子的解释，怒气稍稍平复了些，随之也担心起自己的邻居来。他走出房间敲了敲玛丽的门，里面还是没人回答。"不会真出什么事了吧？"林克先生的忧虑又加深了一层。这时一旁的高德惊叫一声，突然冲过去撞开了房门。

房间里充满了煤气味，煤气炉的阀门开着，门窗都用胶带封了起来，躺在床上的玛丽已经死去多时，可看上去好像是在睡觉一样。她的床头上放着一个安眠药瓶，看上去，玛丽是选择了自杀。

警方接到报警后很快赶来，他们仔细勘查了现场的情况，发现贴在门和窗户上的胶带上没有指纹，一个存心要自杀的人怎么会费力去消除自己的指纹？警方据此断定这是一起他杀的案件。

一个警员试着用手推了推窗户，只见窗户纹丝不动，早已经被胶带固定得死死的，门上的胶带同样贴得很严实。众人不禁产生这样一个疑问，在这样一个密室里，凶手作案后是如何逃脱的呢？

林克先生在警方勘查的时候一直默不作声，这时他好像突然想起了些什么，严厉地向身旁的高德问道："你为什么要设计杀害玛丽？"

高德大吃一惊，他不知道自己精心设计的骗局是哪里出了纰漏，竟然被林克先生所识破。

## ✿ 第85天 牧羊人的诡计

阿巴尔是一个贫困潦倒的牧民，终年忙碌，挣得的钱却仅能勉强糊口。有一次，他在深山放牧时无意中捡到了一块晶莹剔透的宝石，这可把他高兴坏了，兴冲冲地就往家赶，想把这块宝石卖个好价钱。在路上，阿巴尔遇到了一个牧羊人，他按捺不住自己的兴奋之情，把自己得到宝石的经历一五一十都和牧羊人说了。

牧羊人听完了阿巴尔的介绍，狡黠地对他说道："祝福你，年轻的朋友，你可真是交了好运，我想一定是有神明在暗中保佑着你，想让你早点过上好日子。为了答谢神明的厚爱，我想你应该先把宝石交给我，由我把宝石带给你的父母，而你则需要去庙里念上一个月的经文，感谢神明赐福予你。你要记住，一个月内你绝对不能回家，否则宝石就会不翼而飞。"

善良的阿巴尔觉得牧羊人的话很有道理，于是痛快地把宝石交给了牧羊人，并告诉了他自己家的地址。然后就来到一所神庙，在那里虔诚地念起了经文。

一个月后，阿巴尔回到了家里，发现家中依然如故，还是破屋破锅，和自己走之前没有两样。阿巴尔不解地问父母："为什么你们还过着贫困的生活啊？不是应该把宝石卖掉，换回钱来造一顶新帐篷，买一大群奶牛和羊吗？"

父母很惊异地问道："什么宝石？你在说胡话吗？"

"难道牧羊人没有把宝石交给你们吗？那是我在大山里偶然捡到的。"

"我们连你说的牧羊人都没见到过，更别提什么宝石了。"

此时此刻，阿巴尔才知道自己被牧羊人欺骗了，他非常愤怒，怒气冲冲地去寻找牧羊人。一个月后，阿巴尔终于在一所寺院里找到了牧羊人。阿巴尔要求牧羊人归还宝石，但牧羊人却信誓旦旦地说这是自己发现的宝石。无奈，阿巴尔最后只好来到了皇宫，在可汗面前告了牧羊人一状，希望可汗能给他做主。

可汗仔细聆听了两人各自的诉说，问牧羊人："你能证明这宝石是你发现的吗？"

"当然，我能够证明！"牧羊人理直气壮地说，"我还有3个证人！"

"很好！"可汗吩咐把3个证人带上来，几个人都一口咬定亲眼看到牧羊人捡到了宝石。

可汗把这3个证人安排在了大殿的3个角落，让他们之间保持很远的距离，然后让仆人从外面取来了5块泥巴。每个证人都给了1块，牧羊人给了1块，阿巴尔给了1块。可汗对几个人说道："现在我开始数数，从1数到100，你们把泥巴捏成宝石的形状。"

100下很快就数完了，可汗看了看几个人手中的"宝石"，不禁哈哈大笑道："大胆的牧羊人，还不快把宝石还给阿巴尔！"

你知道可汗是如何识破牧羊人的诡计的吗？

## ✿ 第86天　徒劳的盗窃

惯盗威廉姆森前不久精心策划了一次偷窃行动，企图盗窃大富商皮斯遗孀秘藏的一件稀世珍宝，重达55克拉的大钻石。可是，不巧威廉姆森因病卧床不起。于是叫来两名助手里达和德隆，命令他们说："这次命你们俩去替我偷来，这是考验你们是否顶用的时机，那颗大钻石藏在卧室的密码保险柜里，保险柜是镶嵌在女主人画像背后的墙壁里的。"

"那么，怎么才能打开保险柜呢？"

"保险柜是由一个高级工匠打造的，有三道密码锁，而且每打开一次，密码就会更换一次。要是我去的话，怎么都能将锁打开，可对你们来说就不那么好对付了。所以不管用什么办法，只要能打开保险柜就行。富商夫人现在外出度假，那是一座空房。"

于是，里达和德隆带着氧气切割机和高压氧气瓶溜进了那所房子。从卧室的墙上揭下富商夫人的画像，露出了保险柜。于是，德隆抄起氧气切割机开始干了起来，保险柜的门被灼热的火焰烧红，然后开始熔化，保险柜门被切割出一个大洞。德隆欣喜若狂，套上耐火手套进去一摸，里面除了一小堆灰以外什么也没有，"真怪，哪有什么大钻石呀？"

"什么！你说的是真的？"里达很吃惊，套上耐火手套伸手进去一摸，除了一小堆灰，里面果然是空的。两个人像泄了气的皮球，回到威廉姆森那里。

"怎么？钻石呢？没有钻石？你们俩究竟怎么打开的保险柜？"威廉姆森追问着。

"用氧气切割机，用那个没什么大动静……"

"真是蠢货。再大的声响也不要紧，主人又不在家，为什么不用电钻！"威廉姆森大骂了他们一顿。

那么，那两个家伙出了什么错呢？

## ✿ 第87天 4个犯罪嫌疑人

某医学院麦克海尔博士是一位典型的食客，他的口号就是要吃遍全美洲的美食。他有个良好的习惯，按他的说法就是餐前一杯牛奶，餐后一杯黑醋，每天都严格地执行。

这天他像往常一样独自在他那间专用的小餐厅里吃饭，但是不久被人发现死在了餐厅。经法医鉴定是中毒死亡。同时警方也勘察了现场，小餐厅的门窗紧闭，没有被强行打开的痕迹，基本排除有外部作案的可能。但最终经过辛苦搜寻，警方还是锁定了4个犯罪嫌疑人，在警方的讯问下他们都承认了自己的罪行。

第一个：博士的侄子，不学无术的小混混，因赌博欠债从博士那里借钱遭拒，便从实验室偷了硝酸铅的重金盐，服用后会重金属中毒，他悄悄地放在博士喝的牛奶里。

第二个：博士的私生女，警方讯问她时，她很坦然地承认了自己的罪行，"他根本就不是我的爸爸，一年前妈妈就是因为他才服毒自杀的。可是他看都不看我一眼，更别提照顾我了，当时我偷偷把妈妈自杀时用的氰化钠藏了起来，放在塑料袋中。今天拿出来放在了他喝的汤中。"

第三个：博士的保姆，我受不了博士的挑剔，把家乡最毒的毒蛇的毒液放在了他吃的饭里。

第四个：一位年轻人理直气壮地说："我妈妈曾是博士的病人，因为他手术失败而死。到法院上诉但因为碍于博士的权威而不了了之。我就从化工厂偷来些氰化钠，听说服食 1 毫克就能致死，我在他餐桌上的黑色饮料里下了很多。"

"年轻人所说的黑色饮料正是博士餐后要喝的黑醋。只是博士晚餐还没吃完就毒发身亡了，看样子还没来得及喝下那杯黑醋。"一位探长说道。

大家知道是谁杀死了博士吗？

## ✡ 第88天　一杯热牛奶

安娜夫人是一位富裕的寡妇。最近，她心情不好，想独自出去旅行散散心。这天，她来到一个小镇，下榻于一家舒适的旅馆。

安娜夫人拿着一个手提包，里面除了一些衣服以外还有几件精美贵重的首饰，所以她格外小心。在旅馆登记完后，服务员小姐热情地领着她到房间，并一路上替她拿着手提包。安置好后周到地对安娜夫人说，有什么事尽管吩咐。

安娜笑着道谢后要求服务员小姐每天清晨送来一杯热牛奶就行了。第二天早上，服务员小姐前来敲门，说是送热牛奶。当时安娜夫人正在卫生间洗脸，便让她自己进来放下。

谁料，突然安娜听到"扑通"一声，跑出来一看，只见服务员小姐跪在地上，额头上鲜血直流。安娜心想不妙，连忙往放手提包的床头柜望去，哪有手提包的踪影。安娜赶紧报了警。

警长安迪带着警员们很快赶到，勘查了现场，没发现什么线索。于是询问唯一在现场的服务员小姐。

只听服务员小姐说道："当时我手里端着一个盘子，盘子里放着安娜夫人要的热牛奶。刚推开门进来，背后有人在我头部重重地打了一拳，我就晕倒在地了，迷迷糊糊地看见有个人影闪进来，拿走了安娜夫人的手提包，就一溜烟跑了。"

安迪警长听了，没有说话，开始在房间里巡视，突然他看到放在床头柜上的那杯热牛奶，脸上露出笑容。转头猛然对服务员小姐喝道："小姐，你的演技实在太差了，快把事情说出来吧。"

服务员小姐的脸色顿时变得惨白，支支吾吾地说："警长先生，您这话是什么意思?"

安迪警长是如何看出的?

## ✿ 第89天　谁是凶手

据新闻报道，昨晚该市发生了一起谋杀案。

案发经过：死者 A 是当地的富豪，昨天上午在自己的豪宅中举办聚会。期间 A 因为有个私人电话便回二楼书房打电话。不久后，楼上传来 A 的呼喊声，众人随后赶上楼。发现书房的门不能开启，即使用钥匙仍旧不能打开门。众人合力撞开门，发现 A 气绝身亡。死者 A 躺在屋子正中，背后插了一把刀子，确认已经死亡，且死后没有移动过的痕迹。房间里有桌子一张，打开的窗户一扇，但是在窗台上没有发现脚印，窗外的后院也没有入侵的迹象。房间门被书柜堵住，门被撞开后堵门的书柜倾倒。

警方接到报案，迅速赶到现场，对可疑人进行讯问。嫌疑人口供如下：

死者儿子 B：我正在和我妈说话，就听见我爸惨叫的声音，上去发现门打不开，弄了半天还是撞开的，被书柜挡住了，当时好像大家都在……啊，对了，他们开门的时候，我正要拉肚子，就去了厕所，出来后发现他们还没打开门，于是就一起把门撞开了；

死者妻子 C：我们当时都在一楼，正在聊天，就听见丈夫的惨叫，然后我们都上去了，可是门打不开，叫 E 去拿钥匙，可还是打不开，之后 B 和 E 把门撞开了，里面有个大书柜堵着，我们进屋后就看见我的丈夫在地上趴着，身上插着把刀。正吃惊的时候，D 也进来了，问怎么回事，后来还是他报的警；

死者弟弟 D：我今天肚子不舒服，想上厕所的时候 B 在一楼的厕所里，我只好去了二楼的厕所，进去不久就听见我哥惨叫，但是我实在出不来，后来听见大家都上来了，还听见撞门的声音，等我着急地出来，发现大家都在

71

屋里了，我哥就趴在地上；

死者管家 E：当时我正在一楼的厨房，听见老爷惨叫后，我们都上楼去，发现门被反锁，我去拿钥匙，可还是开不开，然后少爷和我一起撞开了门，门里面是个大书柜，进去后就发现老爷……

死者园丁 F：我正在后院工作，突然就听见了老爷的叫声，好像是在二楼的书房。我抬头望了一眼窗户，是开着的。聚会上喝了几杯后，我就一直在这里工作了，期间没有看见过有其他人进后院。

根据嫌疑人的口供，聪明的侦探们，请推理谁是凶手。

## ✿ 第90天　梅花树下

宋先生的身份是一所大学的文学教授，但是与他来往的人除了文学界的朋友，还有一些奇人异士。新年就快要到了，宋先生邀请众多好友，在家中举办了一次晚宴。其中就有一位警局的朋友赵警官。

酒足饭饱之后，大家又跳起舞来。跳完舞，宋先生提议每人在梅花树下照一张相，留下旧身影，迎接新未来。于是大家都遵照宋先生的指示，站在梅花树下，看着宋先生的照相机，咔嚓一声，留下一个笑脸。轮到身材高挑的秦女士的时候，宋先生正要按下快门，站在身后的宋太太手中的茶杯掉在地上，"啪"的一声摔碎了。几乎同时，不知哪里又发出了一声枪响，子弹正好打中秦女士的胸部，秦女士当场死亡。

这一变故引起了大家的骚动，现场乱作一团。赵警官听着枪声好像是从三楼传来的，这时三楼一间屋子的窗户还开着。于是他快步来到三楼，走进那间屋子。只见窗户下有一张书桌，桌子上放着一把老虎钳，旁边站着宋先生的司机。这个司机上个月出车祸，瞎了双眼，一直在这间屋子里养伤。赵警官在他的床下发现一把手枪，枪筒还有余温。

赵警官问道："刚才是你开的枪吗？"

"笑话，一个瞎子连瞄准都不能，怎么会胡乱开枪？"司机冷冷地回答。

赵警官看着那把枪，心想枪声必定是这把枪发出的，但是刚才大家都在院子里拍照，这里只有司机一个人，如果司机是凶手，那他是怎么瞄准的呢？赵警官一时想不明白，于是把那把枪和一些可疑的东西装在塑料袋里，这其中就包括桌子上的老虎钳，然后他走出了司机的屋子，向刚来到的刘探长报告案情。

刘探长听完报告后，问道："这个老虎钳是干什么用的？"

赵警官说："这个老虎钳是司机屋里的，刚才放在窗户下的书桌上。我觉得可疑，就带下来了。"

刘探长说："原来如此，我知道是怎么回事了。马上把宋先生、宋太太和司机控制住，不要让他们跑了。"后来，调查证明，秦女士就是被这三人谋害的。你知道他们是怎么设计，把秦女士置于死地的吗？

## ✡ 第91天　无影惊云

今天，国际邮票展览会在北京开幕，各国的各个时期的邮票都一一展现在观众的眼前，更有世界罕见的名贵邮票也位列其中。展览会吸引了世界上众多的集邮爱好者，也吸引了不少神出鬼没的职业小偷。他们混杂在众多集邮爱好者中，根本分辨不出来。其实，展览会上除了这两类人，还有一类——便衣警察，他们跟小偷一样混在众人之间，难以分辨。

一个西装革履的绅士，其实是个身怀绝技的神偷，外号"无影手"。一个看似老态龙钟的集邮家，其实是个健步如飞的神探，外号"步惊云"。无影手从这个展厅走到那个展厅，好像在找寻着什么。步惊云从这个展厅跟到那个展厅，好像在紧盯着什么。终于，无影手的脚步停住了，旁边的展台上展览着最珍贵的一枚邮票，世界仅此一枚。步惊云也跟了过来。但他还是晚了一步，他到那个展台时，展台上已经空无一物。真不愧是无影手，这么贵重的邮票几秒钟就被他弄到手了。步惊云一点儿也不敢放松，一直紧跟着无影手，出了展览会，到了无影手的旅馆房间外。

无影手进了房间，步惊云呼叫了一位同事，准备进屋搜查。当他们进去后，只见无影手坐在桌前看书。房间很小，只有一张单人床、一张书桌而已。书桌上放着一本书、一盏台灯、一台飞速旋转的电扇。步惊云搜查了房间各个角落，书的夹页里都查看了，又对无影手搜身，但是都没有找到那枚珍贵的邮票。

两个人无功而退，出了房间。走廊里，步惊云奇怪道："他进了房间，我一直在外边盯着，他从没出来过，而且房子在十楼，要从窗户转移邮票是不可能的，怎么会找不到呢？啊！我知道了！"说完又返回无影手的房间，终于找到了那枚珍贵的邮票。

你能猜到无影手把邮票藏在什么位置了吗？

## ✿ 第 92 天　枪响之时

夜色渐深，本已到了休息的时间，某大学的校园里却依然灯火通明，人声鼎沸。这一天，是这所大学的 70 周年校庆，对于学生们来说是一个可以尽情狂欢的节日。他们三三两两，结伴行动，有的人在开篝火晚会，有的人在人群中高谈阔论，更有些捣蛋分子四处去搞恶作剧。

校园中洋溢着一派祥和喜庆的气氛，谁也没有预料到惨案会在不久后发生。校园广场的中央，"灵魂之音"乐队的几个成员正在激情地弹唱着，他们的身边已经聚拢了一大批的学生粉丝。乐队的主唱山姆，是一个有着一头金发，看上去酷儿十足的小伙子，此刻他正在为粉丝们演唱自己的新歌。突然，山姆听到了一个不祥的声音，他吃了一惊，半天才回过神来。不错，那个声音正是枪响，尖厉的枪声划破夜空，传到了现场每个人的耳朵里。本已嘈杂混乱的现场，在枪声过后变得更加一发不可收，学生们纷纷寻找枪声的来源，最后，他们来到了一所独栋别墅式公寓前。

"没错。我听到了，枪声就是从这里传来的。"一名戴着奇怪帽子的学生大声叫着。

早已经有学生拨打了警局的电话。没过一会儿，乔纳森探长就带着几名警员匆匆赶来。在几名学生的带领下，乔纳森探长来到了这栋公寓二楼的一间卧室，大学生哈斯勒姆倒在血泊之中。

"先生，已经死亡多时了。"警员们检查尸体后说道。

乔纳森点了点头，叫来了公寓的管理员。经过询问，他得知这栋公寓里一共住着4个学生，分别是哈斯勒姆、德韦安、多尼还有戴伦。乔纳森觉得这3个学生都存在作案嫌疑，于是便吩咐手下把他们几个带到不同的房间，对他们进行单独的讯问。

乔纳森最先讯问的是德韦安："哈斯勒姆被枪击的时候，你在做什么？"

德韦安答道："我的车子坏了，刚刚我把一盏灯带到了后院的车库里，插上电源在那里修车。其间我一直没有离开过，直到听见房间里传来了枪声，我才连忙跑了过去。"

乔纳森又开始讯问多尼："听到枪响的时候，你在干什么？"

多尼一边揉自己的脚踝，一边回答："我把车停到了屋后的一个胡同里，正往后门走的时候，突然被路上的电线绊倒了。这一下摔得我可不轻，我坐在那里休息了几分钟，听到枪响后才勉强站起来。"

乔纳森又叫来了戴伦，问了他同样的问题。戴伦说道："事发之前我正在厨房里，打算从那里盛一杯冰激凌。这时我听到后门那里好像有声音，便向那边望了一眼，漆黑一片的什么也看不清楚。于是我又回到厨房去盛冰激凌了，几分钟后我就听到了枪响。"

为了验证几个人的证词，乔纳森开始仔细搜查房间。在厨房的冰箱旁边，他发现了一杯已经融化的冰激凌。在后院的地面上，他找到了那根电线，发现上面的插头已经被扯离了插座，而电线连接的灯还悬挂在德韦安汽车打开的引擎盖上。

乔纳森再次回到屋里，斩钉截铁地对德韦安说："你刚才对我说谎了，真正的凶手就是你。"

德韦安故作轻松地说道："探长，你一定是搞错了吧，我当时并不在现场啊。"

乔纳森见他还想要抵赖，只能无奈一笑，将他刚才撒谎的地方说了出来。德韦安听了探长的解释之后，顿时哑口无言。

请问，你知道乔纳森探长从哪里发现了德韦安的破绽之处吗？

## ✡ 第 93 天　隔空取物

胡东尚是省内第一大富翁，开宝马，住别墅，儿子上贵族学校。但是星期五放学后，儿子一直没回家，直到晚上 8 点钟，胡东尚接到一个电话，对方用很怪异的声调说："胡先生，您的儿子在我手上，我们无冤无仇，只是想跟您讨点儿钱花。马上准备 200 万的现金，今天晚上 12 点整，让您的司机把装钱的包放在人民公园门口的垃圾箱里，只能由司机一人前去，多一个人都不行，钱少一分也不行，否则您宝贝儿子的安全可不敢保证。您听明白了吗，胡先生？"

胡先生强装镇定，暂时答应了绑匪的要求。他只有 4 个小时的时间，办事要快而不乱。一方面马上派人到银行取 200 万现金，一方面立即报警，请警察捉拿绑匪。

200 万现金对胡大富翁来说也不算太多，不到 11 点就准备好了，他让司机一个人开车带着一皮包钱到人民公园的门口等着。而这时，警察也都在人民公园门口周围埋伏好了。到了 12 点整，司机把皮包放进公园门口的垃圾箱内，然后离开。四周埋伏的警察静等绑匪的出现。可是他们等了一夜，天亮了都不见绑匪的身影，皮包仍在垃圾箱中。而此时，胡先生的儿子却已到家。胡先生打电话给警官，告知孩子安全到家，询问绑匪的情况。警官不解地告诉他，没有人到公园取钱，但是皮包里的 200 万现金不翼而飞了，只剩一个空皮包，好像绑匪会隔空取物一样。

胡先生对警官说："隔空取物不现实，事情可能是这样的……"警官听了，连连点头，对胡先生很是佩服，说："若胡先生做我们这行，肯定能成为一个响当当的警探。"根据胡先生的提示，该警官带着人马立即逮捕了犯罪嫌疑人及其同伙。

你知道这起绑架案到底是怎么回事吗？

## ✿ 第 94 天　潜水遁逃

这一天，警员查理像往常一样在街上巡逻。天色已经很晚了，路上没有几个行人，冷冷清清的。查理以为这又将是一个平静的夜晚，再过一会儿就可以交班了，他打算回去之后美美地睡上一觉。正在查理打着如意算盘的时候，寂静的夜里突然传来了一声惊叫，有人在不远处呼救。查理没有多想，健步如飞地向出事地点跑去，离得远远的，他就看见一名蒙面男子挟持了一个老人，正准备行凶。查理拔出手枪，对着歹徒大喊："快放手，我是警察，再不放手我就要开枪了。"

歹徒看到警察来了，一时也有点慌了神。正好在他背后有一条宽阔的河，歹徒一个后仰翻跳到河里，潜水逃跑了。老人大急，指着歹徒逃跑的方向喊道："他抢走了我 5 万美金！"查理看老人没有受什么伤，纵身一跃也跳到了河里，继续追赶罪犯。

在水里追踪了 20 多分钟，查理来到了城郊一处废地，这里有两所被简易改造的房子。查理敲了其中的一扇房门，开门的是一个光头的中年男子，穿着一身皱巴巴的睡衣。查理说明了自己的来意后，那名男子笑着做了自我介绍："我叫詹金森，我可是一个奉公守法的好公民，不瞒您说，刚才我正在房子里看书。虽然我不清楚案件的情况，不过我想您找的人应该在我隔壁，那个人叫纳尔逊，好像刚刚回来不久，他平时总是游手好闲的。"

詹金森说罢，自告奋勇地带着查理去缉拿犯人。他走到了纳尔逊的门前，狠狠地敲着门，不一会儿纳尔逊就出来开门了。纳尔逊是一个身材壮硕的男子，留有一头蓬松的乱发。詹金森一声不吭地进了屋子，想找到纳尔逊作案的线索，突然他看到了纳尔逊床下泡着的一盆衣服，对着查理大喊："警察先生，你快来看，抢劫犯一定是这个家伙，这盆湿衣服就让他原形毕露了。"

一旁的纳尔逊看样子刚从睡梦中醒过来，这时才搞明白自己的邻居诬陷自己是抢劫犯。他挠了挠自己的乱发，对查理说道："先生，我可是清白的，倒是这个秃头的家伙你应该好好调查一下，他曾经因为抢劫坐过两年大牢！"

查理看了一眼詹金森，又转过头来看了看纳尔逊，心中已经知道谁才是真正的抢劫犯了。请问，你知道查理是如何找出真正罪犯的吗？

## ✿ 第95天　探长的金笔

一名叫戴维娜的妙龄女郎被人发现死在了一家情人旅馆的房间里，她的致命伤是背后的一处刀伤，凶器是一把水果刀。案件发生后，探长一行人迅速赶往了案发现场，了解了大致的情况。原来这名女士上个月刚刚完婚，丈夫在3天前去了外地出差，结婚后两个人在不远处买了一套公寓。

警方调查了与死者有往来的人，很快便把目标锁定在了一个叫查理的年轻人身上。查理是死者生前的情人，死者结婚前与他结束了关系，查理一直对此耿耿于怀。

探长听完了案情的汇报后，趁人不注意把自己的一支金笔扔到了房门后，然后若无其事地说："接下来我独自去拜访一下这个叫查理的人吧。"

查理住在一个空旷的工厂里，探长找到他后开门见山地问道："你知道戴维娜被杀的事情了吗？"

查理镇定地回答："哦，不，我还没有听说这事，怎么会这样？"

随后探长又问了一些无关轻重的问题，然后说道："看来你和这起案子没什么关系，我得作个记录。"说着，探长假装去怀里摸他的金笔，然后故作惊讶地说："真糟糕，我的金笔一定是落在戴维娜的房间里了，但是我还要赶着去处理一件棘手的案子呢！而且我还要告诉我的同伴，你和这个案子无关。这样吧，查理先生，麻烦你帮我跑一趟，去帮我把金笔找回来，送到警察局去，我会感谢你的。"

查理表现出很大的不情愿，不过听探长说要向同伴传达自己与案子无关的消息，也只能无可奈何地答应了。可是，令查理万万想不到的是，当他把金笔送到警察局时，立刻就被逮捕了。

这到底是怎么一回事呢？

## ✿ 第96天 "珠宝"罐头

炎热夏天的一个中午，A国边界处的某市警方得到一个情报：说下午走私团伙中的一名会把珠宝藏在装有苹果汁的罐头里偷运出境，而且该罪犯正好是B国人。

原来，这伙走私犯前段时间获得了一批珠宝，准备偷运到国外高价贩卖，该市警局已经盯了好久了，今天终于有了眉目。

据悉，该走私犯所带的苹果罐头外形、品种和重量完全一样。为了防止狡猾的罪犯蒙混过关，局长请了神探博士去海关协助调查。

神探博士深知此案事关重大，一旦判断失误就有可能造成两国矛盾的产生，所以不敢掉以轻心。

下午时分，天气凉快下来，所以出境的人也多了起来，人流量特别大。神探博士站在一旁死死地盯着带着罐头的外国人。

终于"目标"进入视线，当神探博士打开他的箱子时，里面整整齐齐躺着13瓶苹果罐头。神探博士拿起一罐摇了摇，没有发现异常。当13罐都摇过后，都是如此，神探博士知道靠摇晃罐头查不出任何线索的。这可怎么办呢？

猛然间，神探博士想出了一个办法，笑着说："先生，您带的都是苹果汁罐头吗？"

"当然是。"那名外国人彬彬有礼地答道，面不改色。

"这只不是吧？""这只不是吧？"神探博士故意打趣地说道，同时对着13只罐头指指点点。然后猛然抓起一只向地上扔去，罐头落在地上后骨碌碌地滚起来。

神探博士见了急忙下令把外国人抓起来，外国人奋力反抗着。

神探博士过去捡起那只罐头打开一看，果然满满的都是珠宝，罪犯终于耷拉下脑袋。

**神探博士是怎么发现罐头里必定藏的是珠宝的？**

## ✿ 第97天　稻草渣滓

古时候，周纾才智过人，办事精明，引起了不少人的妒忌。廷掾为了破坏周纾的声誉，想出了一条计策。他派人找来了一具死尸，砍去手脚丢到衙门外，想以此案难住周纾，让他声名扫地。

衙门外的尸体很快就被人发现了，周纾得知报告后，急忙带人来现场查看。死者虽然被砍去四肢，但是现场并没有留下血迹。周纾察看了一下尸体，发现死者眼中有稻草渣滓，因此推断这具尸体曾经用稻草覆盖过。

周纾找来了守城门的人，向他询问是不是有稻草车曾经进过城。守门人如实回报，只有廷掾曾经往城里拉过一车稻草。

案情调查到现在，线索已经指向了廷掾，于是周纾派人叫来了廷掾，严刑审问。廷掾害怕自己最后落个杀人的罪名，咬牙不承认这件事。周纾猜中了廷掾的心思，对他说："我知道你不是杀人凶手，只不过是从外面找来一具死尸想刁难本官。只要你如实招来，我就不会治你的罪。"到了这地步，廷掾也不敢再赖账了，一五一十如实招供。

经此一事之后，众人对周纾的才智更加佩服，再也没有人敢欺骗他了。那么，你知道周纾是怎样根据现场的线索来破案的吗？

## ✿ 第98天　爱也放手

老王今年五十出头，有个美丽善良的女儿王雪高中毕业后，在一个超市里做收银员。城里有个游手好闲的小青年马扬，经常去超市买点东西，一来一去，跟老王的女儿就熟悉了，后来马扬开始追求王雪，时不时送她一些礼物。老王知道马扬这个小伙子，也是高中毕业，是个司机，但不务正业。

突然有一天，老王把马扬送到了公安局。老王对民警说："昨晚上，我女儿王雪刚刚走到家门口，正要开门的时候，这小子从后面袭击了她，我女儿头部被击，都流出血来了，当场昏倒。幸亏我及时赶到，不然后果不堪设想。

"袭击我女儿的人见我来了，立马就跑，我在后面追。跑到一个路灯下，我看清楚了，那个人正是追求我女儿的马扬，肯定是我女儿拒绝了他，他存心报复。我跟着他又跑了200米，见他把一件东西丢在了旁边路沟里，那东西划在路面上还擦出了一串火花，应该是袭击我女儿的凶器。我跟不上他，就不再追了，我把他丢的东西拾起来，原来是一件青铜佛像，上面还有血迹，你们可以检查是谁的血和上面的指纹，就知道我没有冤枉他了。"

马扬却说："那是我几天前送给王雪的礼物，我爱王雪，绝不会做出伤害她的事来！昨天晚上，我确实见过王雪，但我是向她表明心意，我不会放手的，即使她不喜欢我，即使她前天拒绝了我。我跟她说完话后，就离开了，没有伤害她。"

民警说："好啦，听了你们的话，到底是什么情况，我都了解了。老王啊，你就说实话吧，到底怎么了，干吗要诬告马扬啊？"

老王一愣："我哪里有诬告他？你们一验指纹就知道了啊！"

民警说："不用验了，你在说谎。有什么事，大家就敞开来说吧，没必要弄到打官司的地步。"

老王见民警都这样说了，就不再坚持了，说自己确实说了谎，但都是为了女儿好。

你知道民警是怎么发现老王说谎的吗？

## ✿ 第99天　雨天鞋印

市郊有一所专门关押死刑犯的监狱，那里守卫森严，被关押到那里的犯人大多都是穷凶极恶之徒。

这一天，大侦探波罗来到这所监狱看望自己的好朋友加森，他在这里担任监狱长。看到波罗到来，加森非常高兴，亲自到监狱门口迎接。两人见面后寒暄一番，然后就一起走进了这所监狱。当他们穿过监狱阴森的长廊时，波罗突然听到有人大声叫喊："放我出去，我是被冤枉的，我没有杀人。"

波罗感到很奇怪，便循着声音来到了这个人的牢房前。一个相貌清秀的金发青年神情委顿，此刻正在绝望地敲打着牢门，声音几近嘶哑。

"老兄，这个人什么情况？"波罗问道。

"他叫吉恩，前不久在森林公园里杀害了两名警察。这么严重的罪行，当然被判了死刑。"加森轻描淡写地说道。

波罗点了点头，又说道："可是我看他的样子并不像坏人，是不是另有隐情？"

加森笑着说："别相信他，关押在这里的人有几个会承认自己有罪。"

听了这话，波罗默然无语，他心里隐约觉着这个案子并不那么简单。看了这个年轻人悲伤绝望的神情，真的很难相信他会是杀人凶手。回到加森的办公室后，波罗提出要看一下这个案子的卷宗，加森拗不过这位大侦探，最后只能同意。

据案宗记载，3个月之前，森林公园发生了一起惨案，两名巡警在一个雨夜被杀害，直到第二天才有人发现他们的尸体。夜里的滂沱大雨几乎冲洗掉了凶手留下的所有踪迹，警方搜查几次，也就只找到一个深陷在泥土里的鞋印。

警方扩大了搜索的范围，终于有所发现，一个叫作吉恩的人声称当晚被大雨困在了公园里。警方马上把吉恩的鞋子拿去和案发现场取得的鞋印石膏模型对比，发现完全吻合。尽管这种款式的鞋子有很多人都在穿，但是大小完全相同，又同时于当晚出现在森林公园的几率实在太小。于是，吉恩被法院判处了死刑，再过一个多星期就要执行了。

加森看到波罗读完了卷宗，自信地说道："案情很清楚，现场附近只有他一个人，鞋印又完全吻合，他就是杀害巡警的凶手。"

加森本以为这次波罗一定会支持他的论断，没想到波罗却气愤地说道："恰恰相反，那群糊涂警察简直没有一点儿科学常识。吉恩并不是凶手，作案现场的鞋印正好说明了他是清白的。"

波罗为什么会说出这些话呢？鞋印到底能不能证明吉恩的清白？

## ✡ 第100天　未熔化的方糖

一天早晨，有人报案说：他和女儿在郊区骑马散心，结果发现了一具被烧焦的男尸。

警长考伯特带着部下来到现场勘查后，推断出这里不是案发现场，死者是在被害以后，被凶手移尸至此，然后点火焚烧了，说明凶手是提前预谋好的。

但是死者的尸体已被烧得面目全非，现场也没留下什么线索，死者是谁很难辨认出来。

当法医在检查尸体翻起来一看时，发现死者的上衣口袋里鼓鼓的。原来里面装着十来块方糖，黏黏的粘在一起。方糖因压在死者的尸体身下，所以没被烧化。

"真是个奇怪的线索。"考伯特笑着说。

回到警局，考伯特根据失踪人口的登记，查出来3个有可能是死者的人。

这3个人分别叫丹尼尔、杜克和约翰。

丹尼尔是一个酒店老板，据酒店服务员说：前几天丹尼尔在店里喝醉了酒出去之后就不知去向，失踪时身上带着50万美元的现金。

杜克是个出了名的花花公子。平时喜欢骑马，每个周末都会去骑马俱乐部练习，星期六中午他照常去了骑马俱乐部，离开了之后就失踪了。

约翰是报社的记者，前10天发表了一篇揭露煤炭公司黑幕操作的事件。同事们说，两天后，他约好下班后去找老朋友喝酒，第二天没来上班，过了几天还是没来上班，所以报社报了案。

据资料上显示，这三个人都是1.8米左右的个子，年龄也相差不多，血型都是O型血，只凭那具烧焦的尸体是辨认不出来的，因为指纹也被烧焦了。

考伯特望着放在桌上塑料袋里的十几块方糖，出神地想着。

突然他想明白死者是谁了。你知道吗?

## ☆ 第 101 天　梦里梦外

唐先生坐上了开往北京的特快列车,他订的座位是卧铺,车厢里人很少,他就转到了相邻的卧铺。那里有一个美女正在安静地看书,因为两人都感到无聊,所以很快就聊了起来。

到了午饭的时间,唐先生去餐车吃饭,这时有个年轻人过来和他搭讪,并递给了他一瓶白酒,两人一边喝酒,一边聊天。吃完饭后,唐先生回到卧铺,觉得有些昏昏沉沉,一头倒下就睡着了。等到他从睡梦中醒来时,发现卧铺里只有他一个人,隔壁那个卧铺中的美女却倒在血泊之中。唐先生发现了这惊人的一幕,正打算起身去报警,突然被一硬物打中后脑晕了过去。

等到他再次苏醒时,发现列车依然在行进之中,而自己还待在卧铺里,他马上翻身而起,去车长室报案。

当车长和唐先生来到隔壁的卧铺时,开门的却是一位年老的男人,卧铺干净整洁,没有杂乱的痕迹。老人说从上车之时就是他一个人,并没有看见什么女人。

唐先生对此百思不得其解,他看了一下手表,更是大吃一惊。因为这趟车本应该在凌晨 2 点到达北京站,现在已经 3 点半了却还没有到。为什么列车会晚点这么长的时间,这一切又究竟是怎么一回事呢?

## ☆ 第 102 天　蒙面蠢贼

刘天福不仅是一位大富翁,还是一个集邮爱好者。在北京的一次艺术品拍卖会上,以 300 万元人民币的高价击败了另一位邮票收藏者,拍下了一枚稀有的邮票。

拿到邮票后,刘天福绕过人群,躲开众人的视线,悄悄离开了艺术品拍卖会。但是两个盗贼已经盯上了他。

当刘天福来到车旁,刚想拉开车门的时候,两个盗贼用钝器击打了他的头部。刘天福马上失去了知觉。

等刘天福醒来后，发现自己被关在一间昏暗的房间里，手脚被绑得死死的，两个蒙面人站在他的旁边。刘天福观察一下周围环境，判断这两人是冲着那枚稀有邮票来的。不久前，在北京、上海、广州等地曾多次发生收藏家遭劫的案件。

虽然刘天福早有防备，但他也没想到刚出拍卖会就被贼盯上了，还被他们带到这么偏僻的地方，幸亏把邮票藏得很隐秘，估计盗贼发现不了。

两个蒙面人搜遍了刘天福身上所有的口袋，只搜到了火车票、5000 元现金、银行卡、车钥匙和一张明信片。这张明信片是一位新疆的朋友寄过来的，上面还有一枚绘有天山风景的邮票。

一个蒙面人说："难道就是这张明信片上的天山邮票吗？"

另一个蒙面人说："你真是个傻瓜啊，在新疆这是最平常的邮票，只值八毛钱！"

"真是奇怪啊，除了这一张，再找不到别的邮票了呀。可能是这老家伙把邮票藏到另一个地方了。"

"不可能的。我一直盯着他呢，拿到邮票后他只去了一次洗手间，很快就出来了。300 万的一枚邮票，谁会把它放在厕所里？我们脱光他的衣服，一点儿一点儿地搜，连鞋底都不能放过。"

两个蒙面人把刘天福从头到脚都搜遍了，也没再找出一张纸片，更不用说天价邮票了。但是那个蒙面人说的没错，那枚天价邮票，刘天福一直带在身上。你知道刘天福把价值 300 万的邮票藏到哪儿了吗？

## ✡ 第103天　投币电话

天色已经很晚了，在一家宾馆里，一个清洁工人正在耐心地擦拭着前厅的内线电话。突然，旁边传来了玻璃被打碎的声音，警报也随之响起。

宾馆的大厅里有一个玻璃展橱，里面放置着纪念这家酒店建立 50 周年的珍贵纪念品，其中包括：该宾馆的第一份菜单、每个房间的价目表、一些珍贵的硬币、有纪念意义的邮票，以及一些酒店的老照片，等等。

夜班经理和值班的员工很快便赶到了大厅，他们在清理物品的时候发现一枚极其珍贵的硬币不见了。因为案发现场附近只有 3 位客人，经理便礼貌又坚决地请他们在此稍候片刻，等待接受警察的调查。

警察很快赶来了，经理对警察说："我们一直在看着他们，坐在扶手椅上看书的那位是奥克莉女士，她说她刚刚吃完工作餐。我们要求她待在这里，她也非常合作，坐下后就从公文包里取出一本书来看。

"布莱克先生说他刚刚从房间里出来，因为妻子突然头痛，他到前台拿了几片阿司匹林。我们要求他留下后，他用投币电话给妻子打了个电话，谈话内容大概是让妻子先等一会儿，不要着急。"

随后，经理又指着一个穿着破破烂烂的人说道："这位是格林利夫先生，他刚从宾馆酒吧里出来，侍者拒绝给他再上酒，他便开始在这里闲逛。我们在电梯间里找到了他，当时他的手指被电梯按钮夹住了。

"偷东西的人肯定没想到我们装了警铃，也许他早已经被吓跑了，我们抓不到他了。"经理悲观地说出了自己的推断。

"不，我已经发现了嫌疑人！他就是布莱克先生！"

为什么警察会认定布莱克先生有重大的嫌疑呢？

## ✡ 第 104 天　泥中的扇子

小镇上有个生意人，经常奔波在外，一走就是十天半月，留妻子一人在家。

三月的一天早上他回来了，却跑到县衙哭诉道：妻子被人杀死了。

半夜里下了一场雨，所以脚印什么的都被冲刷掉了，人们只在院子的泥里发现一把扇子。上面的题词是王胡赠给李子娇。

镇上没有叫王胡的人，但李子娇众所周知，他是镇子里的花花公子，平常为人轻浮，言语污秽。于是大家都认定一定是李子娇调戏生意人的妻子，妻子不从然后被杀掉了。

县令大人拘捕了李子娇，起初他在公堂上大喊冤枉，但后来在严刑拷打之下，很快承认了罪行。

案子终于审明了，李子娇被判三日之后处以极刑。

县令大人高兴，叫夫人陪同小饮几杯。不料夫人笑吟吟地说："案子有疑点。"

县令大人一惊，问道："夫人何出此言?"

于是县令夫人说出了自己的疑点和推断，县令大人听后心服口服，立即开堂重审。

真凶终于抓到了，原来是生意人自己把妻子杀害掉。

请问，县令夫人的疑点和推断是什么?

## ✡ 第 105 天 脚印迷阵

国家考古队在河南新出土了一批文物，由公安机关把文物运送到了博物馆。到了博物馆，张警官开箱清点文物时，发现少了一件非常珍贵的玉器。

张警官立即对此事展开调查，发现了两个可疑人物，一个人又瘦又高，另一个又矮又胖。张警官带人一直跟踪着他俩。当瘦高个和矮胖子发现有人跟踪后，径直朝不远处的一座山上跑去。天刚下过一场雨，路上清晰地印着两个人的脚印。从脚印来看，两个人走到一个陡坡边的乱草丛里就没影了。张警官穿过草丛，在山坡上又发现了他们的脚印，这次延伸到悬崖边又不见了。

张警官发现悬崖边的一块石头压着一张纸，他捡起来看到上面写着："苦海无边，回头是岸。"张警官说："难道这两个人畏罪自杀了。"

张警官又认真查看了瘦高个和矮胖子的脚印，确定地说："这两个人就藏在山坡周围，我们给他来个地毯式搜索!"果然不出张警官所料，在山坡下一百多米的草棚里捉获了瘦高个和矮胖子。

一位同事问张警官："您是怎么确定这两个人就在这周围的?"张警官说："你看清楚这两人的脚印了吗? 山坡上，瘦高个的步距比矮胖子的短;

瘦高个的脚印前掌用力，瘦高个的脚印有几次落在矮胖子的脚印上，矮胖子的脚印从来没有压在瘦高个的脚印上。这是他们摆出的一个迷阵。"这位同事恍然大悟，说："原来如此，险些被他们骗了。"

你知道，瘦高个和矮胖子摆的是什么迷阵吗？

## ✿ 第106天　稀世之珍

安妮的父母在国外工作，她自小跟着爷爷奶奶住。爷爷是一位集邮爱好者，不仅把世界各地的朋友来信上的邮票好好保存，自己还买过不少优美的邮票，其中有一张巴西牛眼邮票，被爷爷视为稀世之珍。

7月15日是安妮18岁的生日，这天晚上她邀请了一批好友到家来办一次化妆舞会。爷爷奶奶都年纪大了，喜欢安静，就到外边散步去了，留一帮孩子在家随意玩闹。他们出来转了两个小时，看看时间已经9点，就回家了。一到家，爷爷又钻进他的书房，翻看他那些心爱的宝贝。然而，爷爷怎么找也找不到那张稀世之珍巴西牛眼邮票了。他看看门窗都完好无损，屋内东西摆放得都很整齐，没有小偷来过的痕迹，心想一定是那帮孩子在捣鬼。桌子上的镊子、挥发油、滴管都还在，唯独少了一样东西。

爷爷把安妮叫过来，问道："你们有谁拿了我的巴西牛眼了吗？"

安妮说："有啊，我看着那枚邮票挺好玩，恰好我一个朋友也喜欢集邮，我就自作主张送给他了。"

爷爷惊异地说："送给他了？你知不知道那张邮票有多值……你快把那张邮票要回来，我给你换张更好看的。"

安妮说："爷爷，你自己去找嘛，我们在办化妆舞会，看你能不能把我那个朋友找出来，找到了就把邮票还给你，找不到的话就……"

爷爷拿小孙女没办法，只好到外边来找她那位朋友。他一眼望过去看见一个化装成福尔摩斯的男孩，戴着一顶高帽，穿着夏洛克的风衣，围着围巾，嘴里叼着烟斗，手中拿着一个放大镜，好像在仔细查看什么证据。

爷爷对安妮说："就是那个'福尔摩斯'了！"

安妮说："啊！爷爷，您真厉害，一下就猜中啦！"

你知道爷爷是根据什么猜中的吗？

## ✡ 第 107 天　手指大门

仲夏的一个夜晚，住在新宁小区 8 号楼的陈小姐被人发现死在了自己的家中，她的朋友找她时发现了这个惨剧，随即警方报了案。

陈小姐的朋友这样描述当时的场景："我在晚上 9 点左右来找她玩，按了几下门铃没人开门。后来我轻轻一推，发现门竟然没有上锁，一进去就发现我的朋友躺在地板上。她死的姿势很怪异，一只手指向大门，我想这是她传递给我们的信息。"

警方对现场进行勘查后，发现陈小姐房内的财物被洗劫一空，由此可以推断这是一起入室抢劫杀人案。虽然搞清楚了凶手作案的目的，但警方却无法确认谁才是作案嫌疑人。

负责此案的王警官返回警局时，在路上不小心和一个开锁匠撞了个满怀。只听那个开锁匠小声地嘟囔："今天真是倒霉透了，约我晚上开锁又没人在，现在又被人给撞了，真是出门没看皇历。"

听了这一番抱怨的话，王警官忽然醒悟，原来此案的凶手正是开锁匠。为什么他敢如此肯定呢？

## ✡ 第 108 天　监守自盗

孙田博住在石家庄，但工作在北京。孙田博平常都是坐星期五上午 10 点的快车离开北京，大约 12 点到达他石家庄的家。但是这个星期五，孙田博没有坐往常的那趟列车，坐的是当天夜里的火车。

午夜时分，孙先生才回到家里，刚进门就听见仆人晓波"救命"的喊叫声，仔细一听，声音是从地下室传来的。他赶快来到地下室，打开门将仆人放了出来。

"孙先生，您终于回来了！"仆人晓波说，"三个蒙面的盗贼抢了您的贵重财物。其中一个人说，他们要赶中午 12 点的火车回天津，现在已经快 12 点了，还剩几分钟，我们即使报警也拦不住他们了!"

孙田博闻听钱财被盗走，焦急万分，便请李大勇警探来调查此事。

晓波向李大勇简要说明了事发过程后又说："他们走的时候逼我服下了一粒药片——应该是麻醉药、安眠片一类的东西。我醒后，正赶上孙先生回来。"

李大勇在地下室检查了一番。地下室并不大，完全封闭，没有窗户。据仆人所说，他被锁在了地下室内。地下室里的灯泡是 40 瓦的，发出昏暗的光，只可以照明，看书就很难了。

李大勇在地下室里发现一块年代较老的机械表，他问仆人晓波："这块表是你戴的吗?"

仆人回答说："哦，是的。"

"既然这块表是你的，你就跟我和孙先生说说，那些贵重财物被你们藏到哪里去了。"

"李警官，您开什么玩笑，我哪知道盗贼把东西藏到什么地方了。"

"别狡辩了，你明明跟那三个盗贼是一伙的；要么那三个盗贼就是你编造出来的，真正的盗贼就是你。"

仆人晓波一听，知道李警探已经识破了他的伎俩，于是不再隐瞒，供出了自己的同伙和被盗物品的所在地。

你知道李大勇警探是怎样识破仆人晓波的伎俩的吗?

## ✿ 第 109 天　圣诞之夜

这是一个圣诞之夜，神偷陆小季在一个宴会上偷盗了一枚钻戒，而这个宴会是大使馆举行的。陆小季得手后，连忙溜出了大使馆，跑到了自己订的旅馆。

陆小季坐下来，刚倒了一杯水，就听到了敲门声。陆小季从门镜里看到一个西装革履的男人，皮鞋简直能照出人来。陆小季回忆在宴会上看到的面孔，这个风度翩翩的男人很熟悉。

"您好，我叫李大勇，请问尊姓大名。"这个男人说道。

李大勇！陆小季熟悉这个名字，好像是什么全国十大杰出警探。

"我叫陆小季，无名小辈。李先生深夜到访，不知有何贵干？"陆小季谨慎地回答，脸上却热情地把这位全国杰出警探请到屋里。李大勇看到桌子上摆着一个花瓶，插满了红色的尚未绽放的郁金香。

"陆先生，我是一名警察，到您这里来是想问您一个问题，请您配合。您今晚上在哪里，做些什么？"李大勇问道。

"哦，我听过您的大名。今晚上，从黄昏到现在，我都在这间房子里看书。你进来的时候才把书合上。这本书是《世界的尽头》。"陆小季说完后，指了指那本书。

李大勇看了一下桌上的书，又看见花瓶里插着的郁金香张开了几个花瓣。他淡定地对陆小季说："不用演戏了，你的谎言很不高明。在宴会上，我可是看见您了，虽然当时您的胡子很长，现在却一根也没有。您的手上功夫可比说谎厉害。还是把钻戒交出来吧，宽大处理。"

李大勇是怎样识破陆小季的谎言的呢？

## ✿ 第 110 天　盗亦有道

燕来不过三月三，燕走不过九月九。燕子刚在屋檐搭了一个窝，河南一个小村庄里却破了一个家。这户人家姓刘，丈夫进城打工，妻子在家做点儿农活，照管孩子老人。

一天深夜，天空下起了雨。妻子听到院子里有人，刚起床穿上鞋，一个蒙面盗贼就进了屋，翻箱倒柜，搜到了家里的积蓄三万多块钱。拿了钱就要走，妻子拉着盗贼的胳膊不放。盗贼回手一甩，把她摔倒在桌子角上，妻子头破血流，晕倒在地。老人、孩子吓破了胆，不敢作声。

雨渐渐停了，小院里有几处水洼。半个小时后，妻子终于醒了过来，看见泥泞的小院里有一行大脚印，延伸到院门口就断了，在那儿有个一尺多长的东西。妻子走过去，捡起来一看，是一把黑色的折扇。她打开扇子，上面画着一副骷髅，署名是李三。李三的名字，村里尽人皆知，偷鸡摸狗对他来说都是小菜一碟，周围几个村子都被他偷遍了，但是他还从没在自己村里偷过东西。

妻子先把头包扎了一下，天一亮就拿着那把折扇，到村长那里告状去了。村长一听，暴跳如雷，"这兔崽子竟然偷到自己村里来了！看我怎么收拾他！"于是，叫了几个人去找李三。

李三今年 27 岁，父母早亡，因为"名声在外"至今孑然一身，没有成家。村长一到他家，就命人把他按住了，然后才问道："兔崽子，昨晚你去哪了？"李三支支吾吾说不出话来。村长见他说不出个子丑寅卯，便认定了李三是入刘家抢劫的大盗，让人把他捆绑起来，交给了公安局，但是没有发现刘家的三万块钱。

到了晚上，村长的气才算消了，对夫人说了说刘家被盗的事。夫人却说，李三可能是被诬陷了。村长疑道："诬陷？怎么个诬陷？"夫人说："你想啊，这……"

村长觉得老婆说得有理，于是又跟刘家和公安局联系，详细认真地讨论了一下事件的来龙去脉。三天后，公安局调查证明，李三确实是被诬陷的，盗贼另有其人。

你知道村长夫人是怎么推断李三是被诬陷的吗？

## ✿ 第 111 天　谍报员的位置　⟩⟩⟩

秘密谍报员库班来到夏威夷度假。这天，他在下榻的旅馆洗澡，足足泡了 20 分钟后，才拔掉浴缸中的塞子，看着浴缸里的水位下降，在排水口处形成漩涡。漂浮在水面上的两根头发在漩涡里好像钟表的两个指针一样，呈顺时针旋转着被吸进下水道里。

从浴室出来，库班边用浴巾擦身，边喝着服务员送来的香槟酒，突然从身后蹿出几个黑衣人，头部被硬物猛击一下，库班失去了知觉，昏倒在地。

不知睡了多久，库班猛地清醒过来，发觉自己被换上了睡衣躺在床上。床铺和房间的样子也完全变了。他从床上跳下来寻找自己随身携带的东西，都没找到。

"我这是在哪儿？"

写字台上放着一张纸，上面写着："我们的一个工作人员在贵国被捕，想用你来交换。现在正在交涉之中，不久就会得到答复。望你耐心等待，我们是绝不会伤害你的，只要你不走出房间。吃的、用的房间内一应俱全。"

库班立刻思索起来。最近，本国情报总部的确秘密逮捕了几个外国间谍。其中能与自己对等交换的只有两个人。一个是加拿大的，另外一个是新西兰的。那么，自己现在是在加拿大，还是在新西兰？

房间和浴室一样都没有窗户，温度及湿度是空调控制的。他甚至无法分辨现在是白天还是黑夜，就像置身于宇宙飞船的密封室里一样。

稍事休息后，库班走进浴室，泡了好长时间，才从浴缸里出来。他拔掉塞子看着水位下降。他见一根长发在打着旋儿呈逆时针旋转着被吸进下水道。他突然想起了在夏威夷旅馆里洗澡的情景，情不自禁地嘀咕道："我知道我在哪里了！"

请问，你知道库班如何知道自己在什么地方的吗？

## ✿ 第112天　旅馆里的凶手案

一天中午，A侦探在一家旅馆的房间里看书，突然听见门外一声枪响，就迅速跑了出去。发现302号的房门大开，女主人惊慌地站在门口，房间中央躺着中枪的男人，刚刚死去，在门前的中央有一发手枪弹壳。

警方到后，调取了宾馆的监控录像，三楼无人进出，所以凶手就在三楼的客房中，下面是警方搜查的结果：

305号：男，随身物品有一个行李箱，火柴，一个烟斗（烟斗左侧有碳痕），一根绅士杖；

306号：女，随身物品有一副墨镜，一把阳伞，一双高跟鞋（其中一只

坏了);

310 号：男，随身物品有一个把轮手枪，一个行李箱，一套积木玩具。

三人都没有硝烟反应。

为了进一步取证，警方为各自录取了口供，下面分别是他们的口供：

死者老婆：当时我听见有敲门声，就去开门，只见外面有一个戴着帽子、口罩、墨镜，穿着大衣的人，他二话没说就朝我丈夫开了一枪，然后就飞快地逃走了。

305：我当时在屋里抽烟，什么都不知道。

306：我不认识死者，案发时在看电视，只听见一声巨响，吓了一跳。

310：我什么都不知道，我当时正在睡觉，我带枪是为了路上防身，我可没有杀人啊。

警员说："由于他们房间窗外有一条河，凶手可能将行凶时的行头扔进河里，所以我们搜不到有硝烟反应的衣服也很正常。"

A 侦探笑了笑："凶手应该是他，而且他还说了谎。"

你知道 A 指的凶手是谁吗？

## ✿ 第 113 天　滥情之殇

晚上 9 点，美国纽约的一个大家庭中正举行一场盛大的晚宴，这家主人名叫华莱士。华莱士的夫人非常漂亮，美丽迷人。

来宾中，最受欢迎的是成功的销售员克劳斯。他长相英俊，能说会道，被一帮太太小姐围在中间。虽然克劳斯平时酒量很好，但今天晚上他不断地干杯，跟所有人喝酒。再好的酒量也有个限度，几杯威士忌成了最后一根稻草，克劳斯喝下后，就显出了醉态。

华莱士极其讨厌克劳斯的张扬，他低下头，又上一只大虾，蘸满了调味汁，走到克劳斯的身边，"克劳斯兄弟，你的领带打得可真是帅气啊，是哪个女友送的，又是哪个女友给你打上的?"

华莱士满嘴嘲讽的话语，令克劳斯有些不高兴。华莱士装作漫不经心的样子，晃了晃叉子上的大虾，黑红的调味汁滴在克劳斯的领带上，克劳斯那纯白色的领带一下就变得脏兮兮的。"哎哟，对不起，真是太对不起了，我太大意了，滴了您一领带。"华莱士假心假意地说。

"啊，没事的，我还有几条这样的领带，您若喜欢，可以送您一条。"克劳斯虽不高兴但还是很大度，他拿出自己的手帕，想把领带上的污渍擦掉。就在这时，华莱士的夫人走到了他身边。

"不要擦，那样会留下痕迹的。你过来，我用洗洁剂给你洗洗。"华莱士夫人说。

"哦，谢谢！夫人，您太客气了。没关系的，我自己去洗吧。夫人去应酬其他客人吧。"克劳斯说话时，眼睛斜看着华莱士，然后自己一人走进了洗手间。他拿起洗洁剂，倒了一些在领带上，然后擦拭污迹。擦干净后，克劳斯又马上回来了，一边喝着啤酒，一边与夫人小姐谈笑风生。

正谈笑间，克劳斯的身体突然倒下了，手中的啤酒杯掉到地上摔成了碎片。所有宾客都不知所措，一位反应快的朋友赶紧拨打了急救电话。克劳斯虽然被送到了医院，但已经太迟了，没有抢救过来。医生说，克劳斯因酒精中毒而死。朋友都悲伤地说："他喝的酒太多了。"

华莱士也说："是啊，他喝得太多了，但又何止是喝得太多呢。"其实，华莱士知道克劳斯与自己夫人有私情，克劳斯的死是他设计陷害的。你知道，华莱士是怎样设计陷害克劳斯的吗？

## ✿ 第114天　骑自行车的凶手

探长刘自打从事这项职业开始，每天都会坚持去山间跑步，一方面是锻炼身体，另一方面是舒缓工作带给自身的压力。

这是一个雨后的傍晚，天空中还悬挂着些许阴霾，地面还有些潮湿。探长刘骑着自行车，来到山脚下准备跑步。突然，他发现路边躺着一个人，走近一看发现是同是探员的汤玛士，急忙上前询问情况，只见汤玛士的胸口插着一把刀，满地是血，已是奄奄一息了。探长刘慌忙脱下衣服，为汤玛士止血。

性命垂危的汤玛士用微弱的声音告诉探长刘说："刚才，我看见……有个人行……行踪很……可疑，上前讯问……没想到……他竟然向我……捅了一刀……刚刚……骑着我的自行车……跑了。"警探说完，用手指着凶手逃跑的方向，不一会儿就死了。

这时，正好有几个人路过，探长刘就请他们代为料理后事并报警，自己骑上自行车，顺着凶手逃跑的方向，追踪疑凶。

骑着骑着，来到一个双岔路口，这两条路，都是缓缓的斜坡，而且由于头天刚下完雨，所以路面上很潮湿。

于是，探长刘下了自行车，先看了一下右侧的岔路，在泥石路上，有明显的自行车轮胎痕迹。"凶手似乎是顺着这条路逃走的。"探长刘心里估摸着。

为了谨慎起见，他又察看了左边岔道的路面，在那儿也有车轮的痕迹。

"他究竟是朝着哪个方向逃走的呢？反正眼前的两条路，他总会选择一条的，我想，大概是凶手稍前由相反的道路，骑上坡或者下坡，走过的那条路。根据两车前轮和后轮所留下的痕迹，应该立即就看出凶手是从哪条路逃走的。"

探长刘以敏锐的观察力，仔细比较了两条路上自行车的车轮痕迹。"右侧道路的痕迹，前轮后轮大致相同；而左侧的道路为什么前轮的痕迹会比后轮浅？哦，我知道了。"

于是，探长刘就追了下去。结果果然抓获了凶手。

你能推断出探长刘是从哪条路追下去的吗？

## 第115天　谁砸坏了赛艇

航海俱乐部举办游艇比赛，争夺冠军的是海鸥号和信天翁号。谁得冠军谁就获得10万美元的奖金。三局两胜，海鸥号昨天先胜一局。可是第二天一早，科林斯夫妇的赛艇海鸥号的船舵被不明身份的人砸坏，比赛不能如期举行。举办方不得不推延比赛时间。

科林斯夫妇给警察局打了电话报案，要求查清是谁砸坏他的赛艇。

探长道格负责这件案子，便传来了当事人询问。

科林斯说："今天早上9点刚过，我开车送太太去美容厅做头发，因为今晚航海俱乐部有个舞会，她要去参加，待我从美容厅回到家，才发现海鸥号的舵竟然被人砸坏了，使我没法参加今天的比赛。"

清洁工桑迪证实说："7点钟，我上班，天正下着小雨，我坐在俱乐部的屋里，偶尔向窗外一望，看见有个金发的男人扛着一把锤子正朝着停泊海鸥号的2号码头走去。大约过了10分钟，我透过玻璃窗，看到2号码头没有人，大约那个男人已经走了。8点以前没有人到过码头。可当我打扫厨房时，却发现垃圾箱上有个金发套。8点以后才有几个人来到码头，这时候，有人发现海鸥号船舵被砸。"

探长道格分析道："显然，那个扛锤子的金发男人是砸坏海鸥号船舵的人！因为8点以前没人到过码头。而这金发套是个很好的线索。科林斯先生的头发是金色的，他根本用不着金发套，科林斯夫人虽是红头发，但不是那个金发男人；皮蓬夫妻俩的头发是黑色的，这就具有使用金发套的可能性。皮蓬先生，是不是可以请你解释一下呢？"

皮蓬辩解说："我们7点钟没去过码头，我们在吃早饭。我敢发誓！至于金发套，我们没有使用它的必要。我为什么要戴了假发去破坏科林斯先生的游艇呢？要知道，今天海面那么平静，我们的信天翁号完全有把握超过海鸥号，把比赛扳成平局。我们不会去干使比赛改期的蠢事，以致使自己丧失胜利的有利时机！"

科林斯反驳："可是你们独门独户，没人可以证明你们在7点钟吃早饭。"

皮蓬反唇相讥："不，先生。你们也是独门独户，同样也没有人可以证明7点钟你们夫妇俩还在睡觉。"

科林斯愤怒地说："要是你只砸了我的船舵，使我的船再也修不好呢？"

探长道格站在一旁，不动声色地看着他们，突然笑嘻嘻对着科林斯说："赛艇是你砸的，你想拖延比赛时间，对吗？"

科林斯脸色突然变得苍白起来。

那么，探长为什么认为是科林斯自己砸的赛艇呢？

## ✿ 第116天  孤胆移尸

李婕从小到大都是个很胆小的女孩，这几天丈夫一直在外出差，她都不敢一个人在家睡，于是她把自己的好友张燕叫来跟她做伴。就在这天晚上，张燕在浴室洗澡，一直不见出来。李婕在浴室外也听不到任何动静，她打开浴室的门，才发现张燕死在了浴缸之中。原来张燕有先天性心脏病，洗澡时心脏病突发而死。李婕吓得不知所措，赶紧给弟弟李明打了电话。

李明马不停蹄地赶了过来，还以为是姐姐杀害了张燕，细问之后才知道是张燕心脏病突发，于是对姐姐说："那我们赶紧给张燕家人和医院打电话吧！"李婕却害怕地说："那如果他们怀疑是我杀害了张燕，怎么办啊？"李明说："不会的，医生会查明她是怎么死的。"但是李婕就是害怕，不让李明打电话。

最后，李婕说："弟弟，你把张燕的尸体悄悄地放回她家吧，她家就她一个人，这是她家的钥匙。你把她照现在的样子，放到她的浴缸里。到时人们就不会怀疑是我杀了她，好不好？"

李明见姐姐怕成那个样子，也只好答应了。他把张燕的尸体包扎好，搬上车。张燕家离李婕家很远，等李明到了张燕家里，天已经亮了，还好她家周围没什么人。他悄悄地把尸体背进屋里，放到浴缸里，放上温水，摆好鞋子、衣服，还特意打开了电脑，放着舒缓的音乐，然后离开了张燕家。

一直到中午，张燕的尸体才被人发现。一批警察封锁了她家，正在仔细搜查线索。法医鉴定说："此人死于先天性心脏病，是自然死亡，不是他杀。"

警官问："能确定死亡时间吗？"法医说："初步推断是在昨晚10到12点

之间。"

警官看看屋内，目光滑过电脑，舒缓的音乐仍如丝般穿透人的心间。警官说："浴室不是死亡的第一现场，尸体被移动过。"

你知道，警官是根据什么判定浴室不是第一现场的吗？

## ✿ 第117天 燃烧的汽车

秘密谍报人员吉姆开着摩托车在上坡的急转弯处停下，关掉灯，引擎仍然开着。手表的夜光针正好指着夜里1点钟。再过5分钟，去K基地送新的导弹配置命令的汽车将从这里通过。为了盗取这一秘密文件，吉姆在半月前潜入该国。

这条公路是通往位于山上的K基地的专用道路，所以夜间很少有车辆通过。

前方黑暗处有灯火出现，正向此处靠近。就在车开近距离只有15米左右时，吉姆打开车灯，突然迎上去，挡住对方的去路。对方措手不及，急忙转动方向盘急刹车，但没刹住，车撞破防护栏，翻下二十来米深的山谷中。原想汽车受到这一冲击会引燃汽油着火的，但车子翻了两三次，撞到岩石停了下来。

吉姆将摩托车藏在道旁的草丛中，然后拿起事先准备好的装汽油的容器下到山谷。传令官扑在方向盘上已经死了。一个黑色的革制皮包从撞碎了的车窗中掉出来。吉姆从传令官身上找到钥匙，打开皮包，用高感度红外线照相机将导弹配置计划的机密文件拍了下来，然后按原样将文件放回包中扔到车里，再将容器中的汽油浇到车子上，用打火机点燃。一瞬间，车子被熊熊烈火包围了。

吉姆拿着空汽油容器回到公路上，迅速骑上摩托车离去。

第二天一大早，吉姆在电视新闻中看到那辆车被完全烧毁，尸体和皮包也都被烧成灰烬。他在将拍下的机密文件的胶卷送回本国情报部后不久，就收到本部的紧急命令。命令的内容是对方已对那起事故起疑心，并已开始秘密调查，让他立即回国。

"如果对方发现那起事故是有预谋的，必定要修改导弹配置计划，那我好不容易弄到手的胶卷也就无任何价值了。"吉姆心中还是有些不解，"我干得很谨慎，怎么会留下马脚呢？"

你知道问题出在哪里吗？

## ✿ 第118天 妻子是你打伤的

星期三早上，约翰逊照常开车为一家洗衣店送货。他驾车来到格拉特家，将车停在马路边。他用了不到3分钟的时间填完上午需要的送货单，然后拿着两套衣服下了车。关车门时，他发现车子的前轮正好压在花园的胶皮水管上，水管的另一头通到屋后的车库，约翰逊就将车向前开了几英尺，开进格拉特空着的车库。

这时，约翰逊发现车库通往厨房的门正开着，只见格拉特太太倒伏在门旁边，头部还在流血。约翰逊急忙跑过去，把她扶起来，想把她叫醒。但是，这女人由于失血过多，仍处于昏迷状态，约翰逊吓得忙喊道："快来人呀！快来人呀！"

这时，格拉特先生通过车库开着的门走了进来。问这是怎么一回事，太太为什么流了这么多血。

约翰逊说："我也不知道，我进来的时候就这样了。"于是，两人开车一起把格拉特太太送往医院。这女人虽然已经脱险，但精神失常，无法分辨谁是凶手。

大侦探卡隆过问了这桩谋杀未遂案。一向诚实的约翰逊把上述情况叙述了一遍。

大侦探卡隆又传来格拉特询问："格拉特先生，当时你在干些什么？"

格拉特回答说："当时我正好在后花园里浇花，我用胶皮水管给花坛和树篱浇了半小时水，发现一辆卡车开进了我的车库。又听到'快来人啊！快来人啊！'的呼叫声，我就放下水管，奔了过去。"

大侦探卡隆又问："浇花时没有发生任何异常情况吗？"

格拉特说："没发生任何异常情况，我持着水管一直浇了半小时水。"

大侦探突然大叫了一声，"你这个骗子，"两眼直望着格拉特，说，"就是你想杀死你的太太，只是你用凶器行凶时，发现来了一个送货人，于是你慌忙跑到后院，以正在浇花为由，不是吗？"

无言以对的格拉特只得承认，是他准备杀死自己的妻子，然后跟自己喜欢已久的情人结婚。可是遭到了妻子的威胁，于是便痛下杀手。

大侦探卡隆如何判定格拉特是预谋杀死妻子的凶手的？

## ✡ 第119天 一盒奶糖

从东南亚出差回来的田中六一，从机场径直回到自己的寓所后，便躺在床上休息。这时，他的女朋友井上合香来了。

"怎么啦？这么没精打采的。"

"去国外出差累的。"

"是在国外见异思迁了吧？"

"别开玩笑，还是让你看看这个吧。"田中六一从旅行袋中拿出一盒奶糖。"这每颗奶糖中，藏有一颗钻石。我把奶糖开了洞，将钻石藏在里面，一共是六颗。大概值5000万日元。"

"你是怎么带回来的，在机场海关没被发现吗？"

"一看是糖，检都不检查。"

"可怎么将钻石取出来呢？"

"放到嘴里，糖一化了，钻石不就出来了吗？还很甜呢。"田中六一得意地说。

井上合香见此，突然改变了主意。她在咖啡里掺了毒将他毒死，然后挟钻石逃走了。当然，没留下任何证据。

第二天，田中六一的同事发现他死在自己的寓所中，便报了案。很快，井上合香就被警方逮捕了。

当时，她正在医院。诊断后，正在等结果时，警车赶来。将她护送到某场所后，刑警说："你用毒杀死了田中六一，现在我们要拘捕你。"

"有什么证据说我是凶手？"

"这个，这个就是证据。"刑警将她的病例递过去。她一看病例，吃惊得昏了过去。

这是为什么？

## ✿ 第 120 天　哈利森的猜测

某日，大侦探哈利森独自到森林中打猎，见天色晚了，便在空地上支起帐篷，准备宿营。

忽然一名年轻男子跑来告诉哈利森，他的朋友卡特被人杀害了。

哈利森便让他静下心来，仔细说明情况。他说："我叫菲尔特，我们也是到这来露营。一小时前，我和卡特正准备喝咖啡，突然，从森林里钻出两个大汉，将我们捆了起来，还把我打昏了，醒来一看，卡特已经……"

哈利森听完后，拍拍菲尔特的肩膀："走，一起去看看。"接着便跟随菲尔特来到了宿营地。卡特的尸体躺在烧得正旺的火堆旁，两条绳子散乱地扔在卡特的脚下，旁边的帆布包被翻得乱七八糟。哈利森俯下身，见卡特头上的血已经凝固，断定是在一小时以前死亡的，死因是，凶手用钝器击碎了他的颅骨。

哈利森看了一下现场，便将目光转移到了火堆上，火烧得很旺，黑色咖啡壶发出"嘶嘶"的声响，刚刚烧沸的咖啡从壶里溢到壶外，发出迷人的香气，滴落在还没烧透的木炭上。哈利森默默地站了一会儿，突然掏出手枪对准菲尔特说："别演戏了，跟我回警局向你的律师说吧！"

亲爱的推理侦探们，你们认为如何呢？

## ✿ 第 121 天　路出马脚

63 岁的斯特拉在华盛顿郊区的一幢大楼里开了家小型的外科诊所。一日，当斯特拉正给体育运动员奥兰多看脚时，诊所的门被轻轻地推开了，一只戴着手套的手伸了进来，手中握着手枪。由于当时斯特拉是背对着门的，听到两声可怕的枪响后，回过头来，发现奥兰多被人打死了。于是，外科医生斯特拉报了案。在案发一个小时后，警方抓到了嫌疑犯。

据开电梯的工人说，他在听到枪声之前的几分钟，把一个神色慌张的人送到15楼，那正是斯特拉开诊所的地方。

根据电梯工人的描述，警方认为，凶手就是那个假释犯蒂姆，他因受雇杀人未遂而入狱。通过这一线索，警方在蒂姆的家里逮捕了他。

警长哈里斯在审问蒂姆时，开口就问："你听说过斯特拉这个人的名字吗？"

"没听说过，你问这个人的名字干吗？"

警长哈里斯淡淡一笑："不为什么，只是两个小时前，有位叫奥兰多的运动员在他那里遇上了点麻烦，不明不白地倒在了血泊中。"

"这关我什么事，我整个下午都在家里睡觉！"

"可有人却看见一个长得很像你的人在枪响前到15楼去了！"

"不是我，"蒂姆大叫，"长得像的人多的是。"他接着又说，"从监狱假释出来我从未去过他的外科诊所。这个斯特拉，我敢打赌这个老头从来没见过我。他要敢乱咬我，我与他拼命！"

警长哈里斯厉声道："蒂姆，你露马脚了，你就准备继续坐牢吧。"

你能猜出罪犯在申辩中何处露了马脚吗？

# 参考答案

第76天 从小偷翻了前6排座位，只偷了那两样东西来看，小偷事先就知道那两样东西，目标也正是它们。但是凯瑞却没有被偷，由此可见，小偷并不知道他们坐在哪些位子上。所以，老师安娜可以排除在外，她所说的话当然也是真的了。

那么，知道他们那3样东西，又没有不在场证明，也不知道他们座位的人，只剩下老爷爷和准备去教务处办理转学手续的亚当同学。但是，老爷爷拄着拐杖，不可能跳过围墙。所以，窃贼就是亚当。

至于亚当为何没有跟同学们一起去上体育课，前面已经说了——他要去教务处办理转学手续。

**第77天** 王远事先将短剑绑在橡皮绳子上，橡皮绳子另一端通过电梯顶板上的气孔固定在电梯井的顶部，当四楼的王永乘坐电梯下楼的过程中橡皮绳子不断受到拉力，当它的强度无法承受电梯的长度时，橡胶绳子就会断掉，因为它有反弹力的缘故，短剑就会像弓箭般坠下，从而杀死目标。

**第78天** 左手端着颜料板作画，左手的拇指应该是露出来的，被太阳晒为黑色，可她的却是白皙，因此证明她在说谎。

**第79天** 该居民说他透过窗户可以看见室内发生了什么事情，这一点引起了警察的怀疑。因为当天晚上，室外飘着雪，天气寒冷；室内生着炉火，热气腾腾。内外温度相差悬殊，室内窗玻璃上必然会形成一层水汽，使玻璃变成白蒙蒙的一片，在外面根本看不清室内的情况。不要说看清一个人头发的颜色、脸上的胡子，就是看清有没有人都很难。据此判定，该居民在说谎，做伪证。他为什么做伪证呢？他必然跟这起案件有关，甚至就是他杀害了死者，窗帘很可能是他行凶后有意拉开的，好给自己做伪证提供条件。

**第80天** 父亲是盲人，如果是发怒打人，一般会乱砸一气。而死者脑后的伤口排列整齐，明显不会是盲人干的。

**第81天** 因为李刚调酒时把无色透明的剧毒放在了冰块里，他喝的时候，冰块还没有融化，剧毒没有入酒。而李强是慢慢地喝完了剩下的酒，冰块融化后剧毒掺入酒中，所以李强中毒身亡，而李刚没有中毒。

**第82天** 沙漏放到了煤油炉旁。

理由：沙漏放在煤油炉旁，煤油炉的发热使得沙漏的玻璃膨胀，漏沙子的孔也随之变大，沙子很快落下，所以，即便上部玻璃瓶里的沙子全部落到下面，其实也没到 10 分钟呢。

第 83 天 科学家洗脸后，脸未擦干，水珠掉在了那块长 20 厘米，宽 10 厘米的玻璃板上，因表面张力的原因，而形成半球形，具有凸透镜的作用，而这块玻璃板刚好放在他 5 年前出版的《Princopal》这本书和论文稿之间，恰似一座小桥梁。经日光照射，透过水珠的日光照射所集中的焦点，刚好射在玻璃板下的论文稿上，因此引起火灾。

第 84 天 首先，高德只是玛丽的上司而已，他对自己的下属表现出了过分的关心。其次，高德撞门的力量显然不足以冲开被胶带固定死的房门，但事实是房门确实是他撞开的。据此，林克先生断定，高德一定是在布置完密室后，撕开了门上的一些胶带离开了房间。等到玛丽死亡之后，高德故意敲门吵醒她的邻居们，并让邻居中的某一个人来证明胶带是当时才被弄开的。

第 85 天 可汗让在场的 5 个人每人捏一块宝石，因为宝石是阿巴尔捡的，所以他肯定能捏出正确的形状，牧羊人侵吞了宝石，所以也能够捏出正确形状。其余的 3 个证人没有见过宝石，不可能捏出正确的宝石形状，而且几个人捏的宝石也都不一样，这 3 个证人是牧羊人找来的，也就意味着牧羊人是个骗子。

第 86 天 钻石是碳的同素异构体，如果温度超过 850 摄氏度就会燃烧。氧气切割机的火焰温度高达 2000 摄氏度，所以在用如此高温的切割机去切割小小的保险柜柜门时，致使保险柜中的钻石燃烧变成二氧化碳。所以，保险柜里只剩下一小堆灰。

第 87 天 凶手是这位年轻人。

理由：（1）重金盐在牛奶中会发生沉淀并不会引起重金属中毒，侄子不是凶手；（2）氰化钠就算放在塑料袋中一年的时间也会发生变质，遇二氧化碳生成碳酸钠，也不会中毒，私生女不是凶手；（3）毒蛇的毒液在没有伤口的情况下也不会引发中毒，大多数人还用来泡酒，也就是这道理，排除所有的不可能，剩下的年轻人就是凶手。尽管博士还没喝黑醋，但氰化物遇酸会释放出有毒气体氰，人吸入立即死亡。

第88天 安迪警长看到那杯热牛奶几乎满满地放在那里。试想服务员小姐说有人把她打倒在地，手中的热牛奶怎么还会一滴不洒呢？

第89天 D

理由：B说自己和妈妈在说话时听到爸爸惨叫。有惨叫时不在场证明。然后开门过程中去楼上的厕所。而D说，但是B已经在一楼上厕所，他只好去了二楼的厕所，进去不久即听见他哥惨叫，他的话与B是相矛盾的，所以D是凶手。

第90天 宋先生先在司机屋子里，用老虎钳把手枪固定在窗子上，瞄准梅花树下。然后，轮流给客人照相。轮到秦女士的时候，一等她站到指定位置，宋太太就摔碎玻璃杯。盲眼司机听到碎裂声，立即扣动扳机。这样就完成了对秦女士的谋杀。

第91天 无影手进屋后，立刻把邮票蘸上水，贴在台式风扇叶片的背面，再打开电源，让风扇飞速转动起来，这样就看不到邮票了。步惊云第二次进房间，把电扇关掉，就能找到邮票。

第92天 戴伦听到了后门的声音，证明多尼确实曾经去过那里，并且被电线绊倒了。扯出插座的电线，又证明了多尼说的是真话。可是，既然当时多尼已经扯出了电线插头，正在修车的德韦安应该陷于一片黑暗之中，而他的证词中却并没有提到这一点。由此可以推断，当时德韦安是去了公寓并杀死了哈斯勒姆，所以他并不知道电灯已经熄灭的情况。

第93天 这起绑架案的主谋就是胡先生的司机。他指使同伙，在放学路上劫持胡先生的儿子，然后晚上打电话给胡先生，指定送钱的人只能是司机一人。而司机在去公园送钱的路上，把那200万现金调包了，他放进垃圾箱的是一个空皮包，所以警察苦守一夜也没看见绑匪的人影。

第94天 抢劫犯是贼喊捉贼的詹金森。因为犯人是一路潜水回来的，如果是纳尔逊干的，那么他的头发应该是湿的，而实际上纳尔逊的头发是干的。詹金森是个光头，只需要擦一擦头就能掩盖潜水过的事实。至于纳尔逊床下的湿衣服，只是他碰巧要洗衣服而已。

第95天 探长只告诉查理戴维娜死了，却并没有告诉他案发现场在哪里。查理说他没听说戴维娜遇害一事，可是他却能从杀人现场把金笔找回来。如果他不是凶手，应该去不远处戴维娜的别墅里找金笔，而不是去情人旅馆。

第96天 把罐头从高处滚落，装珠宝的是固态，容易滚动。

第97天 周纡敢断定死者是被运到衙门外的，是因为如果死者是在衙门外被杀，手脚被砍去后会留下大量血迹，而现场却没有一丝血迹，所以死者一定是死了很久后才被砍去手脚的。周纡在查看尸体的时候发现死者眼中有稻草渣滓，由此可以推断尸体很有可能是被盖着稻草运进城的，而当天只有廷掾一人往城里运送过稻草，因此推知这件事肯定是他捣的鬼。

第98天 老王说，马扬逃跑时丢的一件东西与地面摩擦，生出了火花，而他捡起那件东西发现是一件青铜佛像。民警就是从这句话中发现老王说谎的。因为青铜可塑性强、耐磨耐腐蚀，是一种抗摩擦的金属材料，和路面摩擦不会产生火花。由此可知，老王在说谎。

而老王之所以诬告马扬，是想阻止马扬继续追求王雪，因为王雪另有意中人。

第99天 晴天的时候，阳光直接照射土壤，在晒干泥土的同时，也会使留在泥土里的鞋印收缩。一双40码的鞋印，会收缩半码左右。如果作案现场提取的鞋印和吉恩的鞋子吻合，则恰恰说明了吉恩并不是凶手，真正的凶手要穿更大一点的鞋子。

第100天 那具烧焦的尸体上带着方糖，一个男子身上带着方糖出门，按一般人的想法是不可能的事，除非是有什么需要才会带着。这样一想，那具尸体的身份就清楚了。他就是骑马爱好者杜克。那方糖是他在骑马俱乐部练习骑马时喂马用的。

第101天 凶手是和唐先生一起喝酒的那个年轻人。他杀死隔壁卧铺的美女后，却恰巧被唐先生撞到了，于是他用铁棒敲晕了唐先生。清理完现场后，他把唐先生背下了这趟列车，又上了另一趟开往北京的列车，而且安置在同样的车厢，同样的卧铺里，目的就是想让唐先生产生错觉，以为自己看到的场面是酒醉所致。

第 102 天 刘天福在洗手间的时候，把天价邮票贴在了朋友寄来的明信片上，然后又在天价邮票上盖上一枚普通的天山邮票，这样两个愚蠢的蒙面人就找不到了。

第 103 天 前厅里有内线电话，可布莱克却偏偏要用投币电话和房间里的妻子通话，这十分可疑。因为此案中丢失的正是硬币，所以布莱克的举动引起了警方的怀疑。当警方打开投币电话的匣子时，发现丢失的那枚珍贵的硬币正安安静静地躺在里面。

第 104 天 疑点：三月天，又在下雨，天气凉爽，怎么会有人带扇子呢，说明扇子是被人故意扔到院子里。推断：生意人应该发现李子娇与妻子有私情，所以想出了这一招，扇子上的王胡一名是他编造的。

第 105 天 瘦高个和矮胖子走到坡下，矮胖子一个人上坡时拿着瘦高个的鞋子，走到悬崖边，留下一张字条，换上瘦高个的鞋子，倒退着下来，所以矮胖子的脚印不会落在瘦高个的鞋印上，而只能是瘦高个的鞋印落在矮胖子的鞋印上。这样就造成两个人都跳崖的假象。矮胖子在山坡上倒退着走，步距会变小，并且是前脚掌用力。瘦高个在坡下接应矮胖子，两个人光着脚从草丛中溜掉。

第 106 天 爷爷在查看桌子上的东西时，发现少了一样，那样东西就在那个"福尔摩斯"手上，这件东西正是集邮爱好者的必备工具之一———放大镜。男孩拿着放大镜，就把自己身份暴露了。

第 107 天 这个开锁匠正是陈小姐约来开锁的，他见陈小姐家里布置豪华，一时起了歹心将其杀害。陈小姐死时用手指着大门，正是暗示凶手是锁匠。至于锁匠的自言自语，只是为了掩盖自己的犯罪罪行而已。

第 108 天 因为地下室是完全封闭的，四面无窗，只有一只昏暗的灯泡。仆人的手表又是老式的机械表，如果晓波真像他说的那样失去了知觉，那他醒来后就分辨不出是白天还是夜晚。而孙田博先生一般都是中午 12 点左右到家的，这样晓波听到孙先生回来时就误以为是中午，而不会催孙田博到车站去追赶午夜列车的盗匪了。

第 109 天 陆小季桌上的郁金香出卖了他。因为郁金香在黑暗的地方就会闭合，如果经过阳光或是灯光照射一段时间后，它就会再次绽放。李大勇刚进屋时，看见郁金香花瓣是紧闭的，过了一会儿之后花瓣就开了。这样就能知道，在李大勇进屋前不久，屋子里是一片黑暗，没有灯光，陆小季不可能摸黑读书，据此判定陆小季在撒谎。

第 110 天 刘家被盗一事发生在初春的三月，天气乍暖还寒，而且那天夜里又在下雨，在家里都用不着扇子，谁出门会特意带上它呢？一个贼更不会带着扇子去偷盗了。那把扇子明显是有人故意丢下的，想嫁祸于李三。

公安局调查发现，盗抢刘家的是李三的一个朋友赵四，两人之前因分赃不均，产生了矛盾，所以赵四要嫁祸于李三。

第 111 天 新西兰

理由：库班在北半球夏威夷的浴缸里，看到水是呈顺时针方向旋转流进下水道的，而在这个禁闭室里，水是呈逆时针方向旋转的，所以库班弄清了自己所处的位置。

第 112 天 凶手是 305 房间的人。

推理过程：门口有弹壳，说明凶器是能退弹的手枪，也就是半自动手枪，一般的半自动手枪退弹时弹壳会抛向抢手的右后方，而现场的弹壳在门中央，也就是枪手所站的位置，说明枪手是个左撇子，退弹时向后抛出的弹壳打到了凶手身上就弹到了门中央；由于 305 房间的人的烟斗左侧有碳痕，说明他用左手点烟；录口供时，他说他在抽烟，那么他肯定用过火柴，火柴上有火药，那他衣服上一定能检测出硝烟反应，可实际上没有；306 号房间的人在看电视都能听到枪声，那么离 302 号房最近的 305 号房，对于一个在静静抽烟的人来说，不可能听不到，这只能说明 305 房间的人在说谎，所以凶手就是他。

第 113 天 华莱士知道洗洁剂中含有一种无色无味的气体，名叫四氯化碳。人吸入足够多的四氯化碳，极有可能导致死亡，尤其是喝了大量的酒后。而且死后，不容易检测出来，非常容易被误认为酒精中毒。华莱士故意把调味汁滴到克劳斯的领带上，就是为了让他用洗洁剂清洗污渍，从而吸入大量四氯化碳，导致死亡。

第114天 探长刘是沿着右侧的岔路追上去的。

理由：通常我们骑自行车时，骑者的重量都是加在后轮上面的，因此在平路，或是下坡时，前轮的痕迹较浅，后轮的痕迹较深。可是上坡时，因为骑者的身体向前倾，而重心是置于自行车的踏板与把手之间，所以前轮与后轮的痕迹深度就会基本相同。所以，探长刘判断凶手是由右侧的岔路口逃走的。

第115天 科林斯说他9点时去过美容厅，今天比赛对皮蓬夫妇有利，所以科林斯先生很想推迟比赛。他故意破坏自己的船，因为他懂得，砸坏别人的船要犯法的。他故意戴上金发套，砸过舵后特意将金发套留在容易被人发现的垃圾箱上。因为他本人是一头金发，不致引人怀疑，而只会怀疑到他的竞争对手黑发的皮蓬夫妇身上。但科林斯先生自作聪明，他说他是在送太太去美容厅返回家后，才得知船被砸的消息的。这说明在此前，他已经知道比赛会推迟，所以，他夫人才会去做头发的。要知道，比赛前参赛人是不会去做头发的，因为赛船时，海风会把刚做好的发型吹乱的。

第116天 电脑一直都开着，说明期间没有发生停电事件。如果死者晚上10到12点之间在浴室死于突发心脏病，即使客厅的灯不亮，浴室的灯也会亮着。但是所有的灯都没有亮，这一点很可疑。事实上，李明把尸体送到张燕家时已是天亮，根本没想到开灯。

第117天 调查人员从被烧毁的汽车发现，该车油料表的指针指向接近零处，也就是说，汽车在翻落前，油箱几乎没有油了，所以，即使翻落山谷，引燃汽油着火，也不至于燃烧到将尸体和车体烧成灰烬的地步，事故肯定是人为的。

第118天 因为据约翰逊说，他的车压在花园的胶皮水管上，而卡隆问格拉特在浇花时有没有发生任何异常情况，而格拉特的回答是没有。因此，格拉特在说谎，如果他一直在花园浇花，就会出来查看为什么水管会停水，因为车压在水管上差不多三分钟。

第119天 从东南亚出差回来的田中六一是霍乱的带菌者，其尸体解剖结果发现了霍乱菌。正在这时，接到医院报告发现有霍乱患者，刑警马上乘救护车赶到医院逮捕井上合香，将其隔离。井上合香是吃了田中六一带回藏有钻石的奶糖而染上的霍乱。

第120天 菲尔特告诉大侦探哈利森说在一小时前，他和卡特正准备喝咖啡与哈利森到现场时的火烧得很旺、黑色咖啡壶发出"嘶嘶"的声响、刚刚烧沸的咖啡从壶里溢到壶外的景象是相矛盾的，说明菲尔特在说谎，他就是杀死同伴的凶手。

第121天 罪犯蒂姆声称自己从未听到过斯特拉这个名字，却又知道他是15楼开诊所的外科医生，还知道他是个老头。所以警长断定蒂姆就是杀人凶手。

# 第四章

## 演绎思维训练

## ——从抽象到具体，掌握事物发展的主动权

### ✿ 第122天　因石油而产生的问题

在20世纪80年代以前，甲地一直是挪威的一个安静而平和的小镇。从60年代早期以来，它已成为挪威近海石油勘探的中心。在此过程中，暴力犯罪和毁坏公物的行为在甲地也急剧增加了。显然，甲地因石油而带来的繁荣是这些问题产生的根源所在。

假如这些问题也发生在20世纪80年代至现在，那么四项中：

①甲地的居民对他们的城市成为挪威近海石油勘探中心，表示并不怎么感到遗憾。

②在甲地的暴力犯罪和毁坏公物行为的急剧增加，挪威社会学家对此十分关注。

③在一些没有和甲地一样因石油而繁荣的挪威城镇，暴力犯罪和毁坏公物行为一直保持着低水平。

④对于甲地来说，非暴力犯罪、毒品、离婚与暴力犯罪和毁坏公物一样多。

请问，哪一项是对上面的论证给予最强的支持？

### ✿ 第123天　幸运渡河

在一个荒岛上有条河流，有一座已多年失修而破烂不堪的古桥将河两岸

连通，很少有人到此地，更不要说有人走这座桥了。有一天，一个旅行者不知道怎么漂泊到这个荒岛上，刚好他看到有座桥，于是想通过这座桥走到河的对岸，当他刚走了两三步，桥就发出嘎嘎的响声，好像就要断似的，他只好又返回荒岛。这个人不会游泳，四处呼叫也无人理会。无奈之下他只好待在这个岛上，绞尽脑汁地想办法。

不知不觉他在这个荒岛上已被困了 10 天，两眼昏花，浑身无力。到了第 11 天，他想无论如何也得过去，反正在这里待下去也是死，还不如拼死一搏，没有想到他竟然顺利地通过此桥到了河对岸。请问他是怎么渡河的？

## ✦ 第 124 天　是否应该到医院进行健康检查

医院在进行健康检查时，如果检查得足够彻底，就会使那些本没有疾病的被检查者无谓地饱经折腾，并白白地支付了昂贵的检查费用；如果检查得不够彻底，又可能漏掉一些严重的疾病，给病人一种虚假的安全感而延误治疗。问题在于，一个医生往往在给人做检查时很难把握进行到何种程度。因此，对于一个普通人来说，身体良好却去医院接受健康检查是不明智的。以下是甲、乙、丙、丁四个人对上述论断的看法。

甲：对于病人来说，如果身患严重疾病，在早期时自己就能明显地察觉出来。

乙：对于病人来说，如果身患严重疾病，在早期时自己虽无法明显察觉出来，但这些症状并不难被医生发现。

丙：对于病人来说，如果身患严重疾病，只有经过彻底检查才能发现。

丁：对于经验丰富的医生来说，可以恰如其分地把握检查的彻底程度。

请问，四个人的说法如果为真，那么不能削弱上述论证的是哪一位？

## ✦ 第 125 天　电影城的营销策略

电影城为了吸引观众前来消费，实行了对中小学生购票半价优惠的经营策略。然而，电影城并没有实际做出让利，因为当某场电影的上座率超过

80％时，就停售当场的学生优惠票，而在目前电影业不景气的情况下，电影城的上座率很少超过80％。就算是有的座位是空着的，他们也不以优惠价促销它。

以下四项论断如果都是真的，哪项是不支持上述论证的？

（1）绝大多数中小学生观众并不是因为票价优惠才选择去电影城看电影的。

（2）电影城实施学生优惠票价的8月份的营业额比未实行优惠价的4月份增加了40％。

（3）实施学生优惠票价是表示对青少年教育的一种重视，不应从功利角度对此进行评价。

（4）电影城在实施学生优惠票价的同时，应采取早晚时段性的优惠。

## ✿ 第126天 来自不同地方的人

在某旅馆里住着来自中国不同城市的6个人，他们分别来自北京、上海、深圳、重庆、沈阳和天津，他们的名字分别叫A、B、C、D、E和F。注意这里列出的名字顺序与上面的城市不是一一对应的，现已知：

1. A和北京人是医生。

2. E和重庆人是教师。

3. C和沈阳人是技师。

4. B和F曾经当过兵，而上海人从未参过军。

5. 重庆人比A年龄大；天津人比C年龄大。

6. B同北京人下周要到深圳去旅行，而C同重庆人下周却要到上海去度假。

请问A、B、C、D、E和F各是哪个地方的人？

## ✿ 第127天 谁不会踢球

记者张到一家足球俱乐部去做访谈，正巧碰到了甲、乙、丙和丁四位队员，记者张便问他们俱乐部中是否有人不会踢球，他们四人分别回答说：

甲说："我们俱乐部的队员都会踢球。"

乙说："丁不会踢球。"

丙说："我们俱乐部的队员有人不会踢球。"

丁说："乙也不会踢球。"

现在已知甲、乙、丙、丁四人中有一个人说的是假话，记者张回去做了以下推断：①说假话的是甲，乙不会踢球。②说假话的是乙，丙不会踢球。③说假话的是丁，乙不会踢球。④说假话的是甲，丙不会踢球。

那么，请问，谁说的是假话？谁说的是真话？记者张哪一种推断是正确的？

## ✿ 第 128 天　尽职的保镖

有一个百万富翁为了确保自己的人身安全，特意雇用了一对双胞胎兄弟做自己的保镖。兄弟两个确实尽职尽责，为了保证主人的安全，他们制定了如下行事准则：

a. 每周一、二、三，哥哥说谎；

b. 每周四、五、六，弟弟说谎；

c. 其他时间两人都说真话。

一天，富翁的一个朋友急着找富翁，他知道要想找到富翁只能问兄弟俩，并且他也知道兄弟俩的行事准则，但不知道谁是哥哥，谁是弟弟。另外，如果要知道答案，就必须知道今天是星期几。于是他便问其中的一个人：昨天是谁说谎的日子？结果两人都说：是我说谎的日子。你能猜出今天是星期几吗？

## ✿ 第 129 天　谁才是真正的抢劫犯

在某县一条交通最繁华的要道上，有一家商业银行被歹徒抢劫了。事情发生后，公安局迅速侦查拘捕了3个重大嫌疑犯。他们是赵、王、孙。后来，又经审讯，查明了以下事实：

①抢劫犯带着钱是开车逃掉的；

②不伙同赵，孙决不会作案；

③王不会开车；

④抢劫犯就是这三个人中的一个或一伙。

公安局刑侦队作出了四个判断：一、赵有罪；二、赵无罪；三、王有罪；四、王无罪。那么谁才是真正的抢劫犯呢？

## ✿ 第130天　神秘消失的作案车

连接 A 地和 B 地的高速公路为高架式路段，与另外一条道路形成立体交叉式路段，途中无出入口。

在一个往来车辆稀少的深夜，一辆作案车经过 A 地，向 B 地潜逃。警方在 A 和 B 两地设卡封锁了道路。然而，左等右等仍不见作案车到达 B 地，也没有车中途折回 A 地的迹象。作案车在半路上谜一样地消失了。

在道路被封锁的过程中，只有一辆吊车通过，是由 B 地向 A 地行驶的。当吊车到达 A 地后受到警察盘问时，司机答说："途中没有见到对开的汽车。"

那么，作案车到底消失到什么地方去了呢？

## ✿ 第131天　吉祥餐厅

吉祥餐厅刚刚开业不久，生意火爆，客人往来不绝。服务员们正在给餐厅里的51位客人上蔬菜，有豌豆、黄瓜和上海青。要黄瓜和豌豆两种菜的人比只要豌豆的人多2位，只要豌豆的人是只要上海青的人的2倍。有25位客人不要上海青，18位客人不要黄瓜，13位客人不要豌豆。6位客人要上海青和豌豆而不要黄瓜。问：

1. 多少客人只要上海青？

2. 多少客人只要黄瓜？

3. 多少客人只要豌豆？

4. 多少客人只要其中任意两种菜？

5. 有多少客人三种菜都要？

## ✿ 第 132 天　自杀嫌疑

星期六，一名女子在某旅馆服毒自杀。翌日，酒店服务员发现了死者和她留下的遗书，便立即告诉经理。

"是不是马上报警？"服务员问。

"不。是她自己找死，我们何必去惹麻烦呢？只要警察一来，这件事便会传扬出去，到时候会影响旅馆的声誉。"

"但尸体不得不处理啊！"

"丢在后山的湖边吧，那里是出了名的自杀场所，一直以来，已经有很多人在那里自杀了，警察会以为无非又多了一宗自杀案而已。"

午夜，当所有的旅客都睡着后，服务员和经理便悄悄地将尸体抬到后山的湖边。

他们在草丛中看到一张被人丢弃的报纸，便决定把尸体放在上面，然后将遗书塞入死者的口袋里，并把有毒的杯子放在尸体脚边，令人看来真像在湖边自杀一般。而经理和服务员也做得十分利落，没留下丝毫与自己有关的痕迹。

第二天早上，尸体被发现了。经验尸后，证实死亡时间应在星期六晚上9时左右。

探长杰夫在勘察现场以后便说："即使这是一宗自杀事件，但自杀的地点也决不在这里。我揣测是有人怕惹麻烦，才将尸体移到此处的。"

探长勘察现场后，为什么会这样说呢？

## ✿ 第 133 天　儿时的预言

有 A、B、C 和 D 四位小朋友，他们正在接受培训以便将来当个科学家。

一天，他们四个人在预言。

A 预言：B 无论如何也成不了职业舞蹈家。

B 预言：C 将成为当地的科学家。

C 预言：D 不会成为演奏家。

D 预言：B 是演奏家。

实际上，后来他们之中只有一个人成了科学家，并在当地找到了一个职位。其余三个人，一个成了职业舞蹈家、一个成了思想家，第三个成了演奏家。事实上他们四个人中，只有一个人的预言是正确的，而正是这个人最终成为了该城市的科学家。那么，你能否判断出他们四个人各自从事什么职业吗？

## ✿ 第 134 天　两条项链

案发现场，两名警察正在讨论刚接手的谋杀案。一个寡妇死在梳妆台前，头部被击，现场几乎没有留下任何线索。

一名警察开口道："你注意到了吗？死者手里抓着一串珍珠项链。"

另一名警察随口应和道："人死在梳妆台前，她是正在打扮时被害的，当然会拿着项链呀。"

"不，死者脖子上已有项链，她不会再戴了。"

"可能凶手也是个女人，死者在搏斗中揪下了她的项链。"

"也不对，项链很完整。我认为这是死者在暗示什么，特意为我们留下的线索，一定与凶手有关。"

"凶手？刚才邻居说这个女人信佛讲道，接触的除了和尚，就是算命的，谁戴项链呀？"

"谁戴……我好像明白了。"

请问，凶手是什么人？

## ✿ 第 135 天　下乡调研

甲、乙、丙三个记者到某市县去调研，一个去了富县，一个去了穷县，一个去了不富不穷的县。但究竟谁到了哪个县，有人开始不清楚，于是有人做了如下猜测：

一人说：甲去了富县，乙去了穷县。

另一个人说：甲去了穷县，丙去了富县。

还有一个说：甲去了不富不穷的县，乙去了富县。

后来证实，三人的猜测都是只对了一半。

请问，甲、乙、丙各去了哪个县？

## ✿ 第 136 天　真话与假话

一个摄影师赶往机场要去国外参加一个颁奖典礼，正巧那天是愚人节，他车开到一个三岔路口迷了路，正好迎面从店里走出一个老翁，他便上前问路，老翁笑着摇头，让他往前走几步，说他的两个孙儿知道去机场的路，并告诉这个摄影师他们两个中一个人爱说真话，一个人爱说假话。这个摄影师点了点头往前走去，便碰上了老翁的孙子，他同时向那两个人问了一句："一加一等于三，左边这条路通向机场，对吗？"等两个老翁的孙子回答完后，这个摄影师便毫不迟疑地走上了左边这条道，到达了机场，究竟那两个人是如何回答的呢？人们开始做出了以下猜测：两个人都说是；两个人都说不是；一个人回答，一个人没回答；一个人说是，一个人说不是。

## ✿ 第 137 天　报案者"出卖"了自己

一天清晨，警察接到某人报案说，他昨天晚上透着月光看到在对面楼的那间房子里有个男人用花瓶砸女人的头，他以为是平常的家庭暴力就睡觉去了，没想到今天早上起来发现那个女的已经被人杀死了。于是自己就报了案。

警察赶到现场发现了女人的尸体。死者房间的窗帘是打开的，正对着报案人的房间。随后，警察来到报案人的房间，屋子非常干净整洁，电器和家具都很豪华，除了卫生间和书房以外见不到一盏灯。警察询问了那个报案者几句就把他带回警局，没过多久男人就把自己在那个女人家用花瓶杀死她的罪行供认了。

警察是如何怀疑上他的呢？

## ✡ 第138天　传说中的白衣游魂

离南部海滩5里处有一段金色的海滩，盛传着一个古老的传说：100多年前，有个美丽的姑娘拉蒂儿，就在她将要举行婚礼的前一天晚上，她的未婚夫不幸在海上遇难失踪了。伤心的拉蒂儿姑娘每天晚上总要穿着那白色婚纱长裙，在海滩上徘徊，等待她那心爱的人回来。自此以后，年复一年，海滩上常常出现拉蒂儿小姐的游魂，因而人们怀有恐惧心理，不敢去那海滩，尤其是晚上。

因为有这一传说，现在海滩上冷冷清清的，绝少有游人。

有一天，有个名叫佩顿的男孩告诉侦探安东尼，他看见了拉蒂儿姑娘，穿着一身白色的长裙，长裙的下摆在她身后长长地拖在沙滩上……

惊魂不定的佩顿刚从海滩回来，他说："在一个小时之前，我还看见一个瘸腿男人提着一个皮袋子急急忙忙地经过海滩。"正说着，一名中年男子跑了进来，气喘吁吁地说："安东尼先生，我家失窃了。请您帮忙破案。"

"什么时候？加里先生。"

"就在刚才，我下班回家时，远远地看见一个男人从我家门口走出来。我快步进屋，发现家里值钱的东西都被人偷走了。虽然，那时天色已晚，我没能看清楚他长得什么样，但是模糊中，我能看到那人拎着个袋子，走路一瘸一拐的。"

"这人与佩顿看到的肯定是同一个人。"侦探安东尼心想着。于是，他从抽屉中取出一支枪，带着佩顿一起上了车，直向海滩驶去。到了佩顿的小帐篷边，小帐篷离海边大约有200米，小帐篷随着海风摆动。安东尼和佩顿拿着电筒照射着海滩寻找脚印。可是除了佩顿的脚印外，并没发现别的什么脚印。突然，侦探安东尼看到沙滩上有一条约半米宽的抹平过的痕迹。"狡猾的马龙，一定是他！他和他的妻子就住在海滩那边大约 2 公里外的地方。他去年摔了一跤，一只脚骨折了，以后，就只能瘸着走路了。佩顿你想一想，那瘸腿人朝哪个方向走的？白衣鬼魂呢？"

佩顿说："我当时正在帐篷外，瘸腿人走了过来。一小时以后，白衣游魂从相反方向走了过去。"

"瘸腿男人和白衣女鬼是同一人。"侦探安东尼分析道，"在暮色苍茫中马龙正穿过海滩时，发现了你，他担心他的脚印会被人认出来，于是他到他的屋里找出过去他妻子结婚用的旧的白色婚纱，在婚纱长裙的下摆上系上一块木板，穿上它，然后沿着他刚才走过的路又走了一个来回，靠木板把他的脚印抹掉。这正是你看到的海滩游魂。"

你知道，侦探安东尼为什么会得出这个结论吗？

## ✡ 第 139 天　林肯断案

本案是发生在美国的真实事件。办理这个案子的律师就是亚伯拉罕·林肯。他的委托方是一个叫小阿姆斯特朗的年轻人，他被证人福尔逊指控在 10 月 18 日晚上 11 时，在月光下清楚目击了小阿姆斯特朗用枪打死了死者。亚伯拉罕·林肯这次正是为了洗脱小阿姆斯特朗的罪名。

在法庭上，作为被告的辩护律师的林肯和原告的证人进行了一系列的对话：

"在看到枪击之前，你与死者曾在一起吗？"

"是的。"

"你能发誓认清犯罪人是小阿姆斯特朗？"

"是的。"

"你站得非常靠近他吗？"

"不，约有 500 米远。"

"不是 450 米吗？"

"不，有 500 米或更远。"

"在宽阔的草地上?"

"不，我在草堆后，小阿姆斯特朗在大树下。"

"你在草堆后，小阿姆斯特朗在大树下，两处相距 500 多米，你能认清吗?"

"看得很清楚，因为当时月光很亮。"

"你肯定不是从衣着方面认清的吗?"

"不是的，我肯定认清了他的脸蛋，因为月光正照在他的脸上。"

"你能肯定时间是在 11 点吗?"

"完全肯定。因为我回屋看了看时钟，那时是 11 点 15 分。"

"灯光在哪里?"

"在牧师的讲台上。"

"有 400 米远吗?"

"是的。我已经回答过了。"

"你是否能看到小阿姆斯特朗所在之处有烛光?"

"没有，要烛光干吗?"

"那么，你怎么能看到这起枪击事件呢?"

"借着月光呀。"

"晚上 11 点，在森林中，离灯光 400 米，你看到小阿姆斯特朗开枪杀了牧师，一切都是借着月光。"

"是的，我之前都告诉你了。"

问到这里，林肯转过身来，对大家说："女士们，先生们，我不能不告诉大家，这个证人是个彻头彻尾的骗子!"

你知道为什么吗?

## ✿ 第 140 天　玩扑克

Jack 夫妇请了 Tom 夫妇和 Henry 夫妇来他们家玩扑克。这种扑克游戏有一个规则，夫妇两个不能一组。Jack 跟 Lily 一组，Tom 的队友是 Henry 的妻子，Linda 的丈夫和 Sara 一组。那么这三对夫妇分别为：

A. Jack—Sara, Tom—Linda, Henry—Lily;

B. Jack—Sara, Tom—Lily, Henry—Linda;

C. Jack—Linda, Tom—Lily, Henry—Sara;

D. Jack—Lily, Tom—Sara, Henry—Linda

## ✿ 第 141 天　谁更有嫌疑

在一列开往北京的列车上，中途停了 10 分钟，结果等列车再次启动时，有人报案说是钱包被人偷了，这时有四个人有嫌疑，因为停车时只有他们没下车，警察来后盘问这四个人，这四个人都说自己当时有事，所以没有下车。

A 说：我去别的车厢看望我的朋友去了；

B 说：我去餐车吃饭去了；

C 说：我那时候正好去上厕所了；

D 说：我一直都在睡觉，刚刚才睡醒，就被你们叫到这里来。

根据上述四人的回答，你觉得谁更有嫌疑呢？

## ✿ 第 142 天　还原真相的供词

节假日，杰梅因和克里夫相约一起出去旅游。

一天深夜，他们所住的旅馆 302 房间里浓烟滚滚，住在 303 房间里的杰梅因逃了出来，而住在 301 房间里的克里夫却被杀死在里面。

经过验尸，发现克里夫在起火前就已经被刀刺中心脏而死。在他的房间里还发现有一个定时引火装置。

警方询问杰梅因时，他说："我因为有事很晚才回去，看到克里夫已经入睡了，就回到自己的房间里。刚刚睡下，便感觉胸部憋闷而醒来，发现四周弥漫着烟雾，急忙大声喊叫克里夫，然后跑到室外。"

但是杰梅因仍有作案的可能,除他以外还有一个嫌疑者,那就是平素与克里夫不睦,同在当天住进旅馆的佐治。

警方调查他时,他说:"也难怪你们怀疑,我还收到一封恐吓信呢。"他拿出一封信来,上面写着:"我知道你是刺杀克里夫的凶手,如果不想被人知道,必须在 10 月 11 日下午 5 时,带 300 万现款,到车站的入口前。"这时,离案发时间只有 2 小时。

聪明的警察立即发现了凶手。

那么,凶手是谁?为什么?

## ✡ 第 143 天　谁是凶手

小阳的妹妹是小蒂和小红,他的女友叫小丽。小丽的哥哥是小刚和小温。他们的职业分别是:

小阳:医生

小刚:医生

小蒂:医生

小温:律师

小红:律师

小丽:律师

这 6 人中的一个杀了其余 5 人中的一个。

(1) 假设这个凶手和受害者有一定的亲缘关系,那么说明凶手是男性;

(2) 假设这个凶手和受害者没有一定的亲缘关系,那么说明凶手是个医生;

(3) 假设这个凶手和受害者的职业一样,那么说明受害者是男性;

(4) 假设这个凶手和受害者的职业不一样,那么说明受害者是女性;

(5) 假设这个凶手和受害者的性别一样,那么说明凶手是个律师;

(6) 假设这个凶手和受害者的性别不一样,那么说明受害者是个医生。

根据上面的条件,请问凶手是谁?

提示：根据以上陈述中的假设与结论，判定哪 3 个陈述组合在一起不会产生矛盾。

## ✿ 第 144 天　棕榈树上的小鸟

纽约城里十分富有的贵夫人西德尼，很想出道难题来难倒哈莱金博士。

有一次，西德尼太太和哈莱金博士在一个宴会上碰在一块儿。西德尼太太故作谦虚地讨教道："博士先生，我几天前听说了一个故事，请你判断一下如何？"

故事是这样的——

不久前的一天，纽约一家大名鼎鼎的珠宝公司的 3 个合伙人约翰·德默特、保尔·霍克和李·洛克乘上飞机，飞往佛罗里达，打算在德默特的海边别墅度假。

第二天下午，海面上风平浪静。德默特带着霍克（他是位不熟悉水性的钓鱼爱好者），乘上自己那艘 40 英尺长的游艇出海钓鱼，洛克是位鸟类爱好者，他自愿留在了岸上。

哪知，霍克栽入海中身亡。验尸报告证明霍克死于溺水。到了法庭，德默特的辩解跟洛克的证词发生了矛盾。

洛克回忆："我那天坐在别墅后院乘凉，发现一只很少见的橘红色小鸟飞过。我来了劲，跟踪小鸟来到前院，举起望远镜观察那只鸟在高大的棕榈树上筑巢。当时，我的望远镜无意中对准了海面。哪知，正看见德默特跟霍克在游艇上扭打成一团。我在望远镜中看得清清楚楚，德默特把霍克推到游艇边上，将他的头按入水中。"

德默特马上大声分辩："霍克靠在船舷旁探出身子钓鱼，正巧吹起大风掀起巨浪，小艇摇摆起来，他失去重心落水。等我把他捞起来时，霍克已经淹死了。很多人都知道霍克是旱鸭子，洛克这么说，是想加害于我。"法庭一时陷入了僵局。

西德尼太太突然发问："亲爱的博士先生，当时，整个陪审团都忙坏了，整整花了半天时间才作出判决。不过那些人都是蠢猪。我想，您根本不用这么长时间来识破谁在撒谎?"

哈莱金博士略微思忖一下，笑着开口："尊贵的太太，您难不到我。我知道谁说了谎!"

哈莱金知道是谁在说谎吗?

## ✡ 第145天　7名工人的消息日

某工厂内有A、B、C、D、E、F、G 7名工人，他们被允许每周都有一天休息日，并且他们的休息日均不在同一天。已知:

A的休息日比C的休息日晚一天;

D的休息日比E的休息日晚两天;

B的休息日比G的休息日早三天;

F的休息日在B和C的休息日的中间、而且是在周四。

请问，这7名工人的休息日分别是周几呢?

## ✡ 第146天　7谁去破案

某公安机关要从赵、王、孙、李、钱、刘6个侦察员中挑选若干人去破案，人选的配备要求必须满足下列各条件:

①赵、王两人中至少去一人

②赵、李不能一起

③赵、钱、刘三人中要派两人去

④王、孙两人都去或都不去

⑤孙、李两人中去一人

⑥若李不去、则钱也不去

上级把人选的配备问题交给了甲、乙、丙、丁4个人，以下是4个人的分配方法。

甲:挑了赵、王、刘三人去

乙：挑了赵、王、孙、刘四人去

丙：挑了王、孙、钱三人去

丁：挑了王、孙、李、钱四人去

请问：甲、乙、丙、丁4个人中，谁的分配方法最符合题意？

## ✡ 第 147 天　房间里的电灯

小明家住三室一厅，其中两间房间，一间有 3 个电灯，另一间有 3 个电灯开关。每个开关单独控制一盏灯。如果你只能进这两个房间各一次，那你如何才能知道哪个开关控制哪盏灯？

## ✡ 第 148 天　一份错误百出的考卷

帕金斯在警察学校当学员，毕业时，他以《贩毒犯》为题写了一份案例。

内容如下：

### 贩毒犯

某日中午，太阳当空照，在湖上留下长长的树影。霍克和隆多把一艘预先准备好的小船，推进了湖。他们顺着潮流漂向湖心，这个湖是两个毗邻国家的界湖，由地下涌泉补充水源，不会干涸。霍克和隆多多次利用这个界湖干走私的勾当。

他们在湖心钓鱼，不时能钓到一些海鳟，把内脏掏出，然后装进袋里。夜幕降临，四周一片漆黑，两人把小船快速划到对岸，与送货人碰头。然后一起把小船拖上岸，朝天翻起，船底装着一个不漏水的罐子。他们把小包毒品放在里面。他们干得相当顺利，午夜刚过 10 分钟，便开始往回划，在距离平时藏船处以北半公里的地方靠岸。两人将 100 包毒品取出平分了。5 分钟后，一支海关巡逻队在午夜时分发现这只船时，没有引起丝毫怀疑。但当他俩回到镇上时，撞上了巡逻的警察，霍克和隆多被缉拿归案了。

麦克金探长看完后，哈哈大笑，说："这张考卷里错误百出，帕金斯应该留一级才对。"

请问这张考卷里有多少处错误？

## ✿ 第149天　狡辩的盗贼

收藏家艾里斯热衷于收藏世界名画。前不久，他又收集到了一幅意大利画家的宫廷画。他将这幅画放在客厅中央，每到周末，他总要请一些社会名流到家来观赏。

今天又是周末，艾里斯的家中照例热闹非凡。他的朋友笑着对他说："这幅画这么名贵，而且你又是挂在这么显眼的地方，你不怕被人偷去吗？"

"没问题，我已经投了巨额保险了。"收藏家艾里斯拍着胸脯说道。

几天后的一个夜晚，探长科尔经过艾里斯家门口的时候。一辆小车滑行到艾里斯家的后门。一个穿戴整齐的人匆匆从屋里走出来，塞给司机一个长筒形的东西，小车迅速开走了。无意中撞翻了一只垃圾桶。这前后不到一分钟的交接，看来是预先有所安排的。

"不好。"探长科尔意识到艾里斯家一定发生了什么事情，于是探长快步来到门口，刚敲了一下门，艾里斯就问道："谁呀？"

"探长科尔。"

"请进，探长。"

探长科尔推门而入，只见艾里斯站在散乱的床边，右腿插入裤腿，左腿还在外面。"我听见屋外有动静，正要穿上衣服出去看看。"他有点惊慌，"发生了什么事？"

"你家可能失窃了。"

艾里斯大吃一惊，马上穿好裤子，光着脚跟科尔冲下楼。

"妈啊，真的失窃了，那幅宫廷名画被偷走了。"艾里斯万分沮丧，"我一定要把它找回来。"

探长望着这位朋友，笑着对他说："这画是你自己拿出去的吧。"

"你瞎说什么呀,我自己怎么会偷自己的画呢。"

"不,我一点也没有瞎说。你这是为了骗保。"科尔探长严肃地说道。

你认为科尔探长说的是真的吗?

## ✡ 第150天　谁被录用了

已知下列判断中前两个人的为假,后两个人的为真。

(1) 如果赵没有被录用,那么王就被录用

(2) 赵和王两个人中只有一人被录用

(3) 只有赵被录用,孙才不被录用

(4) 如果孙被录用,李才被录用

对此,甲、乙、丙、丁4个人对以上陈述,做出了如下的结论。

甲:赵和王被录用,孙和李未被录用。

乙:赵和王未被录用,孙和李被录用。

丙:赵和孙被录用,王和李未被录用。

丁:赵和孙未被录用,王和李被录用。

请问,4人中谁的结论最符合上述论断?

## ✡ 第151天　冒牌大夫

下班时间到了,侦探雷姆回家,他漫步在詹金森大街的人行道上。突然,一个女人的喊声从背后传来:"轿车撞人啦!快截住那辆车呀!"雷姆快步走向出事地点,只见一个男子躺在马路上,头部在流血。那个呼叫的女人正站在马路当中,怒气冲冲地跟一辆救护车司机吵嘴,她要求那辆救护车立即把她受伤的丈夫送医院。那辆救护车是在飞驰中被女人拦下的。

司机说:"别挡道,太太,我们要去接一个急病患者!"

那女人说:"不行!快把他送医院,你们没看到吗?他被车撞了,伤势不轻!"司机仍不肯,围观的人对司机的态度愤愤不平,帮那个女人说话。司机无可奈何,向车上两个穿白大褂的大夫点了点头。两个穿白大褂的大夫

下了车打开救护车后门，取出担架，把被撞的那个男人放上去。正在这当儿，两辆警车开来，不得不在救护车的后面停下来。

"喂，快把救护车开到边上去！"警长从车里出来喝道。

"警长先生，不是我们要拦路，我们本来在行驶，是这位太太拦住我们……"司机诉说了一通。

"少啰唆！我们还得去追捕坏人！"警长认为，撞人的闯祸车里的人是坏人，不然，为什么惊慌失措把人撞伤？这该死的救护车拦在路上，真不是时候。他正要发脾气，忽然发现侦探雷姆挤在人群里正艰难地向他走来。

"哈啰，雷姆先生！"警长恭敬地走向前，把手伸过去。

雷姆和他热情地握手并问道："您好，警长先生！出了什么事，使得您在下班时间还在大街上奔波？"

"是这样的：10分钟前，大世界银行被抢。出纳员吓坏了，我们问她，她居然说不出罪犯到底有几个，只记得他们脸戴面具，身穿黑色披风。我想，抢劫犯也许就在那辆撞人的车上，请问，您看到了吗？"

侦探摇摇头说："没看到。"

这时，那两个大夫用皮带把伤员扎好，轻轻地把担架推进救护车里。就在他们准备关上门时，雷姆看见了伤员的头，伤口还在往外渗血，因为伤员头朝外脚朝里躺着。雷姆急忙和警长嘀咕了几句，警长立即命令警察，把那辆救护车扣押起来，并且逮捕了司机和两个大夫。警长不容辩解地说："你们就是银行抢劫犯！"

"有什么证据？凭什么血口喷人！"大夫大声嚷道，"警长先生，我们还得抢救心脏病人呢！""别做戏啦！瞧！"雷姆冷笑一声。

警察从救护车里搜出了整扎的钞票，2件黑披风和3支手枪。

"请您说说，雷姆先生，您怎么知道的？"

请问，冒牌大夫是如何露的馅吗？

## ✿ 第152天 卖身契上的漏洞

清朝乾隆年间，四川府兴安县的谢临川，状告清泉县人谢嗣音的祖父。

谢临川说谢嗣音的祖父原来是他家的仆人，后来偷了他家里的钱财逃跑了。现在在原籍清泉县找到了他。希望发公文提取人犯回去服役。

谢临川呈上谢嗣音的卖身契，尚有家人的花名册，上有谢嗣音的祖父、父亲和叔叔。官府见证据确凿，正准备定案，忽然有个老秀才走了进来，说他是本县西乡人，虽然自己久试不中举，但自认为有许多学识，想看看谢嗣音的卖身契。

老秀才看了一会儿，对谢嗣音说："这个案子乍看虽然很严密，但里面有大漏洞。如果指出来，你就可以转败为胜了。"

谢嗣音赏给他重金，他才把漏洞说出来。

请问：卖身契上的漏洞是什么？

## ✡ 第153天　遛狗看天气

甲、乙、丙3个好朋友决定星期天去公园里遛狗玩，但他们又唯恐天气不好对遛狗不利，所以三人便提出了以下方法来判断：甲提出若风大，就遛狗；乙也提出若气温高，就不遛狗；接着丙也说若天气不晴朗，就不遛狗。假如甲、乙、丙3个好朋友的说法都是正确的，那么若遛狗，以下3种说法哪些是对的：第一个人说风大，第二个人说天气晴朗，第三个人说气温高。

## ✡ 第154天　狂风暴雨中破案

某日，海面上狂风怒涛，风起云涌，在一艘开往美国西海岸的船上，刚刚发生了一桩谋杀案。被害人是一名男性，叫查理，是这艘船上的搬运工，大约30岁，是在走廊上被人从后面用刀砍死的。

听到消息，同在船上的布莱恩侦探第一时间赶到现场，发现有个叫汤姆的船员正拿着一把刀站在尸体旁边，刀刃非常的锋利和干净。侦探叫人迅速封锁现场，从离被害人最近的客人开始调查。

汤姆："我……刚、刚路过，这里，就，就发现他了。我……我没有……没有杀人。"

此时船长赶来，说："汤姆平常沉默寡言，不善言辞，你调查其他人吧。"

一个叫丽莎的女孩："我当时在我的房间里睡觉，对不起，虽没有人证明我不在场，可我真的没有杀人。"

侦探布莱恩在丽莎的房间里找到一把防身刀。

一名叫杰克的男人："发生什么事啦？我当时在房间里写信给我的女儿，我每天都要写信给我的家人，因为我常年在外打拼，很少能与他们见面，我要让他们安心。"

侦探看了看装在信封中的信，说："字迹很工整，文采也很好啊，看了这些你写给女儿的话，你真是个好父亲！祝你们一家幸福。"

一名叫佐佐木次郎的日本剑道家："我是一名剑道家，我当时正在颠簸的房间里练平衡力。"

布莱恩发现他随身带着几把日本刀，把把都很锋利，而他又是练剑道的，他的嫌疑最大。

侦探布莱恩沉思了一会儿，手指着一个人说，"凶手就是你。"

请问，你知道凶手是谁么？

## ✿ 第 155 天　工人的人数

某企业老板在对其员工进行思维能力测试时出了这样一道题：某大型企业的员工人数在 1700~1800 之间，这些员工的人数如果被 5 除余 3，如果被 7 除余 4，如果被 11 除余 6。那么，这个企业到底有多少员工？员工小王略想了一下便说出了答案，请问他是怎么算出来的？

## ✿ 第 156 天　地理考试

在一次地理考试结束后，有 5 个同学相互看了看彼此 5 个选择题的答案，其中：

同学甲：第三题是 A，第二题是 C。

同学乙：第四题是 D，第二题是 E。

同学丙：第一题是 D，第五题是 B。

同学丁：第四题是 B，第三题是 E。

同学戊：第二题是 A，第五题是 C。

结果他们各答对了 1 个答案。根据这个条件猜猜下面哪个选项正确？

a. 第一题是 D，第二题是 A；

b. 第二题是 E，第三题是 B；

c. 第三题是 A，第四题是 B；

d. 第四题是 C，第五题是 B。

## 第 157 天　今天是星期几

甲、乙、丙、丁、戊、己、庚 7 个人在讨论今天是周几。

甲：后天是周三。

乙：不对，今天是周三。

丙：你们都错了，明天是周三。

丁：胡说！今天既不是周一，也不是周二，更不可能是周三。

戊：我确信昨天是周四。

己：不对！你弄颠倒了，明天是周四。

庚：不管怎样，昨天不是周六。

如果说他们之中只有一个人讲对，是哪一个？那么今天到底是周几呢？

## 第 158 天　睡美人之死

影坛大明星中川中子不幸在一次大爆炸中被炸瞎了双眼，又毁了容貌。男友觉得让她活着，实在是活活在折磨她，产生了让她结束生命的想法。于是他委托他的好友吉田君，帮他处理这件事情，但要造成是自杀的样子，他的好友一口答应。

晚上 9 点半，待护士查完病房后，吉田君就悄悄地潜入房内，将大明星中川中子抱至窗口，留下她的指纹，扔了下去。

10点，吉田君气喘吁吁跑回大明星的男友家，对他说事情完成得非常漂亮，请他不必担心。

可是第二天，以"大明星中川中子死亡之谜"为标题的文章见诸各大报纸，并且警方确定是他杀，并开始调查。男友见状，急忙找到吉田君，问他昨晚的事到底出了什么差错。吉田君回忆道："没有啊，我潜入病房时，她面部都缠着绷带，睡得很香，为了制造假象，我特地在窗口上留下她的指纹，制造了自杀的假象，可以说一切做得天衣无缝，警方怎会判断是他杀呢？"

那么，你能猜出破绽出现在哪里吗？

## ✡ 第 159 天　勇敢者和懦弱者

一位羽毛球教练这样告诫他的队员："羽毛球比赛从来是以结果论英雄。在羽毛球比赛中，你不是赢家就是输家；在球迷的眼里，你要么是勇敢者，要么是懦弱者。由于所有的赢家在球迷眼里都是勇敢者，所以每个输家在球迷眼里都是懦弱者。"那么，以下甲、乙、丙、丁4个人的说法中：

甲：对于每一个球迷来说，羽毛球赛场上勇敢者必胜。

乙：对于每一个球迷来说，都具有区分勇敢和懦弱的准确判断力。

丙：对于每一个球迷眼中的勇敢者来说，不一定是真正的勇敢者。

丁：即使在羽毛球赛场上，输赢也不是区别勇敢者和懦弱者的唯一标准。

请问，如果想要使教练的论证成立，四项假设说法中哪项是必需的？

# 参考答案

第 122 天 第一步：在①、②和④的说法中，可以明确地判断出这三个语句与题意丝毫没有关联。

第二步：在③的说法中，另外的一些挪威城镇没有因石油而繁荣，所以暴力犯罪和毁坏公物行为没有增加，进而可以推出如果某些挪威城镇因石油而繁荣，那么暴力犯罪和毁坏公物行为会增加。

所以，③的说法是对上面的论证给予最强的支持。

第 123 天 想象一个人在这样寸草不生的荒岛上没吃没喝地生活 10 天，体重肯定会明显下降，正好此时古桥可以承载他的体重了，所以他就很幸运地过桥到达河对岸了。

第 124 天 仔细地看过题干论证，用演绎推理的方法一步一步地来解读甲、乙、丙、丁 4 个人的论断含意。

第一步：甲所持有的说法是若患有严重的疾病病人自己能察觉，那么也就是说没必要去医院检查。

第二步：乙所持有的说法是若患有严重的疾病病人自己虽不能察觉，但医院可以，那么也就是说要去医院检查。

第三步：丙所持有的说法是如果身患严重疾病，只有经过彻底检查才能发现，那么也就是说去医院检查有其必要性。

第四步：丁所持有的说法同样地也是有必要去医院作检查。

所以，通过分析可以看出只有甲明确地说明"确实没必要检查"，所以甲的说法不能削弱上述论证。

第 125 天 应该是第一项不支持。绝大多数中小学生观众并不是因为票价优惠才选择去电影城看电影的，跟电影城的票价优惠政策没有关系，故不能支持上述论证。

第 126 天 A 是天津医生，B 是沈阳技师，C 是深圳技师，D 是北京医生，

E是上海教师，F是重庆教师。

第127天 仔细看过上述题后，开始分步答题：

第一步：用演绎推理的方法做一个假设，甲说的是假话，那么乙、丁说的话互相证明对方也即自己都不会踢足球。

第二步：乙说的是假话，丁会踢球。那么，甲、丁话中相互矛盾，两者必有一假，假设不成立。

第三步：丙说的是假话，没有人不会踢球。那么，甲、乙、丁矛盾，假设不成立。

第四步：丁说的是假话，其实乙会踢球。那么，甲、乙矛盾，假设不成立。

所以，甲说的俱乐部的队员都会踢球是假话，丁说的话为真话。

记者张的第一种推断是正确的。

第128天 首先分析，兄弟两个必定有一个人说真话，其次，如果两个人都说真话，那么今天就是星期日，但这是不可能的，因为如果是星期日，那么两个人都说真话，哥哥就说谎了。

假设哥哥说了真话，那么今天一定就是星期四，因为如果是星期四以前的任一天，他都得在今天再撒一次谎，如果今天星期三，那么昨天就是星期二，他昨天确实撒谎了，但今天也撒谎了，与假设不符，所以不可能是星期一、二、三。由此类推，今天也不会是星期五以后的日子，也不是星期日。

假设弟弟说了真话，弟弟是四五六说谎，那么先假设今天是星期一，昨天就是星期日，他说谎，与题设矛盾；若今天星期二，昨天就是星期一，不符合题意；用同样的方法可以排除星期三的可能性。如果今天星期四，那么他今天就该撒谎了，他说昨天他撒谎，这是真话，符合题意。假设今天星期五，他原本应该撒谎但他却说真话，由"昨天我撒谎了"就可推知不存在星期五、六、日的情况，综上所述，两个结论都是星期四，所以今天是星期四。

第129天 第一步：从上述①和③可以推断出王不会单独作案。

第二步：可以由②不伙同赵，孙决不会作案，可以得出赵不作案，孙也绝不会作案。

第三步：由以上两步得出的结论是只有王作案，显然是自相矛盾的。

第四步：所以，赵肯定作案，那么第一种推断便成立了。

第130天 "连接A地和B地的高速公路为高架式路段，与另外一条道路形成立体交叉式路段"，"在封锁的道路上，只有一辆吊车通过"，却没看见那辆作案车，那是因为行驶的吊车将作案车吊起放到下面的公路上，这样一来，作案车就可不必通过B地逃脱了。

第131天 这是一道推理加计算的题目，只要上海青或只要豌豆的人有18－6＝12人，因此只要豌豆的有12÷3×2＝8人，而只要上海青的有12－8＝4人。

要黄瓜和豌豆两种菜的有8＋2＝10人。只要黄瓜和只要豌豆的人有25－10＝15人，因此只要黄瓜的有15－8＝7人。只要上海青或只要黄瓜的有4＋7＝11人，因此要上海青和黄瓜两种菜的人有13－11＝2人。

于是，我们可以得出结论：只要上海青的有4人；只要黄瓜的有7人；只要豌豆的有8人；要上海青和豌豆两种菜的有6人；要黄瓜和豌豆两种菜的有10人；要上海青和黄瓜两种菜的有2人；那么3种菜都要的就有51－8－4－7－6－10－2＝14人。

第132天 尸体下的报纸说明了这一切。验尸报告说，死者死亡时间是在星期六晚上9时左右，而报纸却是星期日的报纸，死者是星期六死亡的，怎么会躺在星期天的报纸上，所以探长会那么说。

第133天 B不是科学家，因为若B是科学家，其预言C也是科学家，与只有一人是科学家相悖。所以B预言是错的，C也不是科学家。所以C预言也是错的，D会成为演奏家，那么D也不是科学家，D预言也是错的。

那么只有A是科学家，B不是舞蹈家，那么B就是思想家，剩下C是舞蹈家。所以A是科学家，B是思想家，C是舞蹈家，D是演奏家。

第134天 和尚。

演绎推理过程：珍珠项链暗示和尚。和尚总是戴着串珠，而算命的是不戴的。

第135天 第一步：从题中我们可以先列出4个答案：甲去了富县，乙去了穷县，丙去了不富不穷的县；甲去了穷县，乙去了富县，丙去了不富不穷的县；甲去了不富不穷的县，乙去了富县，丙去了穷县；甲去了不富不穷的县，乙去了穷县，丙去了富县。

第二步：从上述三个人的猜测"都是只对了一半"我们可以推出，甲去了富县，乙去了穷县，丙去了不富不穷的县。如果这项是正确的，那么，就意味着第一个人的猜测"甲去了富县，乙去了穷县"全部正确了。此与题意不符，由此排除这项。

第三步：甲去了穷县，乙去了富县，丙去了不富不穷的县。如果这项是正确的，那么，就意味着第一个人的猜测"甲去了富县，乙去了穷县"全部错误了。此与题意亦不符，由此排除这项。

第四步：甲去了不富不穷的县，乙去了富县，丙去了穷县。如果这项是正确的，那么，就意味着第三个人的猜测"甲去了不富不穷的县，乙去了富县"全部正确了。此与题意不符，由此排除这项。

第五步：那么只有最后一项是正确的。

第136天 第一步：摄影师问的1＋1＝3肯定是不对，对于前一个问题，爱说实话的人回答是否定的，爱说假话的人回答是肯定的。

第二步：对于后一个问题，要是左边的路真是通向机场的路，则两人都没法回答，所以右边的路不是通向机场的路。

第三步：又说摄影师毫不迟疑地走上了左边这条道，到达了机场，因为今天是愚人节。

第四步：既然1＋1＝3错，左边的路不是通向机场的路。

第五步：两个人的回答应该是："一个说是，一个说不是。"

第137天 报案者家里没有灯，是因为有月光照进来；报案者与受害人的房间是相对的，所以月光根本照不进女人的房间，因而报案者说他昨晚透着月光看到女人被男人用花瓶砸脑袋是假话。

第138天 侦探安东尼来到佩顿的海边小帐篷时，看见它们随着海风摆动，而佩顿说他看见白衣游魂长裙的下摆在她身后长长地拖在沙滩上，试想，风这么大，把帐篷都吹得噼啪响，要是不系上木板，长裙一定会在风中飘动的。因此，侦探得出这样的结论。

第 139 天 案发当晚根本就看不到月亮，因为那天的月亮是在次日的凌晨 1 点左右才升起的。10 月 18 日，案发当晚，相当于我国农历九月初八或初九是上弦月，月亮在 11 点还未升起，根本照不到。

第 140 天 B。因为游戏规则是"夫妇两个不能一组"，也就是说，"没有一个女人同自己的丈夫一组"。对照以上原则，已知 Jack 跟 Lily 一组，所以 Jack 和 Lily 不可能是夫妻，D 选项不符合题意；再假设 A 正确，Jack 跟 Lily 一组，那么剩下的两组只能是 Tom 和 Sara、Henry 和 Linda，对照题目已知 "Tom 的队友是 Henry 的妻子"发现，Tom 的队友 Sara 是 Jack 的妻子，于是假设不成立，A 选项不符合题意；同样的道理，假设 B 正确，已知 Jack 跟 Lily 一组，剩下的两组就是 Tom 和 Linda、Henry 和 Sara，再对照已知 "Tom 的队友是 Henry 的妻子"和"Linda 的丈夫和 Sara 一组"发现完全吻合，因此假设成立。所以 B 选项符合题意；假设 C 成立，那么已知 Jack 跟 Lily 一组，剩下的两组就是 Tom 和 Sara、Henry 和 Linda，再对照已知条件 "Tom 的队友是 Henry 的妻子"发现，Sara 不是 Henry 的妻子，因此，假设不成立，选项 C 不符合题意。

第 141 天 C。

推理过程：火车停了，厕所是禁用的。

第 142 天 凶手就是佐治。因为在案发后 2 小时，不可能收到信件。这个时候，唯有真正的凶手才知道克里夫是被刺杀的。佐治过早地提出这封信，恰好透露出自己是真凶的消息。

第 143 天 根据上述中的假设，（1）和（2）中能适用于实际情况的只有一个，同样，（3）和（4），（5）和（6），也是一样的情况。

根据上述中的结论，（2）和（5）适用于实际情况的可能不太大。因此，能适用于实际情况的，有以下几组中的一组或多组选项：

A.（1）、（4）和（5）

B.（1）、（3）和（5）

C.（1）、（4）和（6）

D.（1）、（3）和（6）

E.（2）、（4）和（6）

F.（2）、（3）和（6）

假如选项 A 能适用于实际情况，则根据（1）的结论，凶手是男性；根据（4）的结论，受害者是女性；可是根据（5）的假设，凶手与受害者性别相同。因此 A 不适用。

假如选项 B 能适用于实际情况，由假设可知，凶手与受害者有亲缘关系而且职业与性别一样。这与每个家庭的组成情况不相符，因此 B 不适用。

假如选项 C 能适用于实际情况，则根据有关的结论，凶手是男性，受害者是个女性医生。又根据（1）和（4）的假设，凶手是律师，凶手与受害者有亲缘关系，这与各个家庭的组成情况不相符，因此 C 不适用。

假如选项 D 能适用于实际情况，则根据（1）的结论，凶手是男性，根据（3）的结论，受害者也同样是男的；又根据（6）的假设条件，凶手与受害者的性别不一样。因此 D 不适用。

假如选项 E 能适用于实际情况，则根据（2）的结论，凶手是医生；根据（6）的结论，受害者也是医生，又根据（4）的假设条件，凶手与受害者职业不一样。因此 E 不适用。

假设选项 F 能适用于实际情况，凶手是医生，受害者是男性医生，根据组成的情况，凶手是女性。又根据各个家庭的组成情况，凶手必定是小蒂，（2）的假设则说明，受害者是小刚；而且，（3）的假设和（2）、（6）的结论相符合。

第 144 天 洛克在说谎。棕榈树没有枝杈，只有一柄宽大的叶子，鸟儿在上面难以筑巢。所以洛克不可能像他讲的那样看见鸟儿在棕榈树上筑巢。

第 145 天 A 的休息日比 C 的休息日晚一天，所以 C 在周六之前休息，而 B 的休息日比 G 的休息日早三天，所以 B 在周四之前休息。

由以上可知 C 不在周六就在周五休息，B 不在周三就在周二休息。但若

141

B在周三休息，那么C就在周五休息，这时A和G就重复了。所以B在周二休息，依次可以推出：

C在周六休息。

G在周五休息。

A在周日休息。

F在周四休息。

E在周一休息。

D在周三休息。

第146天 第一步：甲的分配方法中"挑了赵、王、刘三人去"，很明显这与④中所说的"王、孙两人都去或都不去"相互矛盾。所以甲的分配方法不合题意。

第二步：丙和丁所说的与上述所列的③赵、钱、刘三人中要派两人去相互矛盾，所以丙和丁两人的分配方法也不合题意。

第三步：乙所说的挑了赵、王、孙、刘四人去，与上述所列的人选配备要求皆符合，所以乙的分配方法最符合题意。

第147天 显然对这样的问题，你不能先进那个有电灯的房间。要先从有开关的房间入手，先进有开关那屋，开一盏灯的开关。过5～10分钟关上，再开另一个盏灯的开关。然后去有灯那屋，灯泡热的是一个、亮的是一个、灭的是一个。这样对应一下就知道哪个开关控制哪个灯了。

第148天 4处

推理过程：第一处：中午，当太阳高悬正空时，不论树木多高多矮，都不会有阴影；第二处：水源靠地下涌泉补充的湖是没有潮流的；第三处：海鳟是海水鱼；第四处：毒贩开始往回划时是"午夜刚过10分"，因此午夜时分，巡逻队不可能在对岸发现他们的船。

第149天 科尔探长说的是真的。一个习惯用右手的人，脱裤子时通常是先脱左腿。而科尔探长走进艾里斯的卧室时，看到的是艾里斯的右腿在裤腿里，而左腿还在外面。说明他当时正在脱裤子，不是像他自己说的是在穿裤子。

第 150 天 看题中前提所说的:"前两个人的为假,后两个人的为真。"那么也就是(1)、(2)是假的,(3)、(4)是真的。

第一步:由(1)中所说的"如果赵没有被录用,那么王就被录用"这个判断是假的,根据"负命题等值转换"方面的逻辑知识,可以得出赵和王都未被录用。

第二步:由以上得出的推论可知,甲、丙、丁三人的说法是错误的。

所以,乙所说的赵和王未被录用,孙和李被录用。最符合题干中的论断。

第 151 天 他们把伤员放入救护车,是脚朝里头朝外推进去的,这就犯了常识性错误。因为,进救护车总是先进头的。

第 152 天 清泉县以前一直隶属于衡阳,到了乾隆二十二年(1757 年)才分衡阳的一半为清泉;卖身契是雍正年间签署的,就应该称是衡阳县人,怎么能说是清泉县人呢?所以卖身契实属伪造。

第 153 天 第一步:从题中甲、乙、丙的说法,以遛狗为假设的命题。

第二步:假若第一个人说的遛狗,就需要风大(逆命题是假命题)。

第三步:假若遛狗则气温不高(逆否命题是真命题)。

第四步:假若遛狗,则天气晴朗(逆否命题是真命题)。

第五步:可以很快地知道第二个人说的天气晴朗是正确的。

第 154 天 凶手是杰克。当时船行驶颠簸,而侦探发现杰克写给女儿的信字迹十分工整,这是疑点一;如果如杰克本人所说,要是他当时正在写信的话,信是不会装在信封里的,发生了这种事,应该是放下笔,马上出来才对,这是疑点二,综上所述,说明他的信不是在船行驶过程中写的,而是提前准备好的。

第 155 天 小王是这样得出答案的:对题目中所给的条件进行分析,假如把全体员工的人数扩大 2 倍,则它被 5 除余 1,被 7 除余 1,被 11 除余 1,那么,余数就相同了。假设这个企业员工的人数在 3400～3600 之间,满足被 5 除余 1,被 7 除余 1,被 11 除余 1 的数是 $5 \times 7 \times 11 + 1 = 386$,$386 + 385 \times 8 = 3466$,$3466 \div 2 = 1733$,符合题目要求,所以这个企业共有 1733 个员工。

第156天选C。假设同学甲"第三题是A"的说法正确，那么第二题的答案就不是C。同时，第二题的答案也不是A，第五题的答案是C，再根据同学丙的答案知道第一题答案是D，然后根据同学乙的答案知道第二题的答案是E，最后根据同学丁的答案知道第四题的答案是B。所以以上4个选项中第三个选项正确。

第157天 根据要求，我们可以推断一下：

①若乙是对的，那么己也是对的，与只有一人说真话相悖，乙、己都是错的，那天不是周三。

②若戊对的，那么丁也是对的，这样就不可能了，所以戊是错的，今天不是星期五。

③若甲是对的，那么庚也是对的，所以甲是错的，今天不是星期一；同理乙也是错的，今天不是星期二。

所以丁一定是对的，所以庚是错的，那么今天一定是周日。

第158天 因为中川中子在医生查房时吃了安眠药，睡着了。睡着的病人怎么可能自己去跳窗自杀呢？

第159天 上述羽毛球教练的话就是要让我们从所有赢家都是勇敢者，进而推出所有输家都是懦弱者。

第一步：甲话中所说的羽毛球赛场上勇敢者必胜，支持了教练的论证成立。

第二步：乙话中球迷都具有区分勇敢和懦弱的准确判断力，并没有明确地支持赢家都是勇敢者这一观点。

第三步：丙话中球迷眼中的勇敢者不一定是真正的勇敢者，此话否认了赢家都是勇敢者这一观点。

第四步：丁话中输赢不是区别勇敢者和懦弱者的唯一标准，这句话同样否认了赢家都是勇敢者这一观点。

所以，要想使教练的论证成立，甲的说法是必需的。

# 逻辑推理训练
## ——抽丝剥茧，突破你的思维瓶颈

### ✿ 第 160 天　玉石

青城山李道士有 5 个锦囊，每个锦囊中各装着一块玉石，玉石的颜色分别是赤、橙、青、白、紫 5 种颜色，据说带在身上可以延年益寿。这一天有李、陈、杜、萧、许 5 位道友前来拜访。六人相谈甚欢，李道士便请 5 位道友猜一猜 5 个锦囊里的玉石各是什么颜色，谁猜中了就把里面的玉石送给谁，但每人只限猜两个锦囊。5 位道友也不客气，依次说出了自己的猜测。

李说："第二个锦囊装的是白色玉石，第三个装的是紫色玉石。"

陈说："第二个锦囊装的是青色玉石，第四个装的是赤色玉石。"

杜说："第一个锦囊装的是赤色玉石，第五个装的是橙色玉石。"

萧说："第三个锦囊装的是青色玉石，第四个装的是橙色玉石。"

许说："第二个锦囊装的是紫色玉石，第五个装的是白色玉石。"

最后，李道士揭晓答案，每个人都猜对了一个锦囊，而且每人猜对的还不是同一个，于是李道士把各位道友各自猜对的那个锦囊连同里面的玉石送给了各位道友。

现在请你猜一猜，每个锦囊里装的各是什么颜色的玉石呢？

### ✿ 第 161 天　楼兰寻宝

自古以来，世间就流传着罗布泊沙漠之下埋藏着大量金银珠宝的传说，众多江湖人士、盗墓之贼前赴后继，从没停止过对罗布泊的金银珠宝的探寻。据说，有一个盗墓人穿越大沙漠时，发现一张藏宝图，藏宝图的路线正是指向罗布泊的西北——楼兰古城。

按照藏宝图的路线，他来到了楼兰古城，发现在破败的建筑遗骸迹中有一个大密室，密室墙壁上写着一片字。他仔细辨认得知，密室内有两个箱子，一箱装着金银珠宝，打开它便能一夜暴富；另一箱内安着机关，打开它便当场丧命。密室的角落里果然放着两个密封的箱子，每个箱子上又贴着一张纸条，字迹斑驳，模糊可见。

第一个箱子上的字条写着："第二箱的字条所述情况属实，所有金银财宝都在第一箱内。"

第二个箱子上的字条写着："第一箱的字条是用来骗人的，所有金银财宝都在第一箱内。"

看完两个纸条，盗墓贼茫然不知所措，他该打开哪一个箱子呢？

## ✧ 第 162 天　判断比赛的名次

孙龙、陆虎、贾豹、魏马四人经常在一起打篮球，这次学校举行了一次赛跑比赛，四人都报名参加，并且被分在了同一组。预赛中，没有人并列第一，预赛的第一名也不是贾豹。决赛也是无人并列第一，赛后四个人在一起聊天。

孙龙说："陆虎预赛是第二名。"

陆虎说："贾豹决赛是第二名。"

贾豹说："决赛魏马的名次比预赛高。"

魏马说："决赛孙龙的名次有所提高。"

这四个人有的说的是真话，有的说的是谎话。名次下降的人说的是谎话，名次没下降的人说的是真话。现在，你能根据已有信息，判断出四人预赛和决赛的名次吗？

## ✧ 第 163 天　寻找夜明珠

明朝有个叫吴用的人，他家有颗祖传的夜明珠。但是有一天，夜明珠莫名其妙地失踪了，他把家里翻了个底朝天也没找到。他觉得肯定是被盗了，因为那是祖传宝物，他必须找回夜明珠。收拾好行囊，他便起程了。过了3个月，他来到了昆仑山上，昆仑山上有3个小屋，分别是青云阁、碧水阁、流萤阁。

他正要上前叩门，这时，从这3个小屋里各走出来一位仙女，青云阁的仙女说："夜明珠不在此屋里。"

碧水阁的仙女说："夜明珠在青云阁内。"

流萤阁的仙女说："夜明珠也不在此屋里。"

这三位仙女中只有一个人说了真话。你知道是谁说了真话，夜明珠又在哪个屋里吗？

## ✿ 第164天　老人与钟

在一个小县城的车站里，有一座老旧的时钟，至少有二三十年了，现在它有了毛病，时间总是出现误差。车站的人找来一个老钟表匠，这位老人修了一辈子钟表，已经有七十多岁了，仍没有停止工作，就像不停止的时钟一样。但是他毕竟年纪大了，跟老旧的时钟一样会犯错。这次他犯的错误还不小，竟然把时针和分针装反了，结果分针慢腾腾地走1个格，时针已经跑了12个格。老钟表匠"修好"离开时是上午6点，时针指在"6"上，分针指在"12"上。老人走后，车站上的人一看钟表的时间，仍是不对啊，比修之前错得还离谱，这会儿是7点，几分钟后就到8点了。

车站的人又把这事告诉了老钟表匠。但老人比较忙，下午才有空到车站。但是等了一下午，也没等到钟表匠，等他到了的时候已经是下午7点多了，天都快黑了。老人一看老座钟的时间，没错啊，就是这个时间啊。老人没见车站的人就回家了。

第二天一大早，车站的人又把老钟表匠找来，老人8点多来到了车站，一看老座钟的时间，仍旧没错啊。车站上的人真是哭笑不得。你能推算出老人赶到的时间分别是7点几分和8点几分吗？

思维游戏课

### ✡ 第 165 天　聪明的山姆

山姆曾经触怒国王，国王心中恼怒，欲置他于死地。

丞相看中山姆的才干，但又不能公然违背国王的意思。于是他想出了一个奇妙的方法，便对国王说："臣早已听闻山姆才智过人，不知是否属实，在他临死前不如验证一下。"国王问如何验证。国王说了验证之法，国王听后微微一笑，允许了。

山姆被带到堂前。两名宫女走过来，每人端着一杯酒。国王说："这两杯酒，一杯是有毒的，一杯是无毒的，你任选一杯喝下去。选中的若是毒酒，你就会死，若不是毒酒你就能活命。这两个宫女，一个说真话，一个说假话。她们都知道对方说的是真话还是假话，也知道对方拿的是毒酒还是美酒。现在，你只能问其中一个宫女，而且只能问一个问题。你觉得如何？"山姆听后喜上眉梢，谢国王给了他一个机会。

只见山姆稍一思索，就向一个宫女提了一个问题，接着又拿起一杯酒一饮而尽。结果，他安然无事。你能猜出他问的是什么问题吗？

### ✡ 第 166 天　分不清的姐姐和妹妹

高先生和太太养育了 4 个女儿，而且是四胞胎，取名叫高玲、高晶、高颖、高矗。她们虽然是亲姐妹，从小在一块儿长大，各人的性格脾气却有很大差异。大姐和三姐活泼好动，且经常撒谎。二姐虽然也有点儿调皮，但特别诚实，从来不说谎话。而最小的妹妹天真善良，更不知谎为何物。这一天，一位远房亲戚来高先生家做客，看到这四姐妹真是惊讶无比，分不清哪个是姐姐哪个是妹妹，于是他就问了问这四个姐妹谁大谁小。

高玲说："高晶比高颖年龄小。"

高晶说："我比高玲年龄小。"

高颖说："高晶不是三姐。"

高矗说："我是大姐。"

根据她们的回答，请你判断一下她们的大小顺序。

## ☆ 第 167 天　真话和谎话

上一个周口，对巴黎来说是一个不幸的日子，因为那天晚上，在一栋著名的公寓楼里竟然连续发生了 3 起刑事案件：一起谋杀案，一起盗窃案，还有一起强奸案。有人枪杀了住在五楼的一名政府官员；有人在四楼盗走了一尊 18 世纪的雕塑；有人强奸了一楼漂亮的少妇。

当天夜里，巴黎警察总部接到报警，马上派出大批刑警赶到案发现场。警察在 3 个案发现场都发现了一些线索，判断这 3 起案件由三人分别单独作案。

经过一个星期的严密侦查，警方终于逮捕了甲、乙、丙三名罪犯。面对大量确凿的证据，审讯中，三名罪犯作了如下供述。

甲供称：①丙是杀人犯，他杀掉政府官员只是为了报私仇。②我并非特别诚实的人，虽然已经被捕了，但我仍然要编造一些口供。③乙是强奸犯，因为乙色欲熏心，对漂亮女人更是不会放过。

乙供称：①甲是臭名昭著的江洋大盗，我确定那天晚上盗窃雕塑的就是他，绝不会错。②甲这个人从来不说实话。③强奸少妇的是丙。

丙供称：①盗窃雕塑的人不是乙。②甲杀掉了政府官员。③那天晚上，我在这个公寓里作过案。

三名罪犯中，有一个人说的都是真话，有一个人说的全部是谎话，另一个人说的既有真话也有谎话。甲、乙、丙分别作了哪一个案子，你判断得出来吗？

## ☆ 第 168 天　诡异的辩论

有个名叫李超的年轻人，听说南方有个叫龙涛的著名律师，没有他打不赢的官司。李超便想拜龙涛为师，学习辩论之术。龙涛念其心诚，便收下了这个学生。李超又说，自己还只是一个学生，钱财不多，可不可以先付一半学费，另一半学费待毕业以后再付。龙涛也答应了，但有一个前提条件：李超第一次打官司必须赢。

李超聪明过人，只一年便学成老师的辩论之术。可是他没有一点儿名气，迟迟没有人请他打官司。龙老师急着要另一半学费，思考了一下，便向法院提出了诉讼。龙涛名不虚传，果然是个厉害的雄辩家，在法庭上几句话，就把法官和旁听者都给镇住了。只听他对李超说："小超啊，这场官司你输了的话，凭着法官的判决，你就得付给我另一半学费；这场官司你赢了的话，根据我们的约定，你也得付给我另一半学费。最终结果，不管你是输是赢，都得付给我另一半学费。"在场的人听后一片惊叹，都替李超捏了一把汗，觉得他肯定得付学费了。

不只其他人，连龙涛都没想到，他的学生竟然给他来了个"以彼之道，还施彼身"。只听李超不慌不忙地说："亲爱的老师，假如这场官司我赢了，按照法庭的判决，我不用付给您另一半学费；假如这场官司我输了，那么依照我们的约定，我也不用付给老师另一半学费。所以，这场官司不管我是胜是败，都不用付给您另一半学费。"

大法官被二人的辩论绕迷糊了，一时不知该如何判决。你能帮法官理清思路吗？

## 第169天 遇人有先后

星期一早上，朝阳升起，天空晴朗，王刚自己一个人步行去学校。一路上，他先后遇到了4位关系很好的同学。他们穿着不同颜色的上衣，拿着不同的早餐，有吃蛋黄派的，有吃面包的，有吃汉堡的，有吃饼干的。放学回家后，他把这些事告诉了妈妈。

（1）王刚在遇到穿黑色上衣的张轩之前，遇到了一位手拿饼干的同学。

（2）王刚遇到的第三位同学穿着黄色上衣。

（3）在遇到穿白上衣的同学之后，王刚遇到了手拿面包的同学，这位同学不是赵科。

（4）在遇到手拿汉堡的李云之后，王刚遇到了穿紫色上衣的同学，这位同学不是刘丹。

从上面的信息中，妈妈能判断出王刚跟每一位同学相遇的先后顺序以及他们所穿上衣的颜色和手拿的早餐吗？

## ✡ 第170天　不同的课程

在教学楼的楼道里有相邻的5个教室，每个教室有一个班级——文1班、理2班、文3班、文4班、理5班，各班级的学生分别是26人、28人、29人、30人、32人（不与前边各班顺序对应）。5个班由5位老师——赵老师、曹老师、张老师、王老师、史老师——授以不同的课程：语文、政治、社会、英语、几何。

第四间教室在上英语课，这个班级比张老师教的班级高两个班级数。

正在第五间教室上课的是理2班，班级人数不是29人。

上社会课的教室在赵老师上课的教室的右侧。

有30个学生在听赵老师讲课，这个班级比王老师带的班级高两个班级数。

理5班有28个学生，他们所在的教室在数字上比课程表安排的史老师上语文课的教室大一个数字。

文4班的人数比文1班少，文4班上的是政治课。

文3班的人数少于30，给他们上课的不是曹老师。

根据以上信息，说出各教室班级、人数、正在上的课程和授课老师。

## ✡ 第171天　谁的脚受伤

程伍、邱军、连城、贾岩和吴胜五人是一个村子的好朋友，亲如兄弟。他们有一个共同的爱好，都喜欢打猎。这一天，他们5个人一起到野外打猎，每人还牵着一只猎狗。

5个人正观察着周围的动静，突然一只猎狗看到一只野兔，还没等主人撒开链子就冲了出去。可怜的主人被绊了一个趔趄，脚给扭伤了。

现在请你根据下列信息判断一下，扭伤脚的是谁？

（1）程伍是单身汉。

（2）脚伤者的妻子是贾岩的夫人的妹妹。

（3）吴胜的女儿前几天生病住院了。

（4）邱军目睹了整个事故经过，决定以后再也不骑马了。

（5）贾岩的妻子没有外甥女也没有侄女。

## ✡ 第 172 天　重合的时间

小明家有一个台式座钟，年龄几乎跟小明一样大，时针、分针、秒针日夜不停地转动着。有一天，小明的爸爸指着钟表问他："小明啊，一天 24 个小时，你说钟表的 3 根针有重合的时候吗？"小明说："应该有吧。"爸爸又问道："那什么时候重合呢？"小明想了好一会儿，终于想了出来。爸爸夸他真聪明。

你能像小明一样，想出时针、分针、秒针在什么时候重合吗？

## ✿ 第 173 天　小华分苹果

六一儿童节到了，老师开始给幼儿园的小朋友们分苹果。小华这一组有 4 个人，除了小华还有小志、小雨、小烨，他们组分到了 8 个苹果。小华是小组长，由她再把苹果分给小组的 4 个人。

但是，看着 8 个苹果，小华不知该怎么分了。她想了想，然后就开始动手分了，先捡了两个大的给了小志；接着找最红的，发现小志的两个苹果中有一个最红的，就从小志那里要回一个给了小雨；她接着又去挑最圆的，一看剩下的都不圆，最圆的在小雨那里有一个，小志那里有一个，于是又向小志、小雨各要了一个分给了小烨。最后，小志一个苹果都没分到，小雨只分到一个，只有小烨分到了两个，而小华自己剩下了 5 个。小朋友们都不高兴了，小华也皱起眉头，不知该怎么分才好。

小华分苹果的方法哪里出了问题呢？

## ✡ 第 174 天　侍卫的命运

朝廷上有 20 个大臣，这些大臣经常钩心斗角，彼此关系很不融洽。这些大臣身边都被安排了一个坏侍卫，而大臣们只知道其他大臣的侍卫是坏人，却不知道自己的侍卫是坏人。

国王从大局考虑，决定帮大臣们一把。他对大臣们说："在你们身边的侍卫中，至少有一个坏人，如果你们知道了谁是那个坏侍卫，就必须立刻杀了他；如果不杀，那自己的脑袋就保不住了。给你们一个期限，最多 20 天，期限一过还没杀掉坏侍卫的话，你们自身就危险了。"

国王还专门办了一份早报，及时通报消息，侍卫被杀后会刊登在早报上。可是，日子一天天风平浪静地过去了，在第 20 天早晨，仍然没有消息说哪一位大臣杀了自己的侍卫。那么接下来，是否还会风平浪静呢，侍卫的命运将会怎样呢？

## ✿ 第 175 天　术业有专攻

张琳、张婕、李雯、李霜四人都是音乐系的才女，张琳和张婕是姐妹，李雯和李霜是姐妹。术业有专攻，4 个才女分别擅长演奏一种乐器。下面是 4 个人的话，如果是姐妹说的就是真实的，如果不是姐妹说的就是假的。

擅长钢琴的才女说："长笛吹得好的是李雯。"

擅长长笛的才女说："小提琴拉得好的是李霜。"

擅长小提琴的才女说："口琴吹得好的是张琳。"

擅长口琴的才女说："钢琴弹得好的是张婕。"

请问，这几位才女分别擅长演奏什么乐器？

## ✿ 第 176 天　中文男智娶数学女

中文系的冉文杰喜欢上了数学系的刘思敏。在情人节那天，冉文杰终于向刘思敏表白了。聪明可爱的刘思敏，一看到冉文杰这个酸书生就有点讨厌，于是出了一道题，想考验考验他。

刘思敏对冉文杰说："我桌子上有 3 只盒子，一只金的，一只银的，还有一只铜的。我有一对情侣表就放在其中的一只盒子里。每只盒子上都有一句话，金盒子上写着'情侣表在这个盒中'，银盒子上写着'情侣表不在这个盒中'，铜盒子上写着'情侣表不在金盒中'。这三句话，只有一句是真的。假如你能说出情侣表在哪个盒子里，并且还能说出个所以然来，我就接受你的表白，并且还会送你一只表。如果你说不出来，那就只能说我们有缘无分了。"

冉文杰为了追求刘思敏，可是用了心的。他早就防着刘思敏这一招呢，平时看了不少逻辑推理的书，这道问题对他来说只是小菜一碟。他稍一思索就想出了答案，三下五除二就说得清清楚楚、明明白白。刘思敏目瞪口呆，顿时对冉文杰产生了好感，二人走到了一起。

你知道情侣表在哪个盒子里吗？

## ✿ 第 177 天　谁是真凶

某一天的深夜，警察局接到报案，一位亿万富翁在家里被谋杀了。警察在现场询问了一些目击者，据目击者说，富翁被杀当天只见过 4 个人。于是，警察传讯了这 4 个人。收到警察局的传讯后，他们 4 个人每人都提供了一份假的供词。

甲供词称："我们 4 个人都没有谋杀富翁。我离开富翁家里的时候，他还好好活着呢。"

乙供词称："我是第二个到达富翁家里的人。我到的时候，他已经离开这个世界了。"

丙供词称："我第三个到达他家，那时他还没死呢。"

丁供词称："我到达富翁家里的时候，他已经不在人世了。"

根据甲、乙、丙、丁四人的供词，你能推断出谁是杀害富翁的真凶吗？

## ✿ 第 178 天　纸牌游戏

吃过晚饭后，大姐、二姐和三妹在客厅玩了两盘纸牌游戏，三人按顺序抽取别人手中的牌，最终谁的手中只剩下一个单张，她就算输了。若抽到的牌与手中的牌配成了对子，就可以把这对牌打出。这个游戏就是要抽牌配对，避免自己手中留下一个单张。如果对子打出之后，手中没有牌了，则下一个人就从另一个人手中抽。

在每一盘将要结束的时候，情况是这样的：

（1）大姐只有1张牌，二姐只有2张牌，三妹也只有2张牌；这5张牌包括2个对子和1个单张，但任何人的手中都没有对子；

（2）大姐从二姐的手中抽了1张牌，但没能配成对子；

（3）二姐从三妹手中抽了1张牌，随后三妹从大姐手中抽了1张牌；

（4）在两盘纸牌游戏中，每个人每次拿的牌是不一样的；

（5）三姐妹都有连输两盘的。

请问，在两盘纸牌游戏中，三姐妹中哪一位保持不败？

## ✿ 第179天　约翰的遗嘱

约翰是一个年轻有为、聪明勤奋的商人。但是由于工作过度劳累，人到中年就离开了这个世界，留有700万元的财产和一个待产的老婆。他死前留下遗嘱说，他的所有财产将分给老婆和孩子；如果孩子是个男孩，老婆分得的遗产是孩子的 $\frac{1}{2}$；如果孩子是个女孩，孩子分得的遗产是老婆的 $\frac{1}{2}$。然而，智者千虑必有一失，约翰没想到老婆竟然生下了一儿一女龙凤胎。遗嘱中的继承者原本指定两个人，现在多出了一人，遗产将怎么分，这是一个问题，连律师都拿不出一个主意。你能想出一个不背离约翰遗愿的分配方案吗？

## ✿ 第180天　八兄弟射猎

国王到围场打猎，A、B、C等8个兄弟随同。经过一场惊心动魄的追逐，八兄弟同时把箭射向了一只豹，但只有一个人射中了，众将士谁也不知道是哪一位射中的，甚至八兄弟也不确定。这时，国王说："大家别去看箭上的标记，先来猜猜这只豹究竟是哪个人射中的。"8个兄弟各说了一句话。

A说："要么是八弟射中的，要么是六弟射中的。"

B说："假如这支箭射中的恰是豹的头部，那么它是我射中的。"

C说："我确定这只豹是被七弟射中的。"

D说："即使这支箭射中的是豹的头部，它也不可能是二哥射中的。"

E说："大哥说错了。"

F说："这只豹既不是我射中的，也不是八弟射中的。"

G说："豹不是三哥射中的。"

H说："大哥没有说错。"

8个兄弟说完之后，国王让A把箭拔出来验证一下，结果证实有3个人猜对了。你知道究竟是谁射中了那只豹吗？

## 第181天　价值连城的瓷器

这天，一家拍卖行会聚了众多社会名士，有企业老总，有收藏名家，有政府官员。原来这家拍卖行，今天有5件价值连城的瓷器要拍卖，标号分别为甲、乙、丙、丁、戊，5件瓷器底价不等。甲的底价是乙的两倍，乙的底价是丙的四倍半，丙的底价是丁的一半，丁的底价是戊的一半。

请问，这5件瓷器按底价大小怎样排序？

## 第182天　硬巧克力

8月8日中午，李扬在北京西站等她的男朋友，因为火车晚点，她已经在那里等了近一个小时了。天气太过炎热，李扬站在那里出了满头大汗。天气预报说当天最高气温将突破40度。

下午两点，男友所乘的列车，终于到站了。但是，她还没看见男友，却先看见了男友的女同事。李扬向那位女士打招呼说："嗨，真巧，你也坐这列车吗？"

那位女士说："不是的，我是来接人的，你是来接男朋友的吧。火车晚点了，肯定等了很长时间，来，吃块巧克力吧。"

李扬也不客气，接过巧克力放进嘴里，感觉硬邦邦的。李扬问女士："你也等了很久吗？"

女士说:"是啊,这么热的天终于不用等下去了。"

李扬说:"你干吗要对我撒谎呢?你明明是刚下火车。"

这位女士尴尬地说:"没有啊,我真是来接人的。我接的人来啦,我先走了啊。"

李扬望着她远去的背影,并没看到她接了什么人,她是一个人出站的。

李扬是怎么知道男友的女同事刚下火车的呢?

## ✿ 第183天　谁说的是实话

A、B、C三兄弟去拜访一位智者,路过一个很奇特的村落,这里的村民有的说实话,有的说谎话。C找来4位老者,询问情况,"4位老人家是说实话之人,还是说谎话之人啊?"这4位老者的回答让C丈二和尚摸不着头脑。

第一位老者说:"我们四人没有不说谎话的。"

第二位老者说:"我们四人中只有一个是说谎话的人。"

第三位老者说:"我们四人之中有两个是说谎的人。"

第四位老者说:"我是说实话的人。"

B听完老人的话也是分不清真假。A却很快就断定第四位老者是说实话的人,你知道A是怎么推断的吗?

## ✿ 第184天　冰镇可乐罐

西泽警官的好友青木是位棒球教练。

这天,青木急匆匆地跑来警视厅,哭丧着脸报案,并讲述了事情的经过:

"今天我回家比较晚,到家时已经快10点了。进门后我发现女儿惠子趴在桌上,开始我以为她睡着了,叫了好几声不见回答,走近一看才知道她已经……死……了。"

西泽警官立即赶赴现场,在桌上发现了喝了半听的可口可乐。经化验证明里面混有氰化物。桌子上零散放着几张信纸,其中一张信纸上放着半听混有氰化物的可口可乐。那张信纸上的钢笔字迹十分清晰。

157

"这个听装的可口可乐原来放在哪?"西泽问道。

"是在厨房的冰箱里。"青木回答,"我女儿最爱喝冰镇的可口可乐,所以我家冰箱里总是备有大量的可口可乐,谁料有人竟借此投毒害死了惠子……"西泽打开冰箱看了看,又回到惠子的闺房。他拿起桌上的一张信纸看了看,问助手明智三郎:"这些信纸都鉴定过了吗?"

"是的,经鉴定,上面的字迹和指纹全是惠子的,信纸上写的都是有关失恋的诗句。"

"青木,你女儿恋爱了吗?"西泽问。

"是的。"青木答道,"由于我不同意她小小年纪就坠入爱河,所以她与男朋友在几天前分手了。"西泽又抽出了那张压在可口可乐下的信纸端详了一会儿,又问:"那听可口可乐一直都是压在这张信纸上的吗?"

"是的,没有人动过它。"青木答道。西泽思考了片刻,判断说:"这听可口可乐不是惠子从冰箱中取的,而是罪犯拿来让她喝下致死的!"

请问,西泽警官为何这样判断?

## ✿ 第 185 天　密室疑凶

某夜,在一座古老的两层公寓里,传达室里只有值夜班的女人。

住二层楼 9 号房间的早川半夜 11:30 回来的时候,听到对面的 8 号房间里像是把饭桌弄倒了似的:扑咚、哗啦啦,餐具滚落到地上摔碎的声音。

8 号房间是晴子的房间,中年男老板总去她的房间,两人平日总是打情骂俏,满不在乎外人的眼光。早川想,又要像往常一样开始吵架了。但是,并没有听到互相争吵的声音。她感到奇怪,于是贴近门细听,似乎有人在喊"救命"的声音,声音是一种听不清楚的低沉沉的呻吟声。听到呻吟声,早川心想,怕是出了什么事,便迅速去敲 8 号房间的房门,但没有回答,门是锁着的。

这时,一层 4 号的惠子上来了。她对早川说:"晴子的房间里出现了奇怪的声音和呻吟声,以及和往常不一样的争吵声。"

惠子是晴子的表妹,住在 8 号房间下面的那间房子。"是啊,我很担心。

敲门，但是没有回答。""那是不是凶手已经逃走了？"

"没有，谁也没有从房间里出来。应该说还在房间里。"二人把耳朵贴在门上想听听里面的动静，房间里好像什么声音也没有。"一层只有我一个人，我去叫值班员吧。"说着，惠子下楼去了。

值夜班的女人听到这一情况后，立即上了楼，拿备用钥匙将门打开，3个人进屋一看，在6个榻榻米的房间里，饭桌滚倒了，茶碗和其他器具打碎散落一地。在茶色的衣柜旁，晴子脸朝上被勒死。但并没有看见凶手的影子。

"奇怪，凶手是从哪里逃走的？"

"真的，小饭桌滚翻，又有呻吟声，但也没看到有人从房间里逃出去呀。"

惠子和早川都感到不可思议。

"从窗户跳下去的吧？"

值夜班的女人打开窗户一看，窗户下面是悬崖，不可能从这里跳下去逃走。

在房子的外墙上有排雨水的铁皮管，一直通到楼下，排雨管斑斑驳驳，到处都是洞。因漏雨，墙皮已经脱落。

惠子说："如果凶手从窗户跳下去的话，我在下面的房间里，立刻会发现的。"

三人又去查看壁橱，也没有发现有用录音机录下的呻吟声和小饭桌的滚倒声。

到底在这个密室中勒死晴子的凶手是什么时候，从什么地方逃走的？凶手又是谁呢？

## ✿ 第186天　送面

女窃贼成田惠子越狱逃跑了，女看守辛集慌慌张张地向她的上司银次警长报告了这一惊人的消息。银次警长赶到108号女监一看，牢房门敞开着，打开的铁索掉落在水泥地上，锁上还插着一把用旧铁片锉成的钥匙。显然，女窃贼成田惠子就是用这把钥匙打开铁索逃跑的。

银次警长记得很清楚，昨天她把成田惠子送入女监时，曾经指令女看守辛集脱去成田惠子的衣服进行了认真的检查。事后辛集向她报告说，她连成田惠子的内衣都仔细地检查过了，没有发现任何夹带之物。再说，女窃贼事先并不知道将她关押在女监 108 号，她不可能事先准备好这间牢房的钥匙。那么，这把铁片锉成的钥匙是哪里来的呢？

"在你值班期间，有人和成田惠子接触过吗？"银次警长厉声向女看守辛集问道。

"没有……啊，不。有过的，但他并未和成田惠子直接碰面呀！"辛集结结巴巴地说。

"那人是谁，他来干什么？"

"啊，是这样的。"辛集回忆说，"昨晚，长寿庵的和尚神祖来找我，说成田惠子以前是庵里的女施主，曾经出钱修过长寿庵。现在她犯罪了，他送碗面条来给她充饥。我把面条捞起来细细地检查了一番，没有发现碗里有其他东西，就亲自端给成田惠子吃了，空碗也是我拿回来交给神祖的。神祖根本没有和成田惠子见面，他不可能给她钥匙。可是……等我上完厕所回来，只几分钟光景，该死的女窃贼就打开铁锁逃跑了。"辛集显得非常难过。

"这是你的疏忽。"银次警长严肃地说，"你对那碗面条检查得不够仔细。就是那个好色的神祖和尚，在你的眼皮底下把仿制好的牢房钥匙送给了他的情人成田惠子，让她打开牢房的门逃跑了，你难道还不明白吗？"

"我……"辛集并没有明白银次警长的意思。

请问，神祖和尚是如何将仿制的牢房钥匙送给成田惠子的呢？

## ✡ 第 187 天　女演员的年龄

年龄是女人的隐私，越是隐私越容易引起人们的好奇。近来，一部收视率很高的电视剧备受热议，连同剧中的演员都受到人们的关注。午饭时，4 位同事正猜测剧中饰演女主角的演员的年龄。

徐杰："她不会超过 20 岁。"

卢平："她不超过 25 岁。"

邓贤："她绝对在 30 岁以上。"

刘聪："她的岁数在 35 岁以下。"

假设四人中，只有一个人说对了。下列选项说法正确的是（　）。

A. 徐杰说得对；

B. 她的年龄在 35 岁以上；

C. 她的岁数在 30～35 岁之间；

D. 刘聪说得对。

## ✿ 第188天　告密者

一天，一个抢劫惯犯来到 W 公寓，正用万能钥匙打开一个房间的房门，房间里传出一个女人的声音："请稍候。"接着，她抬高嗓音问了一句："谁？"

一会儿，门开了一条缝，惯犯随即用力推开房门，露出了一个漂亮的脸蛋。他一闪身挤进房间，用背顶着门。女人一见，是个陌生的男子，惊恐地叫道："你想干什么？快出去，不然我要叫警察了。"

惯犯看见女人是个弱弱的女子，就扑上去扼住她的脖子。女人知道此人来者不善，于是拼命挣扎，一脚踢倒了身边的桌子，桌子上的电话机掉在了床上。不大一会儿，女人就被扼得昏死过去。

惯犯见状，忙在房间里四处搜刮。从抽屉里翻出了 1000 美金和一块金表，准备进另一个房间时，突然，房门打开了，冲进来两个警察，惯犯束手就擒。

惯犯望着明晃晃的手铐，呆住了。他想：我作案到现在从来没有这样栽过跟头，掐晕这个女人不过几十秒，窗户关着，窗帘挂着，墙是厚实的，女人的喊叫外面肯定听不见，我作案时也是轻手轻脚，外面更不可能有人知道，是谁告的密呢？

请问，是谁发出了报警信号呢？

### ✡ 第 189 天　海报 "8K" 印上的血迹

不幸的消息再一次将人们从睡梦中惊醒，昨天晚上一名武器专家杰瑞博士死在了自己的研究实验室（23号办公室）里，死前与凶手搏斗时在墙上一张海报上 "8K" 印上的血迹，这是警方最困惑的疑点。凶手的动机很可能是迫使博士马上研究成功的新型冲锋枪计划中断。

研究所里共有 40 名专家、博士，经警方排查过后，有 3 个嫌疑人：

一是：洛克，21号办公室，重点研究枪的结构。

二是：史蒂芬，38号办公室，重点研究枪的材料。

三是：鲁能，47号办公室，重点研究枪的类型。

托夫探长一直盯着海报上的 "8K"，不一会儿，凝重的表情一下子放松了下来，表示探长已经有答案了。

朋友们，你们有答案了吗？

# 参考答案

第 160 天　从第一个到第五个锦囊里装的玉石颜色依次是：赤、青、紫、橙、白。

假设李说的前半部分 "第二个锦囊里装的是白色玉石" 是对的，那么许所说 "第二个锦囊里装的是紫色玉石" 就是错的，而 "第五个锦囊里装的是白色玉石" 就是对的，也就是说第二个、第五个锦囊里装的玉石都是白色的。这与题意不符，所以前半部分是错的，而后半部分 "第三个锦囊里装的是紫色玉石" 是正确的。

由此推及，萧所说的 "第三个锦囊里装的是青色玉石" 是错的，而 "第四个里装的是橙色玉石" 是对的；推而论及，陈所说的 "第四个锦囊里装的是赤色玉石" 是错的，而 "第二个锦囊里装的是青色玉石" 是对的。所以，许所说 "第二个锦囊里装的是紫色玉石" 是错的，而 "第五个锦囊里装的是白色玉石"是对的；因此，杜所说的"第五个锦囊里装的是橙色玉石"是错的，而"第一个锦囊里装的是赤色玉石"是对的。

最后的答案是：从第一个到第五个锦囊里装的玉石颜色依次是赤、青、紫、橙、白。

第 161 天　金银财宝藏在第二个箱子内。

假如第一箱的字条说的是真的，那么"第二箱的字条所述情况属实，所有金银财宝都在第一箱内"的两个说法也都是真的。所以第二箱的字条说的是真的，那么"第一箱的字条是用来骗人的，所有金银财宝都在第一箱内"的前一个说法，即"第一箱的字条是用来骗人的"，与假设产生矛盾。

所以第一箱的字条所述不是真的，也就是说其中至少有一个陈述并不属实，若"第二箱的字条是骗人的"是真的，则表示第一箱的字条是真的，但这个已经被证明不成立了。因此，所有的金银财宝一定都藏在第二箱内。

第 162 天　如果贾豹说的是真话，那么魏马说的也是真话，从而得出孙龙说的也是真话。由此推理预赛的第一名应该是孙龙或魏马。但是，无论孙龙、魏马谁是预赛的第一名，则贾豹与魏马的话至少有一个会变成假话，这与前面的结论矛盾。所以，贾豹说的只能是假话，他的名次下降，而魏马的名次也没有上升。

因为贾豹不是预赛的第一名，决赛又名次下降，所以决赛的名次肯定是第三名或第四名。而陆虎说："贾豹决赛是第二名。"由此可得出陆虎说的也是假话，他的名次也下降了。

如果魏马说的是假话，而同时其他三人的名次也全都下降了，也是不合理的。所以，魏马说的是真话，他的名次既没上升，也没下降。

预赛中，贾豹既不是第一名，也不是第二名，而是第三名，决赛中是第四名；同样名次下降的陆虎决赛中是第三名；决赛中，孙龙从预赛的第四名上升了；在两次比赛中，魏马的名次都没有变化，都是第一名。所以，决赛中孙龙的名次是第二名。

总结以上分析可知：孙龙预赛是第 4 名，决赛是第 2 名；陆虎预赛是第 2 名，决赛是第 3 名；贾豹预赛是第 3 名，决赛是第 4 名；魏马预赛是第 1

名，决赛也是第 1 名。

第 163 天 青云阁的仙女说的是真话，夜明珠在流萤阁内。

假设夜明珠在青云阁内，那么碧水阁和流萤阁的仙女说的都是真话，因此不在青云阁内；假设夜明珠在碧水阁内，那么青云阁和流萤阁的仙女说的都是真话，因此不在碧水阁内；假设夜明珠在流萤阁内，那么只有青云阁的仙女说的是真话，因此，夜明珠在流萤阁内。

第 164 天 第一天下午是 7 点 38 分，第二天上午是 8 点 44 分。

根据题意，设第一天下午是 7 点 x 分，可以得到方程：$(7+\frac{x}{60}) \div 12 = \frac{x}{60}$，解得 x＝38.2，即第一天下午是 7 点 38 分；设第二天上午是 8 点 y 分，可以得到方程 $(8+\frac{y}{60}) \div 12 = \frac{y}{60}$，解得 y＝43.6，即第二天上午是 8 点 44 分。

第 165 天 山姆会问一位宫女："对方手中拿的是美酒还是毒酒的问题，另一名宫女将会如何回答?"

如果接受提问的宫女回答说她手里拿的是毒酒，那么事实上另一名宫女手里拿的肯定是美酒。因为如果宫女 A 说的是真话，另一名说假话的宫女 B 就会说她手里拿的是毒酒，由宫女 B 的回答，可以推知宫女 A 拿的应该是美酒；如果宫女 A 说的是假话，宫女 B 的回答就是她手里拿的是美酒。也就是说，不管 A、B 两名宫女谁说真话谁说假话，只要被提问的宫女回答说对方手里拿的是毒酒，则另一名宫女手里拿的肯定是美酒。如果接受提问的宫女回答说她手里拿的是美酒，则事实上另一名宫女手里拿的肯定是毒酒。

第 166 天 从题意中可知，说真话的只有小妹和二姐，这两人是不可能说"我是大姐"的，所以高姤在撒谎，她不是大姐，应该是三姐。那么，高颖所说的"高晶不是三姐"就是真话了，高颖应该是二姐或者是小妹。假设高玲说的是真话，高颖和高玲就是二姐和小妹，高晶就是大姐了，则可以推出高玲又是在撒谎，两者互相矛盾。所以高玲在撒谎，她应该是大姐。因为高玲说的是假话，所以高晶比高颖大，高晶应该是二姐。最后，高颖是小妹。

综上所述，这四姐妹从大到小的顺序依次是：高玲、高晶、高姑、高颖。

第 167 天 甲是谋杀犯，乙是强奸犯，丙是盗窃犯。

分析这三人的口供，从甲入手更容易点。甲说："我并非特别诚实的人，虽然已经被捕了，但我仍然要编造一些口供。"从这句话就可以推定甲的口供既有真也有假。假如甲的口供全是真的，他就不会说自己编造口供；假如甲的口供全是假的，他就不会说自己并非特别诚实。因为甲的口供有真也有假，乙的口供要么全是真的，要么全是假的。而乙说："甲这个人从来不说实话。"很明显，他的这句话是假的，所以乙的话全是假的，那么丙的话就全是真的。丙说盗窃雕塑的人不是乙，而甲杀掉了政府官员。由此可知，甲是谋杀犯，乙是强奸犯，丙是盗窃犯。

第 168 天 在这场辩论中，龙涛和李超都运用了二难推理，置对方于进退不得的境地。其实，在逻辑上解决这个问题很容易，推理的前提必须真实正确。既然是打官司，就必须以判决为依据；假如再根据约定，那么根据约定的前提就是假前提。假如师生按约定解决，再根据判决，那么根据判决的前提就是假前提。

第 169 天 王刚在路上遇到的第一位同学是刘丹，穿白色上衣，拿的是饼干；第二位：张轩，穿黑色上衣，拿的是面包；第三位：李云，穿黄色上衣，拿的是汉堡；第四位：赵科，穿紫色上衣，拿的是蛋黄派。

根据信息（4），穿紫色上衣的不是刘丹或拿汉堡的李云；根据信息（1），张轩穿的上衣是黑色的，所以穿紫色上衣的一定是赵科。

碰到的第一位同学穿的上衣不是紫色的，也不是黑色的，而第三位穿着黄色上衣，由此得出第一位一定穿着白色上衣。

根据信息（3），第二位同学拿的是面包，而且他的上衣不是黄色或白色的，他也不是穿紫色上衣的赵科，那他一定是穿黑色上衣的张轩。

穿白色上衣的第一位同学拿的是饼干，排除了张轩、李云和赵科，那他只能是刘丹。

用排除法可知，赵科拿的是蛋黄派，李云是王刚遇到的第三位穿黄色上衣的同学，最后遇到的是赵科。

第 170 天 第一间教室，文 4 班，政治，赵老师，30 人；第二间教室，文 3 班，社会，张老师，29 人；第三间教室，文 1 班，语文，史老师，32 人；第四间教室，理 5 班，英语，曹老师，28 人；第五间教室，理 2 班，几何，王老师，26 人。

第 171 天 扭伤脚的是连城。

根据（1）和（2），程伍是单身汉，而受伤者是有妻子的，所以程伍没有受伤。根据（4），邱军平安无事地回来了，他还决定以后不再骑马了，所以邱军没有受伤。根据（2），贾岩的妻子不是受伤者的妻子，所以受伤的不是贾岩。根据（2）、（3）、（5），贾岩的妻子是受伤者的妻子的姐姐，而她没有外甥女也没有侄女，说明受伤者没有女儿。而吴胜有女儿，因此受伤者不是吴胜。所以，连城是那位不幸的受伤者。

第 172 天 在半夜 0 点整和中午 12 点整重合。

假设钟表的三根针重合的时间是 $a+b$ 小时，这个时候的时针、分针、秒针与 12 点方向的顺时针夹角度数相等。首先，考虑时针与分针重合的情况：时针 1 小时走过 30 度，分针 1 分钟走过 6 度，由此可列出方程 $30(a+b)=60\times6b$，解得 $b=\dfrac{a}{11}$（$a=0，1，2，3，\cdots，10$）。当 $b=1$ 时，相当于 12 点，这时时针开始走第二圈了。将 $b$ 小时换算成分钟是 $\dfrac{60a}{11}$ 分。

$a=0$ 时，0 时 0 分 0 秒，三针重合；

$a=1$ 时，$\dfrac{60}{11}$ 分 $=5$ 分 $\dfrac{300}{11}$ 秒，三针不重合；

$a=2$ 时，$\dfrac{120}{11}$ 分 $=10$ 分 $\dfrac{600}{11}$ 秒，三针不重合；

$a=3$ 时，$\dfrac{180}{11}$ 分 $=16$ 分 $\dfrac{240}{11}$ 秒，三针不重合；

$a=4$ 时，$\dfrac{240}{11}$ 分 $=21$ 分 $\dfrac{540}{11}$ 秒，三针不重合；

$a=5$ 时，$\dfrac{300}{11}$ 分 $=27$ 分 $\dfrac{180}{11}$ 秒，三针不重合；

$a=6$ 时，$\dfrac{360}{11}$ 分 $=32$ 分 $\dfrac{480}{11}$ 秒，三针不重合；

a＝7 时，$\dfrac{420}{11}$ 分＝38 分 $\dfrac{120}{11}$ 秒，三针不重合；

a＝8 时，$\dfrac{480}{11}$ 分＝43 分 $\dfrac{420}{11}$ 秒，三针不重合；

a＝9 时，$\dfrac{540}{11}$ 分＝49 分 $\dfrac{60}{11}$ 秒，三针不重合；

a＝10 时，$\dfrac{600}{11}$ 分＝54 分 $\dfrac{360}{11}$ 秒，三针不重合。

因此，一天 24 小时（从 0 时 0 分 0 秒到 23 时 59 分 59 秒）中三针完全重合的时候有两次，分别是在半夜 0 时 0 分 0 秒和中午 12 时 0 分 0 秒。

第 173 天 小华分苹果遇到的困难，在于她分苹果的标准有重叠，要想让小朋友们高兴，分发依据只能有一个，不能既按苹果的大小，又按苹果的颜色和形状。逻辑划分的要求是小类相加之和必须等于被划分的大类；小类之间不能交叉重叠；每次划分只能有一个依据，不允许对一类事物在一次划分时使用不同的依据。如果违背了这些规则，就要犯"小类相容"、"混淆依据"的逻辑错误。

第 174 天 这些侍卫都会被大臣立刻杀掉。

假如有甲、乙两个大臣，甲认为：乙知道我的侍卫是好还是坏，假如我的侍卫是好侍卫，他的侍卫就是坏侍卫，他就会杀掉他的侍卫，早报第二天就会刊登消息；如果没有刊登这条消息，那么他的侍卫就是好的，我的就是坏的，第二天我就要把我的侍卫杀掉。同样，其他大臣也会这样想。第二十天，早报仍没有登出侍卫被杀的消息，那么所有的大臣都会把自己的侍卫杀掉。

第 175 天 张琳擅长钢琴，张婕擅长长笛，李雯擅长小提琴，李霜擅长口琴。

第 176 天 情侣表在银盒里。

冉文杰课下肯定是看了形式逻辑的书。金盒上面写的"情侣表在这个盒中"与铜盒上面写的"情侣表不在金盒中"，是一对互相矛盾的判断。根据排中律，二者必有一个是真的，一个是假的。而刘思敏又说，三句话中只有一句是真的。金盒、铜盒中已经有一句真话了，那么银盒上的话肯定是假的了，而银盒上的话是"情侣表不在这个盒中"，所以情侣表肯定就在银盒之中。

第 177 天 杀害富翁的真凶是甲。

因为四人的供词都是假的，先把每个人的供词反倒过来，使其成为真实的。

甲：四个人之中，有人谋杀了富翁。我离开富翁家里的时候，他已经不在人世了。

乙：我不是第二个到富翁家里的人。我到的时候，他还在世。

丙：我不是第三个到富翁家里的人。我到的时候，他已不在人世了。

丁：我到达富翁家里的时候，他还活着。

从上面的真实证词可以推测出，甲、丙是在乙、丁之后去的富翁家里；从乙的真实证词可以推测出，他不是第二个到富翁家里的人，他是第一个到的人，丁是第二个到的人；从丙的真实证词可以推测出，丙不是第三个到富翁家里的人，他是第四个到的人，甲是第三个到的人。从丙、丁的真实证词可以推测出，丁到富翁家里的时候，富翁还活着。但是，在第三个去富翁家里的甲离开的时候，富翁已经死了。所以，谋杀富翁的真凶就是甲。

第 178 天 二姐保持不败。

假设 A、B 分别代表一个对子中的一张牌，C 代表单张。从条件（1）可知，以下三种情况必有其一：

| 大姐 | 二姐 | 三妹 |
| --- | --- | --- |
| A | AB | BC |
| A | BC | AB |
| C | AB | AB |

然后，根据（2）、（3）和（4），抽牌只能按下列某一过程进行：

但是，过程（1）、（2）不能满足（4），因此予以排除。

根据（5），过程（2）必定在某一盘中出现，而过程（3）必定在另一盘中出现。于是，大姐和三妹手中都剩下过单张。因此，只有二姐手中没有剩下过单张，她没有输过。

第 179 天 女儿、母亲、儿子分别分得 100 万元、200 万元、400 万元。

设女儿得到 x 万元，则母亲分到 2x 万元，儿子得到 4x 万元。由题意得，x＋2x＋4x＝700。解得 x＝100，所以女儿分得 100 万元，母亲分得 200 万元，儿子分得 400 万元。

第 180 天 是 C 射中的。

E 和 F 的说法与 H 和 A 说法相对立，也就是说其中有两人的说法是正确的，另两人的说法是错误的。有 3 个人说对，则剩下的一个在 B、C、D 与 G 中产生。如果 B 的说法是正确的，那么 G 的说法也是对的，所以 B 的说法应该是错误的。如果 D 说的是正确的，同样能得出 G 的说法是正确的，仍然不符合题意。如果 C 的说法正确，则会引出 D 的说法也正确，还是不符合题意。只有 G 所说非 C 射中满足题意，按此就有 E、F、G 三人说法正确，用排除法非 H、非 F、非 C、非 B、非 G 射中，最后只有 C 射中了。

第 181 天 这五件瓷器按底价大小排序为：甲、乙、戊、丁、丙。

第 182 天 如果那位女士在这么热的天里等了很长时间，那巧克力不可能是硬的。因为温度超过 28 度，巧克力就会变软，甚至融化。那位女士给李扬吃的巧克力是硬邦邦的，说明她没有在大热天里待多长时间，所以说她在撒谎。事实应该是她刚下火车，因为火车上有空调，巧克力不会变软。

第 183 天 从第一位老者的话中能够得出：四人中必定有说实话的，如果他们都是说谎的人，那么谁也不会说"我们四人没有不说谎话的"，所以第一位老者是说谎的人。从第二、三位老者的话中可以得出：第二位老者是说谎的。如果他说的是实话，则第二、第三和第四位老者都应该是说实话的，只有第一位老者是说谎话的人。那么，第二和第三位老者的话意思就应一致，但是，他们的话相互矛盾，所以第二位老者的话是谎话。

假如第三位老者说谎，而四人中必定有说实话的，那么说实话的就是第四位。如果第三位说的是真话，那么四人中有两人说真话，有两人说谎话。因此，第三、四位两人是说实话的人。不管第三位老者是说实话的人还是说谎话的人，第四位都是说实话的人。

第 184 天 若是冰镇可乐罐上会有水流下来弄湿纸张，那么纸张上的字迹不可能还十分清晰。

第185天 凶手是惠子，杀人时间是在早川回来之前，通过窗户逃走的。

理由：早川回来听到饭桌滚倒的声音，但并没有听到互相争吵的声音。如果凶手是在此时杀人的话应该有打斗的声音，但是没有，说明杀人时间应是在早川回来之前。

没有人从房间里出来，那么只有两种可能，一是房间里没有凶手，二是凶手通过窗户逃走。但确实从房间里传出声音，死人不能发声，又没有录音机之类的证物，所以凶手是通过窗户逃走的。假设凶手是通过窗户逃走的，那么一切就合情合理了。惠子是晴子的表妹，住在8号房间下面的那间房子。在房子的外墙上有排雨水的铁皮管，一直通到楼下，排雨管斑斑驳驳，到处都是洞。惠子完全可以杀了晴子以后在房间里等到早川回来，推翻桌子，然后假装晴子的声音喊："救……救命啊……"再马上通过窗户逃走，并从外面把窗户关上。回到一楼，再上楼出现在早川面前。

第186天 神祖和尚用胶带把仿制的牢房钥匙粘在碗底。因为碗里装着面条，女看守辛集不可能将碗底翻过来检查，成田惠子吃着情人送来的面条，当然会想到神祖和尚是来帮助她越狱的。她会仔细地摸索碗底，偷偷地将钥匙取下来，然后开锁逃离。

第187天 B。只有一个人说对了，如果徐杰说对了，那么卢平和刘聪也就说对了，排除A；同理卢平说得也不对。如果邓贤说对了，刘聪也可能说对了，反之也是如此，排除C、D。故选B。

第188天 电话一直处于通话状态。惯犯刚打开房门时，女人正在和她的朋友通电话，听到门响，以为是有人找，于是说了一句"请稍候"，其实是叫电话那边的朋友等一下，这时电话并没有挂断，而是继续保持通话中，电话那端的朋友听到这边的动静后，知道发生了事情，于是报了警，这时警察才得以及时赶到抓住窃贼。

第189天 鲁能

推理过程：因为"8K"在英语里谐音为AK，AK能让人想到AK47，暗指47号办公室的鲁能。

# 第六章 归纳思维训练
## ——巧妙在"前提"和"结论"之间牵线搭桥

### ✿ 第190天 登山装备与登山事故

登山是许多人喜欢的运动项目，但它也是一项比较危险的运动。令登山爱好者高兴的是，十年来登山装备变得越来越完善，这意味着他们登山时会越来越安全。但是，随着登山装备的完善，登山时所发生的事故却也增长了一倍。

上面所述情况都是真实的，下列哪一项解释了登山装备的完善与登山事故的多发之间的矛盾?（　）

A. 登山装备的完善，削弱了登山者的谨慎，促使他们更多地做出自身能力之外的事情，从而增加了发生事故的可能性。

B. 因为气候异常，天气多变，致使登山事故多发。

C. 虽然登山是一项比较危险的运动，但是经验丰富的登山爱好者不会受到伤害。

D. 十年来，登山技术和登山装备都有所提高。

E. 登山爱好者中受伤的比例增加了，但登山活动中的死亡率没变。

### ✿ 第191天 王雪摘花瓣

刘华和王雪摘了一朵13片花瓣的玫瑰，两个人轮流摘花瓣，一次只能摘一片或相邻的两片，谁摘到最后一片谁就可以不用打扫卫生。两个人划拳确定刘华先摘，王雪能够摘到最后一片花瓣吗？如果能，那她该采取什么方案呢？

## ✿ 第 192 天　辨认真假妻子

一位德国商人在美国出车祸死亡，在美国留下了大量的遗产。他在美国的一位侦探朋友为他料理后事。侦探拍发电报请他德国的妻子到美国来料理事务，领取遗产。但是却有两位女人来到美国，都声称自己是真正的妻子。

这位侦探朋友只知道德国商人的妻子是德国人，而且还是一位钢琴师。于是叫两个女人都弹一弹钢琴。

第一位红裙女子技艺高超，弹奏的琴声非常美妙。她左手戴着 3 枚宝石戒指、右手中指戴着 1 枚钻石婚戒，十分华丽。

第二位衬衫女子略显寒酸，只有右手无名指戴 1 枚戒指。

弹琴后，侦探马上辨别出了真假，赶走了冒牌货。

那么，你知道谁是冒牌货吗？为什么？

## ✿ 第 193 天　树叶证人

一天，有两个年轻人来见法官，他们分别叫巴里和贝克

巴里抢先开口说道："法官大人，这个人借我的 10 个金币不还，请大人为我做主。"

贝克忙跑到巴里的前面挡住他，嬉笑着对法官说道："法官大人，别听他胡说八道，我根本不认识他，怎么可能借他的金币不还？"

法官听了两个人的话。先问贝克："你到底借过人家的金币没有？"

贝克答道："我朝天起誓，绝不敢在此蒙骗大人！"

法官又转过身来问巴里："你说他借了你的 10 个金币，有证据或证人吗？"

巴里挠了挠头，丧气地说："当时只有我们两个人在场，没有证人，也没有留什么证据啊！"

听了这话，贝克暗自发笑。

法官看到贝克脸上露出得意的奸笑，心想，这里面一定有鬼。他思忖片刻，又问巴里："你是在什么地方把金币交给他的呢？"

"在村口的一棵大槐树底下，旁边还有一口井。"巴里答道。

"好，那你马上去大槐树底下捡两片落叶来，我要把它们当作证人，它们一定会告诉我真相的。"

"用树叶当证人？法官大人在开什么玩笑呀？"巴里心里疑惑，不肯前去。

"你愣着干什么？赶快去啊，本大人会给你讨个公道的。"法官对着巴里诡秘地一笑。

巴里苦着脸想，事到如今去就去吧，兴许法官大人还真有什么高招呢！巴里朝村口跑去。

巴里走后，法官又对贝克说道："你先在这里等会儿，等巴里回来，我再处理你们的案子。"说完，法官审理别的案子去了。

过了约有半个小时，法官又审理完了一个案子，突然抬起头来问贝克："都半个小时了，巴里怎么还不回来？"

"我估计，现在他还没走到那棵槐树下呢！"贝克脱口回答说。

又审完了一个案子，法官又转过身来问贝克："都一个半小时了，这回巴里该往回走了吧？"

"是的，法官大人，我想他马上就会站在您的面前。"

贝克话音刚落，巴里就满头大汗地跑回来了。他把两片枯黄的槐叶递给法官，越加哭丧着脸说道："法官大人，树叶拿来了，可是我想不通它能为我作证吗？"

"能，可怜的年轻人，它已经为你作证了。"

"作证了？"

"对，现在我来宣判，"法官轻蔑地看了贝克一眼，讥讽地说道，"年轻人，你的演技可真好，不要再装了，你难道还想赖人家的金币吗？"

谎言被揭穿，贝克无可奈何地低下了头，羞愧地把金币还给了巴里。

法官大人根据两片树叶就判定了这个案子，这是怎么回事呢？

## ✿ 第 194 天　字母之谜

李林和王辉都很喜欢玩英语猜谜，有一次老师让他们俩在课堂上现场表演。

李林："让我来猜猜你心中所想的字母，好吗？"王辉："怎么猜？"

李林："你先想好一个字母，记在心里。"王辉："嗯，想好了。"

李林："现在我要开始提问了。"王辉："好，请问吧。"

李林："你所想的字母包含在 CARTHORSE 这个词中吗？"王辉："有的。"

李林："在 SENATORIAL 这个词中有吗？"王辉："没有。"

李林："在 INDETERMINABLES 这个词中有吗？"王辉："有的。"

李林："在 REALISATON 这个词中有吗？"王辉："有的。"

李林："在 ORCHESTRA 这个词中有吗？"王辉："没有。"

李林："在 DISESTABLISHMENTARIANISM 这个词中有吗？"王辉："有的。"

李林："我知道你说的不全是真话，不过那也没关系，你只需要告诉我 6 个回答中有几个是真实的。"王辉："3 个。"

李林："好了，我已经猜到你心中所想的那个字母了。"

## ✿ 第 195 天　水果组合

李欢今年上小学三年级，他的语文学得特别好，但是今天他被老师出的一道题难住了。这道题是这样的，在 5 个水果盘里，混合放着 3 种水果——香蕉、苹果和梨，具体放置情况如下图。假设香蕉、苹果和梨各代表一个中国字，那么每个盘里的水果组合也是一个中国字。请同学们说出，3 种水果各代表的中国字是什么，组合成的 5 个字分别是什么。你能帮李欢答出正确答案吗？

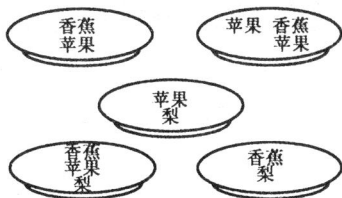

## ✡ 第196天　公平断决

宋真宗的时候，一天，有兄弟俩气呼呼地来到了县衙打官司。

县令见来人是皇亲贵戚，自然不敢怠慢，忙让到堂上坐下，低头哈腰地问道："两位公子来敝衙有何吩咐？"

"找你断个案子。"两个人同声说道。

听说他们要断官司，县令十分高兴，心想："这可是升官发财的好机会呀。如果帮他们出了气，传到皇上耳朵里，肯定会奖赏我的。"想到这儿，县令顿时挺直了腰说道："是谁这么大的胆子，敢在两位公子头上动土，看我……"

"错了，我是和他打官司！"两个人同时说。

"你们两个人打官司？"县令一时怔住了。

"正是这样。"两位公子接着把事情的经过说了一遍。

原来，他们的父亲不久前得病去世，留下了一笔家产。兄弟二人分家时，老大说老二分的财产多，老二说老大分的财产多，他们争执不休，互不相让，没办法就来找县令评理。

县令听完之后，刚才的高兴劲儿全没了，哪还敢断这个官司呢？清官难断家务事呀，更何况是他俩的。他忙对兄弟两个说道："如果是你们和小百姓打官司，不管如何，我都包你们打赢。可这是你们家族之间的事儿，下官可就不敢妄断了。我看你们……"

兄弟二人看到县令处理不了这个官司，便又来到了州府。谁知州官也不敢受理。于是，他们又找到了开封府、御史台，但也都不敢过问。最后，他们只得找到真宗皇帝裁决。

真宗听了兄弟二人的述说后，也感到很难处理，便劝说道："同根兄弟应和睦相处，怎能为了一点家产就反目呢？我看你们还是都谦让一点为好。"

"不行，不行！"兄弟二人连皇帝的劝说也听不进去，依然要争出个是非高低。怎么办呢？忽然，真宗想起了宰相张齐贤，忙宣他进宫。

张齐贤是个很有办法的人，曾为真宗处理过很多疑难的事情。当他来到宫中，听真宗把事情一讲，便松了口气说："此乃小事一桩，分家不均，兄弟争财，好断。万岁爷，不出三天，我定让他们皆大欢喜，一同高高兴兴地来见您。"

真宗听了张齐贤的话，摇了摇头，不相信地说："这官司不大，断得公平也并不难，可若是皆大欢喜，怕是办不到的。你想，向老大要一点给老二，老二是高兴了可老大肯定生气；反之，老大高兴了，老二又要生气。所以，难办哪！"

"万岁爷，您若不信，待我裁断之后，您再亲自问他们满意不满意。"说完，张齐贤领着兄弟二人退出皇宫，来到了宰相府。

张齐贤让兄弟二人分别坐定后，问道："据我所知，你们二人都认为对方分得的财产比自己的多，所以要打官司，是不是？"

"正是这样，他的确实比我的多。"兄弟二人几乎同时应道。

"千真万确吗？"

"千真万确！"

"那好，我按你们说的断了，可谁也不许反悔啊！"

"绝不反悔！"

张齐贤命人拿来纸墨，又十分认真地对兄弟二人说："如果你们不反悔的话，我一定能断得公平，请你们签字画押吧！"

于是，哥哥在一张纸上写道："弟弟的财产比我的多！"然后，在下面签上了自己的名字。弟弟也在另一张纸上写道："哥哥的财产比我的多！"照样在下面签上名字。

然后，张齐贤一只手举着一张纸说道："你们都把自己的意见和要求写在这上面了，现在该本相来断决了……"

听了张齐贤的断决，两个人都哑口无言。第二天，张齐贤又把兄弟二人领到真宗面前。真宗一问，两个人果然都说"满意"。

张齐贤是怎样断决的呢？

## ✿ 第 197 天　潘先生的未婚妻

小钱、小李、小丁、小张、小陈是 5 位女士，她们都认识潘先生，其中一位是潘先生的未婚妻，另外几人是他的好朋友。下面是这些女士的一些条件，你能根据这些条件猜出谁是潘先生的未婚妻吗？

（1）在这 5 位女士当中，有 3 位女士小于 30 岁，另外 2 位女士大于 30 岁。

（2）其中的 2 位女士是教师，另外 3 位女士是做文职工作的。

（3）小钱和小丁是一个年龄档的人，小张和小陈则不是一个年龄档的。

（4）小李和小陈的职业相同，小丁和小张的职业不同。

（5）潘先生的未婚妻是一位年龄大于 30 岁的教师。

## ✿ 第 198 天　保姆的真话和假话

一天，小孙神情忧郁地找到大侦探诉说了自己的委屈。

原来，小孙的表叔前几天办宴会，到小孙那里借走一件瓷器，说是要布置客厅。可是宴会结束后，表叔却迟迟不肯归还瓷器。

大侦探跟小孙一起来到小孙的表叔家，表叔却说自己当时是买了小孙的瓷器。

"你有什么证据吗？"大侦探问。

"当然有，我的保姆看见我把钱给小孙的。"小孙的表叔说着把保姆叫了过来。

保姆说："我亲眼看见先生从皮夹里拿出 1000 张钞票给了小孙的。"

"是吗？能把您的皮夹拿出来看看吗？"

小孙的表叔觉得奇怪，但还是拿出了一个随身带的小皮夹。

"你说的都是假话吧，快把瓷器还给小孙！"大侦探厉声说道。

大侦探是如何断定表叔说的是假话呢？

## 第199天　伊丽莎白的错误

奥斯顿警官开车来到一座公寓前，他要找一个名叫伊丽莎白的女人。

开门的正是伊丽莎白，她将奥斯顿让进屋，说："先生有何贵干？"

"太太，您认识一个叫威尔的人吗？"

"威尔？我从未听说过。"

"我刚从拘留所来，他说认识您。"

伊丽莎白很镇定地抽了口烟，说道："我真恨不能将你从窗子里扔出去！"

奥斯顿说："威尔从银行抢走了19万马克。但我们很快就将他抓获了。我们和他长谈后，他已说出将钱交给谁了。"

"我不认识威尔，对银行抢劫案也不感兴趣！"

"那为什么威尔会说，他将钱给了你呢？你又将钱藏在什么地方了？"

伊丽莎白气得大叫道："我要说多少遍，我根本就不认识什么路德维希·威尔！"

奥斯顿笑着说道："太太，很遗憾，你刚才犯了个小错误。请跟我们走吧。"

你知道伊丽莎白犯了什么错误吗？

## 第200天　找数字规律

请看如下一组数据：

961，(25)，432

760，(15)，433

658, (95), 434

871, (24), 325

932, ( ), 731

793, (47), 657

你能找到其中隐含的数字规律，并且写出空白括号内的数字吗？

## ✿ 第 201 天　异常元素

一位地质学家在一个沉积岩层中发现了大量的异常元素——钇，该地质学家认为这种元素是六七千万年前一块陨石坠落地球的证据，因为陨石含有丰富的钇元素，而地壳中很少。地质学家推测说，陨石撞击地球，升起的灰尘云中含有大量的钇元素，这些灰尘落到地上累积，漫长的岁月过后它们形成了地壳中含有大量钇元素的沉积岩。

下列哪一项不能支持含有大量钇元素的岩石是陨石撞击地球的结果这一说法？（　）

A. 陨石撞击地球产生的尘迹云会影响光照，使地球温度降低。

B. 地壳中沉积岩的形成需要几千万年的时间。

C. 无论该地壳沉积岩层中有没有钇元素，它们都可以用于确定时间。

D. 大约 6000 万年前，火山爆发异常剧烈，火山喷发物形成了含有大量钇元素的灰尘云。

E. 与钇沉积同一时期，恐龙等一批物种灭绝了。有科学家称，这与陨石撞击地球有关。

## ✿ 第 202 天　汉字与数

某班的数学老师和语文老师联合出了一道题，他们画了一组方格（如下图），数学老师说，每个方格里都有一个数字。语文老师说，每个方格的数字代表一个汉字，相邻两格的汉字又能组成一个新的汉字。两位老师又给出了以下提示：1 加 2 是太阳下山的时候；2 加 3 是太阳升起的时候；3 加 4 有羞耻、辜负之意；4 加 5 有放箭、开枪之意；2 加 6 有清楚、明白之意；6 加 7 有肉多、体胖之意。

请同学们说出每个数字所代表的汉字是什么？

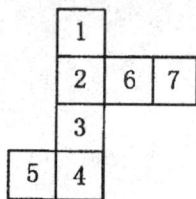

|   | 1 |   |   |
|---|---|---|---|
| 2 | 6 | 7 |   |
|   | 3 |   |   |
| 5 | 4 |   |   |

## ✿ 第 203 天　霸道航空

近日，胡梦预订了一个某航空公司一航班的座位，但是乘机那天她被告之不能乘坐那个预订好的座位，因为这家航空公司的航班存在超额预订现象，胡梦被迫改乘下一航班，但是因为晚了两个小时，导致她不能参加一个至关重要的紧急会议，从而对她造成了重大损失。而她预订的那个航班在快要起飞时，因突降暴风雨被取消。胡梦认为，即使航班最终取消了，航空公司也应该给予一定的赔偿，因为她没乘坐那个航班的预订座位。

这家航空公司回应说，他们对胡女士没有赔偿责任，胡梦即便乘坐了她预订的航班座位，也不能参加紧急会议，因为那个航班最后一刻因天气原因停航了，这不是他们能够控制的。

下面哪一种说法成立，能证明航空公司的陈述，即航空公司对胡梦没有赔偿责任，是合理的？（　　）

A. 胡梦被迫乘坐下一航班的唯一原因是那次航班被超额预订了。

B. 胡梦被迫乘坐下一航班的原因不是那次航班因暴风雨而取消。

C. 那次航班不存在超额预订现象，胡梦也没被迫乘坐下一航班。

D. 胡梦被迫乘坐下一航班的唯一原因是那次航班因暴风雨而取消。

E. 假如那次航班没有超额预订，胡梦仍然被迫乘坐下一航班。

## ✿ 第 204 天　时间语言

李阳从小就爱读书，尤其喜欢成语。有时他看着爸爸送给他的手表所显示的时间，就会出奇地想出一个相应的成语。你能像他那样，根据下面 3 块手表显示的时间，想出 3 个成语来吗？

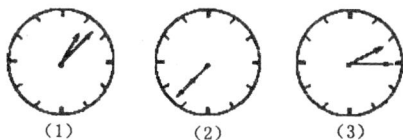

（1）　　　　　（2）　　　　　（3）

## ✿ 第 205 天　骑马的盗牛贼

罗伊私人侦探社刚成立不久，就接到了一个盗牛的案子。

当时，在苏格兰的一个牧牛场，常发生偷牛的事。奇怪的是，现场只留下牛的足迹，却看不到人的脚印。

某晚，偷牛贼又出现了。这次牧场主已有所防备，偷牛贼没能成功。牧场主大喊一声，埋伏在附近的牧民跃上马背朝黑影追去。可是偷牛贼的速度却更快，不一会儿，就消失在黑暗之中了，而留在地面上的仅仅是牛的脚印。

"原来偷牛贼是骑牛逃跑的，难怪没有留下人的脚印。可是，牛能跑得比马快吗？"牧场主为了解开心中的疑惑，请来了侦探罗伊先生。

罗伊来到现场，顺着牧场主所指的方向的足迹进行搜寻。过了一会儿，罗伊两手空空地回来了，对牧场主说："偷牛人骑的是马，不是牛。"

"可是，地上只有牛蹄印啊！"

"那是因为他在马蹄上装的不是马掌，而是一个牛蹄形状的金属套子。"

"证据呢？"牧场主问。

罗伊拿出了装在一个口袋中的证据给牧场主看，牧场主终于明白了，为什么说偷牛贼骑的是马，而不是牛。

你推断一下，侦探罗伊拿出什么东西，使得牧场主明白偷牛贼是骑马，而不是骑牛？

## ✡ 第 206 天  侍卫改字

民国年间，国民党元老于右任先生书法造诣很高。

当时，他被调任到南京任职，住在一个很大的庄院里。庄院环境优美，安静幽雅。

可令于右任先生头痛的是，外面院墙的拐角处，老有些不讲文明的人在那里小便，弄得臭气熏天，苍蝇满天飞。

这天，于右任先生突然灵机一动，想出了一个好办法。他利用他的书法才艺，大笔一挥，写下了"不可随处小便"6个大字，随后命令侍卫贴到院墙的拐角处。看着自己写的遒劲有力的6个大字，于右任先生露出了满意的笑容。

谁料，其中一名侍卫是个有心人，他知道于先生书法自成一家，在海内外书法界享有很高的声誉，拿来收藏真是最好不过了，于是偷偷地另写了一幅"不可随处小便"把这幅字替换了下来。

可让侍卫难堪的是这几个字虽好，实实在在的是于先生的真迹。但挂在墙上却很不雅，拿出来让别人看见了也笑话。他苦思冥想后，突然来了灵感，于是把这几个字改了一改，然后就送到一家装裱店精心裱起来。

不久，装裱起来的字幅就被挂在屋子里最亮堂的地方。亲友来访，见名家墨宝，顿觉满屋生辉，无不啧啧赞叹，羡慕不已。

那么，你知道侍卫是如何改这6个字的么？

## ✡ 第 207 天  找单词

背英语单词是中国学生学习英语的一大难点。有一天，一位英语老师把一个单词安排在一个字母方阵（如下图）里，看学生们能不能把它找出来。你发现那个单词了吗？

| R | V | E | O | V | C |
|---|---|---|---|---|---|
| S | I | O | V | R | D |
| V | E | R | C | V | O |
| R | O | V | E | S | E |
| E | R | S | C | R | I |
| C | E | R | E | O | R |

## ✡ 第 208 天　事件排序

①将鲜菜摆上货架

②给西红柿浇水

③建造玻璃暖房

④往炉子里添煤

⑤采摘成熟的果实

A. ⑤①③②④

B. ①②③⑤④

C. ②⑤①③④

D. ③④②⑤①

## ✿ 第 209 天　里外结合

有一块五边形的木板（如下图），最外层是一、二、三、四、五、六、七、八、九、十，里边一层是刀、又、个、口、马、小、车、日、白、艾。你能把外层的汉字与里层的汉字组合成 30 个新的汉字吗？

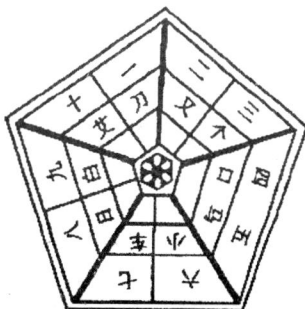

## ✿ 第 210 天　楼房火灾

市政府准备在全市推行一项法令——新建的住宅楼里必须安装一种喷水装置，只要一发生火灾就会自动引发。此项法令正在征集大家的意见，一位房地产建筑商对这项法令表示反对，他说绝大多数的住宅楼火灾都是由人扑灭的，而非楼房里的喷水装置，它充其量只能减少火灾中的轻微损失，所以安装喷水装置没有多大必要。

下列选项，哪一项最能够否定房地产建筑商的观点？（　）

A. 大部分居民没有受过灭火的正规训练。

B. 因为每年新建的住宅楼数量有限，新法令即使通过，适用范围上也非常窄。

C. 有比安装喷水装置更省钱的方式——安装烟雾探测器。

D. 该城市消防部门的灭火能力低于全国平均水平。

E. 大多数住宅楼火灾是无人在家时发生的。

## ✿ 第 211 天　四色圆片

由 19 个圆形纸片拼成如下图形，现用红、蓝、黄、绿 4 种颜色给纸片涂色，要求一种颜色至少要涂 3 个纸片；每个绿纸片与 3 个红纸片相切；每个蓝纸片与 2 个黄纸片相切；每个黄纸片最少有一处与红、绿或蓝纸片相切。

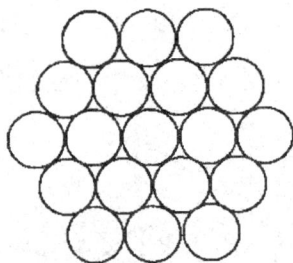

## ✿ 第 212 天　环环相扣

汉字魅力无穷，五年级的语文老师出了一道怪题——如下图，在中间填上一个汉字，使它和周围每个字都能组成一个新字。

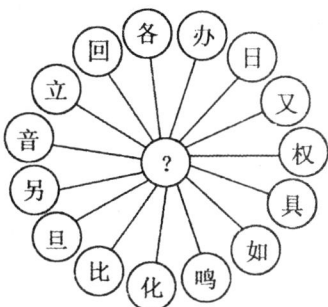

☆ **第 213 天　残兵败将**

小明刚上小学时，就开始跟着爷爷学象棋，经过五六年的锻炼，小明的棋艺已经小有造诣。这天晚上，爷爷别出心裁地画了一个棋盘（如下图），让小明在空白的棋子上填上合适的汉字，并使棋盘上下左右相连的字组成四字成语，一共有 8 个，你能帮小明填出来吗？

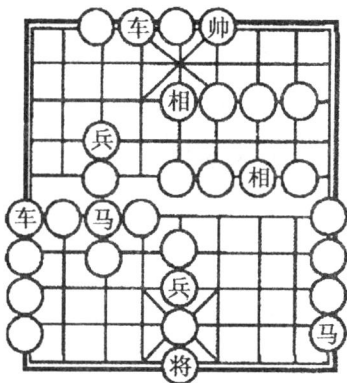

☆ **第 214 天　5 个新工作**

5 个年轻人经过几周的奔波，终于各自找到了称心如意的新工作。碰巧他们还在同一幢大楼中工作，但是在不同单位不同楼层。5 个年轻人的名字分别叫波克、梅雷特、汤姆、珍妮、玛丽。从以下所给的线索中，你能找出他们的工作单位、所在楼层以及他们在那里工作的时间吗？

现在已知线索是：

（1）波克在邮政服务公司工作，他办公室所在的楼层比那个最近被雇用的年轻人要低两层。而后者即最近被雇用的不是梅特雷，梅特雷所在的楼层要比保险公司经纪人的高两层，保险公司经纪人是在最近两周被聘用的。

（2）假日公司的职员不在第五层。

（3）汤姆是在四周前就职的。

（4）信贷公司的办公室在大楼九层。

（5）珍妮不是私人侦探所的职员。

（6）三周前就职的女孩在大楼的第七层上班。

## ✡ 第215天　澳洲石碑

有考古学家在澳洲大陆上发现了一块石碑，石碑的岩石覆盖层下有埋藏了1000多年的有机物质。所谓岩石覆盖层，是指在修整后的石块表面聚集的泥土和矿物质。有考古学家推断，石碑早在欧洲人到达澳洲之前就建好了，因为岩石覆盖层下的有机物质是石块被修整后聚集在上面的。

下面哪一点如果正确，能最严重地削弱上述论述？（　　）

A. 岩石覆盖层本身含有有机物质。

B. 欧洲人到达澳洲后经常使用很多年前当地土著人修整过的石头。

C. 该石碑与在南亚发现的古代石碑具有很大的相似度。

D. 有关该石碑的书面资料最早在1869年。

E. 修整后的石块在干燥和封闭的条件下，形成岩石覆盖层的速度非常慢。

## ✡ 第216天　心脏病与环境污染

某位医学专家说近50年来，心脏病的发病率增长了近5倍，严重威胁着人们的生命安全。其中的主要原因是只顾发展经济，忽视环境保护，从而造成了生态失衡。

下列各项陈述，哪一项能够支持上述论证。

以下各项如果是真的，都能削弱上述论证，除了（　　）。

A. 目前人们的平均寿命约为 72 岁，上世纪初期约为 43 岁，上世纪中期增加到 53 岁，而患有心脏病较多的发达国家人均寿命已经超过 78 岁。

B. 上世纪前半期，两次世界大战导致大量青壮年死亡；后半期，世界形势趋于缓和，经济平稳快速发展。

C. 迅速发展的医疗科技提高了医疗水平，医疗卫生事业获得极大进步。

D. 医疗科技提高了人类对心脏病的预防、诊断和治疗能力，延长了心脏病人的生命。

E. 20 世纪前半期，全世界医学资料的覆盖面和保存完整率，只有后半期的 50％和 70％。

## ☆ 第 217 天　成语之最

根据例子，写出符合这一"最"的成语。例：最慢最长的一天是（度日如年），最细最小的针能（无孔不入）。

最不好做、最令巧妇为难的饭是（　　），

最有分量的话是（　　），最有价值的话是（　　），

最广阔的视野是（　　），差距最悬殊的是（　　），

个子最高大的人能（　　），速度最快的车能（　　），

容量最大的书能（　　），最奇异的动物是（　　），

最显著、巨大的变化是（　　），最彻底的手术是（　　）。

## ☆ 第 218 天　组合袜子

张丽的一只鞋盒里放着她的 15 双袜子，包括 5 双白色的和 10 双黑色的，但是这些袜子都混放在了一起，一只一只地没有成双的。星期一早上，恰好断电了，屋子里一片漆黑，无法分辨袜子的颜色。要拿出一双相同颜色的袜子，张丽至少要拿多少只？

## ✿ 第 219 天　圆网线段

几何课上，老师展示了这样一个圆形的网状图（下图），圆周上的 15 个点之间的弧线段都相等。网状图内，每两点间又都连着线段。老师让同学们数一数，图中共有多少条线段。你能数得清吗？

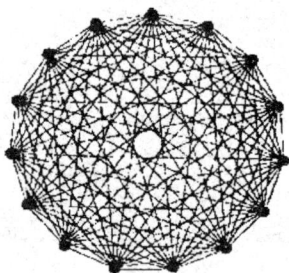

## ✿ 第 220 天　白鼠的寿命

科学家在对小白鼠的实验中有两个发现，一是热量补充较少而维生素摄入充分的小白鼠的寿命比一般小白鼠的寿命长一倍；二是减少一半日常食用量的小白鼠的预期寿命比不减少食用量的小白鼠多一倍。

如果以上信息是真实的，下列陈述哪一项无助于解释此种现象？（　）

A. 小白鼠的日常食用量减少一半后，新陈代谢速度降低，减少了自身消耗，使寿命延长。

B. 小白鼠体内热量的减少降低了其免疫系统的老化速度，增强了对某些疾病的抵抗力。

C. 小白鼠体内热量的减少延缓了荷尔蒙系统的老化进程。

D. 小白鼠的日常食用量减少一半后，它的细胞寿命比平常小白鼠的细胞寿命长。

E. 小白鼠摄入足量的维生素，并没有增加体内中的热量。

## ✿ 第 221 天　石惑买吗

古时候有个叫石惑的人跟着师傅学习相马，师傅让他先到马市上买 4 匹马回来。石惑就在马市上选了 4 匹颜色不一样的马——黑、白、黄、红。

现在，石惑要把 4 匹马带回师傅家。从马市到师傅家，黑马要走 1 小时、白马要走 2 小时、黄马要走 4 小时、红马要走 5 小时。石惑准备一次牵走两匹马，回来时乘一匹马，这样往返几趟就把马带回师傅家去了。

石惑该采取什么方案，才能用最少的时间把 4 匹马都带到师傅家呢？

## ✿ 第 222 天　挪动家具

赵胜家的家有 6 间房，只有第二间房是空着的，其余房间都放着家具（如下图所示）。现在，赵胜想把钢琴搬到第四间房，把床搬到第三间房，但是有个困难。因为每个房间都比较小，两件家具同时放就放不开，只能把家具从这个房间移到相邻房间，这样慢慢移。赵胜该怎样移动家具，就能最省力地把钢琴移到第四间房，把床移到第三间房呢？

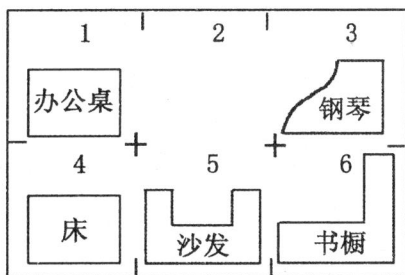

## ✿ 第 223 天　河畔露营

周末，姜姝、杨洋、刘畅、程东和章武五人去郊游。城东有一条小河蜿蜒流过，5 个人当天晚上沿河扎下帐篷，但是 5 个人没有在一起，而是分散扎营。姜姝和杨洋的帐篷在章武帐篷的下游，刘畅和程东的帐篷在章武帐篷的上游。

第二天早上，河水流得非常湍急，姜、杨、刘、程 4 个人分别驾着汽艇都到章武的帐篷里碰头。在静水中每艘汽艇，只用 1 个小时便可把他们带到章武的帐篷。实际上，姜姝到达章武帐篷用了 75 分钟，杨洋用了 70 分钟，刘畅用了 50 分钟，程东用了 45 分钟。

在章武的帐篷碰头后，4 个人又返回各自的帐篷。往返途中，四人中谁用的时间最少？（　　）

A. 姜姝

B. 杨洋

C. 刘畅

D. 程东

E. 四人中有两个人的时间用时相等，并且是最少的。

## ✡ 第 224 天　被扔进黄河的婴儿

黄河岸边有一户人家，俩兄弟的老婆同时怀了孕。可天有不测风云，一天，俩兄弟划着船到黄河对面的山上去砍柴，不想狂风暴雨突然来临，将船打翻，俩兄弟落到水里被风浪卷走了，后来村民在很远的下游才打捞到他们的尸体。

6 个月后，兄嫂和弟媳同时生了孩子，一个男孩，一个女孩。孩子刚满月后，弟媳就到县衙告状，说嫂子家的男孩其实是她生的，嫂子人厉害，威逼她将自己的儿子拿来换她的女儿。

知县林峰唐接案后，连审两堂也没审出头绪来。弟媳娘家的人和嫂子娘家的人都说男孩是他们的，连当晚接生的老婆婆也记不清究竟是哪家生了男孩，哪家生了女孩。

这下可真让林峰唐犯了难。这天夜里，林峰唐猛然想出了一个好办法，他传话明天晚上再审，并且让人把那个男婴儿抱到县衙来。

第二天晚上，月色朦胧，知县林峰唐带着人来到了黄河岸边，原告、被告和证人也都相继带到，大家不知道这知县葫芦里卖的是什么药，大白天不升堂问案，大晚上的来到黄河岸边干吗？

只听知县林峰唐说道："你们双方都说男孩是你们自己的，那现在本官就验证一下，看谁说的是实话。"

在场的人都唏嘘一片，弟媳家哥哥问道："知县大人要怎么验证？"

"很简单，他们的父亲都是在这黄河里淹死的，如果他们真的在天有灵，肯定会认出自己的孩子，从而送回来的，那么就让我们看看是谁把孩子送回来吧。"

林知县说罢，衣袖一挥，一个衙役抱过来一个用红绸裹着的婴儿。

"扔进黄河里开始验证吧。"还没等众人反应过来，那衙役已经将怀中的婴儿扑通一声扔进水里了，只见红绸在水面上跳了两跳，就随水流漂起来。

起初几秒钟大家面面相觑，心惊胆战地等待着，眼看着红绸裹着的婴儿越漂越远，突然弟媳开始号啕大哭，叫喊着让人快救孩子，而一旁的兄嫂喘着粗气一个箭步冲过去，和衣跳进水里去救孩子。

林知县一看忙让人把兄嫂救起来，同时宣布案子结了，把孩子还给了他真正的母亲。

那么你知道谁才是孩子真正的母亲？

## ✿ 第 225 天　棉花期货

如今的期货市场已经让棉农在棉花收获之前就可以把棉花卖出去。相关人士对棉花产量做出预测，棉花的预测产量将对期货价格起到非常明显的影响，棉花预测产量偏低，期货价格就会上涨；棉花预测产量偏高，期货价格则会下跌。

最新消息，天气预报显示明天起棉花产区将会有一场及时的降雨。因为一定的降水对当前这一时期棉花的生长至关重要，这个消息将会使今天的棉花期货价格有所下降。

如果下面哪一项是正确的，将会严重削弱以上观点？（　）

A. 在当前这一棉花生长期，没有足够的水分，棉花不会取得丰收。

B. 本季度棉花期货价格的波动比上季度更加剧烈。

C. 有气象学家预测，降雨可能会扩展到棉花产区以外。

D. 某权威农业专家说，一种严重影响棉花生长的病菌正在大范围地蔓延。

E. 在棉花期货市场交易的人很少实际拥有他们所交易的棉花。

## ✡ 第 226 天　精明的元帅

在一次战斗结束后，有人向元帅报告说，军需官王诚可能收了敌人的贿赂，王诚给几个重要火力点提供的枪支弹药数量都不对。

元帅听后，立即让人把王诚带了过来，问道："你是怎么分配枪支弹药的?"

王诚说："我主要给步枪手和散弹手分发子弹。步枪手用的是 1 发和 10 发两种包装的;散弹手用的是 100 发和 1000 发两种包装的。阵地上有 200 个火力点，每个火力点都配备了 60 袋不同包装的子弹，总数正好是 10000 发。"

元帅听完王诚的报告，转头对随从说道："有人说你接受了敌方贿赂，配发的枪支弹药有问题，如果真像你说的那样，就算你没有收受好处，也不是一个合格的军需官。"

元帅为什么做出这种评价呢?

## ✡ 第 227 天　新旧疗法

治疗胃溃疡通常使用的一种疗法可在 3 个月内将 46% 的患者基本治愈。近来实验了一种新疗法，在 3 个月内使 80% 的胃溃疡患者的病情得到了明显的改善，使 60% 的胃溃疡患者得到了痊愈。因为这个新疗法只用于病情比较严重的胃溃疡患者，所以在疗效方面，这种新疗法比最常用疗法显得更有效。

对下列哪一项的回答最能有效地对以上论述做出评价? (　　)

A. 关于胃溃疡的这两种疗法有何不同?

B. 关于胃溃疡的这两种疗法的成本有多大差别?

C. 在 3 个月内，以常用疗法治疗的胃溃疡患者中，明显康复的人所占比例是多少?

D. 如果胃溃疡患者不进行治疗，病情恶化的速度有多快？

E. 在胃溃疡新疗法实验的患者中，对康复效果不满意的人所占比例是多少？

## ✡ 第 228 天　交通拥堵

有位道路交通专家向市长建议，每天对路上的私家车征收 10 元人民币道路拥堵费。该专家认为征收道路拥堵费，能够大大缓解本市的交通拥堵，因为此项费用比乘坐公交车的费用要高，大多数人会选择公交车而不开私家车。

下列哪一项为真，就能证明道路交通专家的建议对缓解交通拥堵没有多大作用？（　　）

A. 私家车车主将会因油价上涨而增加开车成本。

B. 私家车车主认为本地区的停车费用已经高于乘坐公交车的费用了。

C. 现在，没有私家车的人大多都会坐公交车。

D. 很多反对该建议的车主宁可忍受交通拥堵，也不想支付道路拥堵费。

E. 工作日期间，私家车流量占全市整个交通流量的 60%。

# 参考答案

第 190 天　A。

第 191 天　王雪能够摘到最后一片。

首先，如果刘华摘了一片，那么，王雪在花瓣的另一边摘两片；如果刘华摘了两片，那么，王雪在另一边摘一片。这时剩下了 10 片花瓣，而且，王雪在第一次摘时要使剩下的 10 片花瓣分成两组，而这两组要由那 3 个花瓣的空缺隔开。接下来，如果刘华摘一片，王雪也摘一片；如果刘华摘两片，王雪也摘两片，但要从另一组中对应的位置摘，这样王雪就一定能够摘到最后一片花瓣。

第 192 天 第一位。

推理过程：西方人结婚后一般把戒指都戴在右手无名指上，订婚才是戴在右手中指上，所以第一位应该是假的。

第 193 天 法官是用试探的方法审定这件案子的。他想，巴里说是在村口的一棵槐树下把钱交给贝克的，如果这是假话，那么贝克就根本不会知道有这么一棵大槐树。于是，他让巴里去拿树叶。当巴里走了半个小时后，法官问贝克："他怎么还不回来？"贝克却回答说："我估计，这时候他还没走到那棵槐树下呢！"这正好证明了贝克知道有这样一棵大槐树，也由此证明了巴里说的是实话，而贝克说的是假话。

第 194 天 李林问的单词中，CARTHORSE 与 ORCHESTRA 所含的字母完全相同，只是字母位置不同而已。王辉心中所想的字母在这两个词中，如果有则全有，如果没有则全没有，可是王辉的回答是一个有一个没有，显然他说了一句假话。

同样的道理，SENATORIAL 与 REALISATON 所含字母也相同，王辉的回答也是一有一无。由此可见，王辉的前 4 个回答中有两句是真话，两句是假话，而王辉一共说了 3 句真话，所以剩下的两个回答中同样有一真一假。

再来看看最后两个词 INDETERMINABLES 与 DISESTABLISHMEN-TARIANISM，后者只比前者多了一个字母 H，其余的字母都是相同或重复的。王辉说他心中所想的字母在两个词中都存在，如果是在前一个词中，那么肯定也会出现在后面一个词中，这样两句话就都是真话了，与题意不符。所以，可以肯定的是王辉的前一个回答是假话，后面一个回答才是真话。也就是说，王辉心中所想的字母存在于后面一个词中，而不存在于前面的词中。所以，王辉心中所想的字母应该是 H。

第 195 天 香蕉代表"立"字，苹果代表"日"字，梨代表"十"字。上面两个水果盘组合成"音"和"暗"，中间的一个水果盘组合成"早"字，下面两个水果盘组合成"章"和"辛"。

第196天 张齐贤断决说："你们兄弟二人都认为对方比自己分的财产多，也就是说，只要能得到对方那份财产也就满意了。所以，为了让你们皆大欢喜，请你们交换全部财产。"

第197天 小张才是潘先生的未婚妻。根据上面的条件可以知道，小钱和小丁的年龄档一定有3个人，那么她们都是在30岁以下，剩下的小李和小张是30多岁。同理，还可以推断出小李和小陈都是做文职工作的，小钱虽然也是教师，但她的年龄不符合，所以潘先生的未婚妻是小张。

第198天 是保姆的话露出了破绽，1000张钞票在一个小皮夹里根本放不下的。很明显表叔在撒谎。

第199天 伊丽莎白一再声称她不认识威尔，但她却知道威尔的全名是路德维希·威尔，很显然，她是认识此人的。

第200天 从前面的数字组中可以归纳出这样一个规律：（ ）里的十位数比前面数字的最后一位大1，个位数比后一个数第一位数大1。所以（ ）内的数应该是38。

第201天 D。

第202天 根据提示，1、2组合是昏，2、3组合是晨，3、4组合是辱，4、5组合是射，2、6组合是明，6、7组合是肥。所以1代表氏，2代表日，3代表辰，4代表寸，5代表身，6代表月，7代表巴。

第203天 C。

第204天 与3块手表所显示的时间相对应的成语分别是一时半刻、七上八下、三长两短。

第205天 马粪。罗伊沿着盗牛贼的足迹搜寻时，在不远处发现了马粪，再结合牧场主的疑惑，断定盗牛贼是骑马，而不是骑牛。

第206天 "不可随处小便"改为"小处不可随便"，顿成警世良言。

第207天 统计一下每个字母出现的次数，按从少到多的顺序排列就能发现那个单词。首先，出现一次的字母是"D"，出现两次的是"I"，出现三次的是"S"，出现四次的是"C"，出现五次的是"O"，出现六次的是"V"，出现七次的"E"，出现八次的是"R"。8个字母按出现次数从少到多排列起来就是"discover"，发现之意。

第 208 天 D。

第 209 天 这 30 个汉字为：旦、亘、旭、兄、旮、早、示、未、全、驷、目、吾、唔、吡、叭、叶、由、甲、申、田、古、芰、百、自、皂、阜、切、分、轨、支。

第 210 天 E。

第 211 天 按题目要求，圆形纸片的涂色方案如下图：

第 212 天 中间填个"十"字，它分别与周围的字组合成：备、协、早、支、枝、真、妯、鸪、华、毕、旱、男、章、辛、固。

第 213 天 （横）弃车保帅；相安无事；拔刀相助；车尘马迹。（竖）车载斗量；兵强马壮；残兵败将；单枪匹马。

第 214 天 从线索 1 中知道，梅特雷不是最近才来的人，另外也告诉我们他也不是保险公司两周前新招聘的员工。第 7 层的新员工是 3 周前来的女孩（线索 6），而汤姆是在 4 周前就职的（线索 3），因此梅特雷肯定是 5 周前来的新员工。信贷公司在第 9 层（线索 4），梅特雷不可能在 3 层和 11 层工作（线索 1）。我们知道女孩在 7 层工作，根据线索 1 和 6 可以推出保险公司两周前新聘用的员工不在 7 层。从线索 1 中知道，梅特雷不可能在第 9 层，也不可能在第 5 层，那么只能在第 3 层。线索 1 告诉我们波克在邮政服务公司工作，而线索 2 排除了梅特雷在假日公司工作的可能性，同时梅特雷所在的楼层说明他也不可能在信贷公司和保险公司上班，那么他肯定在私人侦探所工作。珍妮不可能在第3层的保险公司上班（线索5），汤姆也不可能，而波克和梅特雷的公司我们已经知道，因此在保险公司工作的只能是玛丽。波克的邮政服务公司不在11层（线索1），也不在第3层、第5层和第9层，那么她肯定是在第7层的女孩，是3周前被招聘的。通过排除法，剩下1周前新来的只能是珍妮。从线索1中知道，她在9层的信贷公司上班。最后，剩下汤姆是假日公司的新员工，在大楼的11层工作。

因此得出答案：

波克，邮政服务公司，7层，3周。

汤姆，假日公司，11层，4周。

梅特雷，私人侦探所，5层，5周。

玛丽，保险公司，3层，2周。

珍妮，信贷公司，9层，1周。

第215天 B。

第216天 B。

第217天 最不好做、最令巧妇为难的饭是无米之炊，

最有分量的话是一言九鼎，最有价值的话是金玉良言，

最广阔的视野是一览无余，差距最悬殊的是天壤之别，

个子最高大的人能顶天立地，速度最快的车能风驰电掣，

容量最大的书能包罗万象，最奇异的动物是虎头蛇尾，

最显著、巨大的变化是天翻地覆，最彻底的手术是脱胎换骨。

第218天 因为15双袜子只有两种颜色，所以张丽只需任意拿出3只，就有一双相同颜色的袜子。

第219天 共有105条线段。设两点间都连有线段，一个点就能画出14条线段，15个点就能画出210条线段。但这里面，每条线段都被计算了两次，因为一条线段既是这个端点引出的又是那个端点引出的。所以实有线段为105条。

第220天 A。

第 221 天 因为两匹马同时走的时候，计算时间要以走得慢的马为准。另外，石惑回马市的时候要骑快马才能省时。确定了这两点，方案就产生了：先把黑马和白马牵到师傅家，需要 2 小时；骑黑马回马市，需要 1 小时；把黄马和红马牵到师傅家，需要 5 小时；骑白马回马市，需要 2 小时；最后，把黑马、白马牵到师傅家，需要 2 小时，一共需要 12 小时。

第 222 天 因为只有第二间房是空的，而一间房只够容纳一件家具，所以只能一件一件地移，把钢琴移过来，把床移过去，至少要移 17 次：钢琴——书橱——沙发——钢琴——办公桌——床——钢琴——沙发——书橱——办公桌——沙发——钢琴——床——沙发——办公桌——书橱——钢琴。

第 223 天 B。

第 224 天 真正的母亲是兄嫂，林知县拿孩子死去的父亲做挡箭牌，然后再利用了做母亲的心理，天下哪有做母亲的眼看着自己的孩子掉进水里见死不救的。兄嫂不顾自己的生命安危去救自己的孩子，足以证明她是孩子的亲生母亲。而那红绸裹着的不是孩子，而是一条大鲤鱼。

第 225 天 D。

第 226 天 因为 1、10、100、1000 这四个数字被 9 除都余 1，所以王诚所说的 60 袋子弹，不管怎么搭配，总数也不会正好是 10000 发。因为 60 袋子弹的总数可以这样算：（9 的倍数＋1）＋（9 的倍数＋1）＋……＋（9 的倍数＋1）也就是 9 的倍数＋60，10000 发子弹减去 60 是 9940 发，而 9940 不是 9 的倍数。作为军需官的王诚，连这个简单的数学题都算不清楚，所以说他不是一个合格的军需官。

第 227 天 C。

第 228 天 B。

第七章

## 创新思维训练

### ——突破现实，发挥想象力，让思维去浮移

☆ **第 229 天　经理的建议**

有一家专门生产牙膏的企业，产品质量一流，包装也相当精美，因此受到了广大消费者的喜爱。这家企业的营业额连续十年都保持 10% 到 20% 的增长率。可是到了第 11 年，企业的业绩突然停滞不前，第 12 年、第 13 年也没有什么改观。企业的老总急了，他深知在激烈的市场竞争中不进步就意味着退步，于是赶忙召开了一次高层会议，和公司的管理人员共同商讨走出困境的对策。

在会议上，企业的老总许诺："谁能想出一个好办法让企业走出危机，就一次性给予 10 万元奖金。"这时，有个年轻的经理站了起来，他不慌不忙地对老总说出了自己的建议。老总听了之后大为赞赏，马上签了张 10 万元的支票给这位经理。

企业根据年轻经理的建议对产品进行了改革，事实证明这果然是一个非常好的建议，这家企业当年的营业额比上一年增长了 32%。

你知道那位经理对公司老总提出了什么样的建议吗？

☆ **第 230 天　吝啬鬼**

清朝的时候有个吝啬鬼，他是当地有名的富翁，可是平时却非常小气，恨不得把一文钱掰成两半来花。

有一次，这个吝啬鬼家里的油灯没多少油了，灯芯也短了，眼看就要熄灭。吝啬鬼舍不得给油灯添油，于是想出了一个方法，让这盏油灯又亮了一段时间。

请问，你知道吝啬鬼想到的是什么方法吗？

## ✿ 第 231 天　房子我租了

德莱尼夫妇为了让 5 岁的孩子上幼儿园更方便一些，四处打听有没有好的房子出租。有一天，经朋友介绍他们去看了一处房子，看完之后发现那房子出乎意料地好，价格也很便宜，于是夫妻二人带着孩子一起去找房东洽谈。

房东是个温和的老人，他对德莱尼夫妇非常满意，但因为不喜欢孩子，所以不愿把房子租给他们。房东遗憾地对德莱尼夫妇说道："对不起，我的房子不租给带孩子的住户。"德莱尼夫妇听了之后非常失望，但也知道很难说服对方，只好转身准备离去。哪知道，他们刚刚走出去不到 10 米的距离，那个 5 岁的孩子就开口说话了。他的几句话逗得房东开怀大笑，最后终于同意把房子租给了他们。

请问，你知道这个小孩对房东说了什么话吗？

## ✿ 第 232 天　半瓶酒

客人在酒店用餐之后，常常会在桌子上留下几瓶喝剩下的酒，有些酒所剩不多，有些酒则刚刚启封。这些酒看上去已经毫无用处，但在一家著名的星级酒店里，却被当作宝贝一样收藏了起来。这些喝剩下的酒就摆放在酒店大厅一个金碧辉煌的酒柜里，里面有大瓶的酒，也有小瓶的酒，都是享誉世界的名酒。酒店方面不仅收藏了这些酒，还在每瓶酒的瓶身上挂上了精美的卡片，卡片上面写着剩酒人简单的信息。很多光顾这家酒店的客人对酒店的做法感到不解：不就是一些剩下的酒吗，有什么必要摆在这么显眼的地方呢？

酒店的管理者当然知道客人们对此产生的疑惑，但他们这么做却不是为了好玩，而是有着特别的商业目的。你能猜到酒店管理人员此举真正的用意吗？

## ✿ 第 233 天　小伟的收入来源

雪瑶的男朋友小伟住在偏僻的乡下，他没有从事体力劳动，家里也没有开公司，可是他却非常富有，每个月至少有十几万元的收入。每次小伟接雪瑶到乡下去玩的时候，都会骑上一匹高头大马，那匹马体态优美，四肢修长，一看就知道是血统纯正的好马。

雪瑶一直好奇小伟是怎么赚钱的，她去过小伟的牧场，发现里面除了那匹纯种马外并没有饲养其他的动物，而且牧场的规模也不大。小伟的家雪瑶也去过很多次了，从家中的布置摆设看不出小伟家里到底是做什么的。这个疑问困扰了雪瑶很久，终于有一天她忍不住去问小伟："你家里到底是做什么的？为什么你能挣那么多钱呢？"小伟的回答让雪瑶感到更加困惑："你不是早已经看到了吗？"

请问，小伟的收入来源到底是什么？为什么他对雪瑶说出那番话呢？

## ✿ 第 234 天　神秘的十字架

今早，某旅馆传来噩讯，住在旅馆七楼的一位女游客被人开枪打死了。发现以后，旅馆经理急忙报了案。探长斯隆和助理卡尔迅速赶往现场。死者的屋内一片漆黑，助理卡尔打开电灯，发现露西倒在客厅里。她身上穿着牛仔裤和短袖的毛衣。奇怪的是，她的毛衣却往上拉到胸口，露出了肚脐，毛衣里面什么也没有穿，只戴了一串十字架项链，并且含在嘴里。

探长和助理查看了一下现场，"凶手可能是从对面的旅馆开枪的。"助理卡尔指着客厅里敞开的窗户说道。

正对面有一幢高层楼房的旅馆，大约相距 100 米。

"为什么她嘴里含着十字架，又将毛衣拉到胸部呢？"探长斯隆疑惑地说。

"可能是她正要脱毛衣的时候被枪射中的。"

"咦？这里有弹痕。"正对阳台窗户的墙上，有一个弹痕。

"卡尔，你和她差不多高吧。现在我要量量弹道的角度，请你站在她倒下的地方好吗？"探长抓着卷尺，量了量弹道："如果是这样的角度，应该是从对面的九楼射来的子弹。"

"我这里有两张嫌疑犯的照片，我们应该到对面的旅馆去看看。"探长一边掏出照片，一边向对面的旅馆走去。来到这家旅馆，探长斯隆和助理卡尔拿出警察证件给公寓的前台人员看："照片上的两个人是不是住在九楼？"

"一个住在 909 房间，另一个住在 509 房间。"前台人员说。

在侍者的引领下，探长走进 909 房间，打开窗户，正对面稍稍向下的角度可以清楚地看见露西的客厅。

他又下楼到了 509 房间。他用望远镜从窗子看出去，罗西的客厅同样一览无遗。

"这样看来凶手应该是九楼的人了，就像我们方才测得的，子弹是从上往下射来的。"助理卡尔说。

"可是九楼没有任何射击的痕迹啊，让我想想……等一下，我知道谁是凶手了。"探长斯隆对着助理卡尔说。

那么，你知道凶手是住在 509 房间还是 909 房间的人呢？

## ✡ 第 235 天　平分甘蔗

3 个孩子合伙买了一根粗细不均匀的甘蔗，每个人出的金额都一样。请问，他们如何才能将甘蔗平分成三份呢？

## ✡ 第 236 天　作案时间

劳伦斯警长早上刚刚来上班就接到了一个报警电话，说是某卡拉 OK 俱乐部里发生了一起凶杀案。他不敢怠慢，连早餐都顾不得吃就带着几名警员赶往了那家俱乐部。

俱乐部的前厅就是案发现场，厅内的桌椅都被打翻，地上血迹斑斑，看来这里曾经发生过一场激烈的打斗。俱乐部的老板——一个胖胖的中年人，此刻就倒在血泊之中，看来已死去多时。案发现场并没有发现太多的线索，唯一让劳伦斯警长感兴趣的就是一只被人扔在地上的钟。那是一只老式钟（有摆的报时钟），钟的长短针都已经不见了，看上去应该是凶手做的手脚，目的就是为了迷惑警方，让警方无从得知具体的案发时间。

劳伦斯警长办案经验极为丰富，凶手的这种小把戏也许能瞒过其他的警察，但绝对逃不过他的法眼。他把那只老式钟带回了警局，经过一番研究后发现，虽然钟的长短针都被人拿掉了，但钟的内部结构却完好无损。所以，劳伦斯只需要用一个简单的办法，就能够查出凶犯作案的具体时间。你知道劳伦斯警长有什么好的方法吗？

## ✿ 第 237 天　煤气爆炸之谜

某天晚上，因为停电，警长小南准备睡下。可是正当他准备躺下的时候，突然听到一声巨响，火光四射。警长小南连忙穿上衣服，出去看个究竟。原来是附近邻居的房子爆炸着火。看到这种情况，他不敢怠慢，马上报了警。

很快，警察和消防人员赶到了现场。经过消防人员的抢救后，终于将大火扑灭。

根据现场勘查分析，这很可能是一桩有计划的谋杀放火事情，因为里面住的一位独居老妇人被烧死在寝室里，法医解剖的结果，验明死因是煤气中毒。"这么说，在发生爆炸前，这位老妇人已经中毒死了？"一位警员问警长小南。

警长点头道："对。但奇怪的是即使是自杀，那煤气怎么会爆炸呢？现场并没有点燃烟火的痕迹，只有电话和放器具用的一个木盒子，别无他物，而发生爆炸时，这一带正好停电，也不可能是因为漏电而引发煤气爆炸，引起火灾的。实在令人伤透脑筋。"

警方通过调查，认为最有作案嫌疑的死者的侄儿，也就是她唯一的财产继承者。因为被害者有许多宝石股票都寄存在银行，并且投了寿险，而且指定的受益人也是她侄儿，由此推测很可能是她侄儿为了急于得到这份产业而下毒手。但是，事发当时，这位嫌疑人并不在现场，而且有证据证明他当时在距离这里有 10 公里远的一家宾馆里，而且宾馆服务员也出面作证，当时他确实在旅馆里。

就在警长小南苦思冥想时，被一阵电话铃声唤醒了。警长突然眼前一亮，说道："这不就是凶手杀人的工具吗？"警长找来宾馆的服务生问了一番话，一切都水落石出了。

那么，你知道凶手是用什么来做杀人工具的吗？

## ✿ 第 238 天　自杀的真相

在一所老人公寓里，一位独腿的老人上吊身亡。这一事件引起了邻居们的议论。死亡事件是第二天被发现的。

警察来调查时，对现场所目睹的一切感到非常困惑：吊着的死者脚下没有可以登高的东西，而且尸体距离地面 80 厘米高，周围没有可踩的东西，对于一个独腿残疾的老人这一切是如何做到的呢？由于没有足够的理由表明死者是自杀，便断定这是他杀。

可是，老人死前两个月，投了高额的生命保险。保险公司调查发现，现场的房门是从屋里锁上的，怀疑老人企图把保险金留给独生女而伪装成他杀。保险公司便委托私人侦探汤普森调查此案。

汤普森随同警察第二次来到现场，发现死尸下面有一只空纸箱子。脑海中立马跳出"老人就是踩着这只纸箱上吊"的想法。"不会吧，一只空纸箱，一踩不就破了吗？还怎么能站住脚呢？"侦探心里又想。

"如果有冰块融化，箱子和地面上应该是湿的，可是现场没有水的痕迹。虽然屋内通风扇一直在转，但是老人死后这一天中，屋内一点儿也不干燥。"这时，一个警察说道。

顿时，侦探汤普森眼前一亮，"老人是自杀，秘密就是……"

你知道老人是如何上吊自杀的吗？

## ✿ 第 239 天　法官的假设

某法院正审理一桩谋杀案。3 名嫌疑人 A、B、C 被押上法庭。审理这件案子的法官是这样想的：肯提供真实情况的嫌疑人不可能是杀人犯，相反，真正的杀人犯为了掩盖自己的罪行，是一定会编造口供的。因此，他得出了这样的结论：说真话的肯定不是杀人犯，说假话的肯定就是杀人犯。审理的结果也证明了法官的这个想法是正确的。

法官先问 A："你是如何刺杀死者的？"

A 回答了法官的问题："叽哩咕噜，叽哩咕噜……"讲的是某地的方言，法官根本听不懂他讲的是什么意思。

法官又问 B 和 C："刚才 A 是怎样回答我的提问的？叽哩咕噜，叽哩咕噜，是什么意思？"

B 说："禀告法官大人，A 的意思是说，他不是杀人犯。"

C 说："禀告法官大人，A 刚才已经招供了，他承认自己就是杀人犯。"

B 和 C 说的话法官是能听懂的。听了 B 和 C 的话之后，这位法官马上断定：A、B 无罪，C 是杀人犯。

请问：这位聪明的法官为什么能根据 B 和 C 的回答，作出这样的判断？

## ✿ 第 240 天　借刀杀人

古时候，一个身在异地他乡的山东书吏，带着两个仆人回家探亲。

路上遇见一个少妇，书吏觉得路途寂寞，便找妇人搭话，得知妇人是同乡，此去娘家探亲。又是几回寒暄，不知不觉中便成了熟人。

天色渐晚，妇人正急着找不到投宿的地方。正巧书吏在此有一佃户，妇人也就跟着书吏到了他的佃户家。半夜，两个仆人一起密谋要偷书吏的钱财包裹，就对佃户说："我们先回去了！"佃户信了，后来听到书吏房里有很大的声音，急忙起来点起蜡烛去看，书吏和少妇都被强盗所杀。血泊之中，佃户找到了他们家的割草刀。

几天以后，妇人的家人到娘家找她，找不到，就报了官。在官府面前，佃户不得不如实反映情况。众人都怀疑是两个仆人杀了人。

县官到现场勘查的时候，忽然听到隔壁有人说："我恨那天夜里没有杀死你！"县官看了看凶器，叫人把隔壁的人抓过来。没想到说话的人却是佃户的女儿和与她私通的邻居的儿子。

他们一男一女跪在县官面前，县官指着那个男子说："你如实招认吧！"男子吓得面如土色，只得招认。

请问：县官凭什么说他就是罪犯呢？

## ✿ 第 241 天　糟糕的家庭

自称"伯爵"的奥古斯汀原本是一个古老世家的继承人。然而，他却是有名的赌徒，在把本就不多的家产挥霍光后，他又不愿过贫穷的日子，于是四处借钱，但又无力偿还，因此还有过几次牢狱之灾。

奥古斯汀的妻子蒙梅尔也曾因诈骗被判过五年徒刑。她的最后一个诈骗对象就是"尊贵的伯爵"奥古斯汀，并如愿以偿地成为了"伯爵夫人"。

奥古斯汀前妻所生的大女儿玛丽，她 17 岁开始吸毒。为了得到毒品，她什么事都干。二女儿伊莲在她 18 岁时，便对其他家庭成员恨之入骨。她不读书，也不就业，只希望这个家庭毁灭。

最后一个家庭成员就是蒙梅尔所生的孩子吉尔，虽然只有 16 岁，可是，在他家周围，他就是一个十足的小霸王，坏事做尽。

几天前，奥古斯汀的堂弟为了谈一笔生意，特意从美国飞回英国，并住在了奥古斯汀的家里。然而他万万没想到的是，他随身携带的 3 万美元居然在堂兄家里被盗了。

起初，他以为是外贼作案，但警方有充分证据证明这是奥古斯汀家中的某个人干的。于是，这一家五口都被带到警局，配合调查。在对质的时候，5 个人互相指控，互相谩骂。

奥古斯汀说："我们 5 个人当中，只有一个是说谎者，就是蒙梅尔。"

妻子蒙梅尔则说："我们 5 个人当中，说谎的有 2 个。"

大女儿玛丽说："不，我们 5 个人中间有 3 个说谎的。"

二女儿伊莲却说："除了我以外，其他4个人全都说谎。"

小霸王吉尔扯着嗓门嚷道："我们家里没有一个人不说谎！"

结案后的事实证明，这5个人中说真话的只有一个。

请问，这个说真话的人是谁？

## ✿ 第242天　小船过桥洞

一艘运送货物的小船正在河道之中匀速航行着，途经一座小桥时，由于船上的一件货物码放得太高，而桥洞又太低，小船眼看就要卡在那里。桥上的行人看到小船无法过桥洞，纷纷出声警示船夫，让他把船停下来想想办法。已知货物只高于桥洞几厘米，在不移动船上货物的前提下，有什么方法能让小船顺利通过桥洞呢？

## ✿ 第243天　打败冠军

甲、乙、丙3个人是从小玩到大的好朋友，他们中有两个人都非常有名——甲是全国羽毛球冠军，乙是全国围棋冠军，只有丙是一个外贸公司的小职员。

3个人都有各自的事业，一年到头也难得见上几次面。这天，3个好朋友好不容易抽出时间聚在了一起，他们先是去饭店吃了顿大餐，接着又去俱乐部玩了一个下午。到了晚饭的时间，那个小职员对他身边的人说："今天我可以说是最成功的人了，我们3个人在一起打羽毛球、下围棋，结果我不但战胜了羽毛球冠军，还战胜了围棋冠军。"

所有人都不相信他说的话，认为他是在吹牛骗人。没想到他的两位冠军朋友却说："他说的没错，我们确实输给他了，而且已经尽了最大的努力。"

周围的人都感觉有些不可思议，这个人真的有这么厉害吗，竟然能接连战胜两位冠军？

你知道这是怎么一回事吗？

## ✡ 第244天　聪明的大律师约翰斯

大律师约翰斯为一家保险公司辩护。

案情是这样的：原告投保了这家保险公司的人身保险。他的肩膀被掉下来的广告牌砸伤了，而且伤得很重，现在手臂都抬不起来，于是他向保险公司提出了巨额索赔。保险公司人员凭借多年的从业经验，怀疑原告诈保，于是拒绝巨额赔偿，双方因此闹上法庭。保险公司请来了约翰斯做辩护律师。

开庭以后，约翰斯仔细分析了案情，又从多方面对原告进行了观察，很快就看出了原告所受的伤势有限，并没有他说的那么严重。约翰斯以关心的口吻对原告说："为了证明你伤势的严重性，请你给陪审员们看看你的手臂现在能举多高。"

原告慢慢将手臂举到齐肩高时就痛苦不堪，不能再举了。

接着大律师约翰斯又问了一个问题让原告的伪装不攻自破。

你知道，约翰斯说了句什么话吗？

## ✿ 第245天　杀人手段

卢比奥是美国明尼阿波利斯市政府负责人。一次，他去一家大型炼钢厂视察工作时，突然走进了冷却池中，溺水而死。

根据目击者描述，他走入冷却池中时步态十分自然，不像是因意外而溺水的样子。而且在事故发生前的几分钟工厂的通风设施和风扇停了一会儿。

有一工人声称：他发现卢比奥被淹死的地方似乎有光闪了一下。经过搜查发现卢比奥身上只有一部手机（有个未接电话）、一份写了一小半的工作笔记和一支钢笔。

请根据以上线索帮助警察推测出凶手谋害卢比奥的手段。

提示：（1）冷却池的水很浑浊，透明度极低；（2）不是所有的信息都有价值。

## ✿ 第 246 天　龙女的宝箱

龙女将 4 个装满珠宝的箱子放在了浦岛太郎面前，这 4 个箱子里分别装的是乙姬的簪子、龟形饰物、镯子和金首饰。只有装金首饰箱子上面所记述的文字是假的。

A 箱子上面的文字：B 箱里放的是乙姬的簪子。

B 箱子上面的文字：里面没有龟形饰物。

C 箱子上面的文字：D 箱里放的是镯子。

D 箱子上面的文字：×××（龙宫文字，太郎看不懂）。

请问，4 个箱子里分别放的是什么？

## ✿ 第 247 天　说谎岛

从前，在一个"说谎岛"上，住着两种居民：人和吸血鬼。有一年，这里发生了一场大瘟疫，有一半的人和吸血鬼都因得了癫狂病而变得精神错乱了。这样一来，这里的居民就分成了四类：神志清醒的人、精神错乱的人、神志清醒的吸血鬼、精神错乱的吸血鬼。从外表上是无法将他们区分开的。他们的不同之处在于：凡是神志清醒的人总是说真话的，但是，一旦精神错乱了，他也就只会说假话了。吸血鬼同人恰好相反，凡是神志清醒的吸血鬼都是说假话的，但是，他们一旦精神错乱，反倒说起真话来了。这四类居民，讲话都很干脆，他们对任何问题的回答，只用两个词："是"或"不是"。

有一天，有位"逻辑博士"来到这个岛上。他遇见了一个居民 M，"逻辑博士"很想知道 M 是居于四类居民中的哪一类。于是，他就向 M 提出一个问题。他根据 M 的回答，立刻就推定 M 是人还是吸血鬼。后来，他又提出了一个问题，又推定 M 是神志清醒的，还是精神错乱的。

请运用你所学的知识，推理一下"逻辑博士"先后提的是哪两个问题呢？

## ✡ 第 248 天　智慧接力游戏

某市举办了一次选美比赛，目的是选出美貌与智慧俱佳的女性。很多年轻靓丽的姑娘都报名参加了这次比赛，经过数轮角逐，最后有 4 个人进入了决赛。

最后一轮比赛是智力竞赛，这时主持人发话了："接下来我们请 4 位佳丽来为我们串讲一个故事，我们给出的故事引子是'今晚的月光很好'。"

1 号佳丽先接过了话筒，她信口说出："演出结束后，我独自一人回家，突然身后传来了一声枪响。"

2 号佳丽接道："我回头一看，原来是警察在追赶一个逃跑的持枪歹徒。"

3 号佳丽接道："经过一番激烈的搏斗，最后警察制伏了歹徒。"

故事讲到这里，按说已经是结局了，大家都担心 4 号佳丽没法将故事讲下去。可是，4 号佳丽却没有一丝紧张的情绪，她拿到话筒之后轻松地讲出了一番话，为故事安排了一个精彩的结局。凭借智力比赛阶段的出色表现，本来不被看好的 4 号佳丽聚拢了高人气，最后成功地获得了本次大赛的冠军。

你能猜到 4 号佳丽讲出了什么样的结局吗？

## ✡ 第 249 天　神童莫扎特

大音乐家莫扎特小时候是个神童，他在很小的时候就学会了谱曲和弹琴。有一次，莫扎特写好了一首曲子给老师看，老师看了后觉得很好，但在演奏的时候发现有一个地方无法演奏。他找来了莫扎特，指着那个地方对莫扎特说："当我演奏到这里的时候，双手分别弹到了钢琴的两边，但是这里有一个音符是在钢琴中间的。人只有两只手，中间这个音符怎么可以弹奏呢？所以你要把这里修改一下。"莫扎特笑着对老师说："这里不用修改，我有方法弹奏这个音符。"你知道莫扎特是怎么做到的吗？

## ✡ 第250天　急中生智

一日，探长琼斯乘车去乡下度假。列车在一望无际的原野上疾驶。车厢里，琼斯探长正拿着一本小说打发着寂寞的旅途。突然，一个金发碧眼的女人从他座位旁走过，撞了他一下。他手中的小说随即掉在了地上。见他小说掉在了地上，那女人忙俯下身，将小说拾起，递给琼斯说："对不起，先生。"按理说，琼斯本应回应一句，然而他却怔住了，这个女人似曾相识，一定在哪里见过，可是又想不起。就在他犹豫的一瞬间，那女人冲他打了个飞吻，转身朝前面的车厢走去。

在哪里见过她呢？琼斯苦苦思索着，以往接触过的女人一个一个地在他头脑中闪过。突然，他想起了什么："难道是她？"

琼斯装着若无其事的样子离开座席，朝着那女人走向的车厢走去。我要去找那个女人。可是他失望了，他走完了前面所有的车厢，那女人就好像人间蒸发了一样，看不到一丝踪影。失望之余，他便走回了自己的座位。但当他走到自己乘坐的那节车厢的头上，刚推开厕所门进去，门就被关上了。琼斯定神一看，暗吃一惊，正要找的那位女人就在自己的面前。

"喜欢我？"金发女人笑着对琼斯说。

琼斯耸耸肩，摇摇头。

"不喜欢？可是不管你是否喜欢我。总得拿钱来，不然我就出去喊人，说你非礼我！"金发女人一手握着门扶手，一手拽住琼斯的衣领，碧眼紧盯着琼斯那毫无表情的面孔。

琼斯并没有在意金发女人对自己的威胁，只是在快速地思考着，怎样才能抓住这个女诈骗犯呢？说我没钱，她会要我手腕上的金表；掏枪抓捕她，她会说我威逼无辜，会惊动车厢内的乘客，况且自己又没有证据……

"你是个哑巴？快说，到底给不给钱？"金发女人眼里露出凶狠而贪婪的目光。

正苦苦没有办法的时候，突然，琼斯探长灵机一动，想出了个妙计。很快，那个女诈骗犯乖乖地跟着琼斯走出了厕所。琼斯为她戴上了手铐。当天，在警察局里，女诈骗犯供认了她曾多次诈骗的犯罪事实。

你知道琼斯探长用的是什么妙计擒获那个金发女诈骗犯的吗？

## ✡ 第 251 天　计算啤酒瓶的容积

有这样一则故事：一位著名的教授在学校里找了个品学兼优的学生当自己的助手。因为这个学生是学校里的佼佼者，所以教授经常交给他一些重要的工作。有一次，教授让这个学生测量一个灯泡的容积。学生拿到灯泡后，先是用尺子量了半天，又在纸上写了一大堆繁杂的公式，可是他忙活了半个多小时，也没算出什么结果来。教授急等着用这个数据，于是将灯泡要了过来。他先是将灯泡中注满了水，然后又将水倒入量筒，量出了水的体积，轻轻松松就得知了灯泡的容积。

现在如果你的手中只有一把直尺和一个啤酒瓶，这个啤酒瓶的下部 $\frac{2}{3}$ 是规则的圆柱体，只有上部 $\frac{1}{3}$ 是不规则的圆锥体，以上面的案例来做参考，你能计算出这个啤酒瓶的容积吗？

## ✡ 第 252 天　3 万美元的由来

昨晚，位于市中心的一家服装店被盗，放在收银台中的 3 万美元不翼而飞。

事情是这样的，服装店老板刚才在店里帮助一位女顾客，离开柜台不到 5 分钟，回来时发现收银台里的 3 万美元不见了，于是大叫了起来。

正在巡逻的警察甲听到叫声后，立刻赶来。当他刚走到这条街转弯处的一个邮筒附近时发现一个男子的身影，觉得十分可疑，"喂，等一下！"巡警叫道。还没等这名男子狡辩，就被带到了警察局，紧接着警察便对他全身做搜身检查，但是什么都没有搜到。由于证据不足，警察也只好当场释放了他。

通过进一步调查，警方确定犯罪嫌疑人就是这名男子，因为很多人看见这名男子在那段时间里，走进了服装店，不大一会儿就出去了。让所有警察想不明白的是，他到底把钱放在什么地方呢？警方派人一直跟踪他。几天后，他在家数钱时，警察一把铐住了他。

这名男子没有同伙，当时钱也没带走，可是几天后钱却到家了。

那么你知道这名男子是如何得到那3万美元的吗？

## ✡ 第253天　致命的毒素

大富豪唐纳德死后，只留下他的妻子贝丝和女儿安吉拉，贝丝是安吉拉的继母。因为安吉拉的母亲是贝丝逼死的，安吉拉对继母毫无感情可言，加之父亲将全部遗产都留给后妻贝丝，心中暗暗诅咒继母早日死去，以分得一部分财产。但是，贝丝由主治医生细心看护，身体健康无恙，安吉拉虽然着急，却毫无办法。

一天，贝丝终于卧床不起。病因是食物中毒——饮水中被人下毒。幸亏主治医生及时发现，才免于一死。

贝丝恢复以后，警告安吉拉："我知道你盼我早死。这次，我念在你是你父亲女儿的份上，就放你一马。为了我的生命安全，我可以立即把你赶出家门，遵照你父亲的遗言，继承财产，但我觉得这样做不妥。因此，我为了安心生活，健康长寿，从今天起，会采取预防措施，让你不能得逞。"

从此以后，贝丝的预防措施果然万无一失，让安吉拉不能靠近半步。从那天起，就改建二楼的卧室，窗户安上铁栏栅，门锁也换了新的。一日三餐不用厨房做，自己从市场买回罐头，在卧室里烹调，餐具不许别人碰一下，饮水只喝瓶装的。每周由主治医生定期检查身体。主治医生只能用听诊器和体温计。用药、打针，贝丝都不接受。

尽管采取了这些严密的预防措施，半年后，她再次中毒，一命呜呼。死因是，每次主治医生定期检查身体的时候，就会有微量无色无味的毒素进入体内，体内积蓄的毒素达到了致死量。

参加调查此案的杰克探长想了想，然后一语道破了谁是犯人和作案手段。

探长指出犯人就是主治医生，他受安吉拉小姐诱惑，成了犯罪同伙。那么，不接受服药和注射的贝丝，毒素是如何进入她体内的呢？

## ✿ 254 天　牧羊犬

吴建豪非常喜欢养狗，前不久他花了大价钱买了一只德国牧羊犬。为了把这只狗训练成一流的名犬，吴建豪特意请来了一位德国驯犬师，委托他训练这只牧羊犬。一年的时间过去了，德国驯犬师把牧羊犬交还给了吴建豪，并向他保证这只牧羊犬已经能够做主人指示的任何动作。然而，吴建豪领回牧羊犬后发现自己好像被骗了，他试着让牧羊犬做几个简单的动作都没有成功，更别提什么高难度的动作了。

为什么这只德国牧羊犬经过训练后还是什么都不会呢？是德国驯犬师欺骗了吴建豪，还是另有别的什么原因呢？

## ✿ 255 天　聪明的逃犯

某夜，侦探韦恩走进了一间酒吧。他用目光打量着四周。忽然，他被邻座的一个漂亮女子所吸引。这个女子大约二十六七岁，打扮入时，化了很浓的妆，嘴唇红如血，眉毛黑如漆，指甲上还涂了透明的指甲油。

侦探韦恩不时地注视着她，突然他想起了什么，很快，他将记忆中所能记住的女人面孔在脑海中过了一遍。"哎呀，这个女人不正是一直以来追捕的逃犯吗！"正在此时，那个女子突然起身离开酒吧。

韦恩忙起身追出去，但人海茫茫，哪里找得到那女郎的踪影。

韦恩马上向警方报了案。警察们赶到现场，立即进行调查。他们检验那女人用过的酒杯，遗憾的是，左查右查，酒杯上面竟然没有留下任何指纹。韦恩很清楚地记着，那个女人喝酒时并没有戴手套。这下，警察更如跌入云雾之中："那到底是怎么回事呢？"

你也帮警方推理一下，那个女人用过的酒杯上为什么没有她的指纹呢？

## ✿ 第 256 天　逃跑路线

几个蒙面大盗抢劫了银行，作案之后准备逃离现场。他们要想突破警察的包围圈，必须连续通过 3 座桥。每座桥的对面不远有岔道，可以往前往左往右走。警察在案件发生后迅速抓捕了他们的一名同伙，并从这个人口中得知了罪犯逃跑的方向："过了第一座桥之后向右走，过了第二座桥之后不向右走，过了第三座桥之后不向左走。"

如果以上 3 个口供中有 2 个是假的，而且罪犯通过 3 座桥的方向各不相同，你能猜到罪犯逃跑的路线吗？

## ✿ 第 257 天　电话线路

政府为加强 A、B、C、D、E、F6 个小镇的信息交流，现已着手在安装电话，但由于 6 个小镇地处僻远，加之交通不方便，运输材料困难，所以进展比较缓慢。

现 6 个小镇的情况是：

（1）A 镇同其他 5 个小镇之间都有电话线路；

（2）B、C 两镇只与其他 4 个小镇有电话线路；

（3）D、E、F3 个小镇则只同其他 3 个小镇有电话线路；

（4）现在，D 小镇可以打电话到 F 小镇。

如果有完备的电话交换系统，上述不完善之处是不难克服的。因为，如果在 A 镇装个电话交换系统，A、B、C、D、E、F6 个小镇都可以互相通话。但是，电话交换系统要等半年之后才能建成。在此之前，两个小镇之间必须装上直通线路才能互相通话。

请问：E 镇可以打电话给哪三个小镇呢？

## ✿ 第 258 天　离奇的杀人事件

有 A、B、C、D、E、F、G 七人，A 是报社记者，B 是一名侦探，C 是一位漂亮的小学教师，D是一个富翁，E是另一个富翁的儿子，F、G是一对兄弟，都是无业游民。一天，他们七人各收到一封信，一个神秘人物邀请他们去一个岛做客，于是七人就去了。

他们在游艇上闲聊，A问："你们知道是谁叫我们去的吗？"众人都摇摇头，A又问："大家的经费都是他出的吗？"D一边抬起右手看了看劳力士表，一边说："就算不用他出，我也一样可以来。"大家都没讲话，E开着游艇不一会儿就到了岛上，七人按照房间的顺序住了进去。

第二天一早，当大家要吃早饭的时候发现F不在，于是A和B一起去了F的房间，发现房门紧锁，于是把大家都找了来，几个人一起撞开了房门，发现F已经死了，是用刀刺进咽喉致死，尸体已经冰凉，血液也已经凝固。六人面面相觑，E不停地打着哆嗦，看着尸体，眼中满是恐惧，C捂住心脏，赶紧吞服了几颗速效救心丸。B把尸体盖上，带着大家回到了饭桌边。

C定了定神，强笑着去厨房拿了早餐给大家，是一盘蛋糕和煮好的咖啡，大家自选了蛋糕和咖啡，有一口没一口地吃了起来，突然，喝了几口咖啡的D捂住胃，不久口吐白沫死了。E恐惧地大喊："C，你这个杀人犯！"B看了看D，对他说："东西都是大家自选的，杀人的根本不是C。"

突然，房间里响起了一个声音"哈哈，感觉到死亡的恐惧了吗？我要让你们一个一个痛苦地死去，哈哈……"B环顾四周，终于从一个柜子后面找到了一盘录音带，那人的声音做了处理，听不出到底是谁。

E像发了疯一样跑了出去，从一个木屋子里拿走了唯一的一部卫星电话和救生衣，开着游艇走了，A向他大喊："燃料不够！"但是他像没听见一样，还是走了，A、B、C、G于是绝望地回到了屋子里，在他们迈进房门的前一秒，E开走的游艇在海面爆炸了，E死了。

四人回到了房子里，呆坐了一整天。

晚上，四人还是坐在餐桌边，C对A、B、G说："谁可以陪我去一下卫生间？我害怕。"于是B陪C去了卫生间，突然，卫生间里发出了一声尖叫，A、G一对视，立马赶了过去，只见B已经撞开了门，而C捂着胸口已经死去，尸体还有着热度，才死亡不久，B看着C的尸体，检查了墙上的镜子，

C 像是看见了什么恐怖的东西才吓死了，B 想了想，回到了房间，把门关上了。A、G 相视而坐，没说话，一直到天亮。

第二天一早，当 A、G 去找 B 时，发现他已经死了，他趴在床上，面朝下，穿着平时的衣服，左手奇怪地按着床板，A 查看了尸体，在床板下方发现了一个密道，A 又查看了卫生间的镜子和 F 房间的床板，都发现了密道。A 思考了一会儿说："我知道是谁了……"

你知道凶手是谁？又用了怎样的方法将他们一一杀害了么？

## ✿ 第 259 天  测量体重

小斌和小贺是亲兄弟，小斌是哥哥，小贺是弟弟。有一天，小斌放学回家，对弟弟说："今天我在学校测了体重，正好有 50 公斤。"小贺听了之后也想测自己的体重，于是翻箱倒柜从家中找出了体重计。可是妈妈却对他说："那个体重计是坏的，指针所指的不是正确的体重。"聪明的小贺立刻回答："哥哥的体重已经知道了，用这个体重计让哥哥测一次，把两个体重的差再加上我自己量的数字就是我的正确体重。"妈妈又说这个也行不通，因为不同体重所产生的误差并不一样。可是，最后小贺还是用这个体重计测出了自己的正确体重，这是怎么一回事呢？当然，小贺并没有使用其他的计量工具。

## ✿ 第 260 天  部落间的通婚

从前有两不同部落的人，一个普卡部落人（总讲真话的）同一个沃汰沃巴部落人（从不讲真话的）结婚。婚后，他们生了一个儿子。这个孩子长大后具有的性格是（真话、假话或假话、真话交替着讲）。

这桩婚姻是那么美满，以致夫妻双方在共同生活中都受到了对方性格的影响。多年以后普卡部落的人已习惯于每讲 3 句真话就要讲 1 句假话，而沃汰沃巴部落的人，则已习惯于每讲 3 句假话就要讲 1 句真话。

这一对家长同他们的儿子每人都有个部落号，号码各不相同。他们的名字分别叫塞西尔、伊夫琳、西德尼（这些名字在这个岛上男女通用）。

3 个人各说了 4 句话，但这是不记名的谈话，还有待我们来推断各组话是由谁讲的（我们想，前普卡当然是讲 1 句假话、3 句真话，而前沃汰沃巴则是讲 1 句真话、3 句假话）。

他们讲的话如下：

A：（1）塞西尔的号码是三人中最大的；（2）我过去是个普卡；（3）B是我的妻子；（4）我的号码比 B 的大 22。

B：（1）A 是我的儿子；（2）我的名字是塞西尔；（3）C 的号码是 54 或 78 或 81；（4）C 过去是个沃汰沃巴。

C：（1）伊夫琳的号码比西德尼的大 10；（2）A 是我的父亲；（3）A 的号码是 66 或 68 或 103；（4）B 过去是个普卡。

找出 A、B、C3 个人中谁是父亲、谁是母亲、谁是儿子，他们各自的名字以及他们的部落号。

## ✡ 第 261 天　调挂钟

远离市区的郊外有一座城堡，有一天这座城堡里的挂钟停了。城堡的主人为了获得准确的时间，只好出去找人询问。可是离城堡最近的人家也有 1000 多米，就算去问了时间，回来后也不能保证调的时间是准确的。城堡的主人冥思苦想之后，终于想到了一个绝妙的方法，让调整过后挂钟的时间和正确的时间没有多大的出入。请问，你知道城堡主人最后想到了什么好方法吗？

## ✡ 第 262 天　轮胎仓库谋杀案

大幕徐徐拉开，一束灯光罩住身披斗篷的卡彭，他优雅地笑笑，从容指挥训练有素的小狗，一会儿钻圈，一会儿过桥，一会儿做算术，精彩的节目逗得观众前合后仰。

"有什么能耐，把我的饭碗抢了。"鲍伯恨恨地咬着牙。他本是马戏团职业驯狗师，后来老板看中卡彭技高一筹，便辞退了鲍伯。"哼！我要治治他！"鲍伯愤愤地想。

散场后，卡彭兴冲冲地赶回家去，鲍伯悄悄跟着，一直尾随到僻静的仓库边，鲍伯突然从后面猛地勒住卡彭的脖子。卡彭还没反应过来，胸脯上已重重地挨了一刀。鲍伯紧张地四下张望，见四周没人，便手忙脚乱地将卡彭拖进了环球轮胎公司仓库，匆匆地将他塞到一大摞汽车轮胎中间。

"是丹顿吗？请你马上到汽车轮胎公司仓库来，有人请你洗衣服。"鲍伯捏着鼻子，给丹顿打了电话。

丹顿赶到仓库，当他摸到汽车轮胎中间时，大批警察仿佛从天而降，突然出现在他的眼前。

鲍伯向大侦探哈莱金报告发现凶杀现场的经过："我听到有人惨叫，就停住脚从仓库的窗户往里看，只见丹顿正将一个人拖向一大堆约有 10 至 12 英尺高的白边汽车轮胎，于是，我给你们打了电话。"

"你没进仓库吗？"

"没有，我只不过出来遛达遛达。怎么？你们不相信我？"鲍伯叫道。

哈莱金对警察说："带丹顿上来。"

丹顿承认去了那个仓库。"但是，"他说，"我是接到一个电话后才去的。我不认识卡彭，我根本没杀他。"哈莱金来回踱着步，约莫两支烟工夫，他用严厉的目光盯住鲍伯："你说你没进仓库？"

"是的。"

"那你怎么知道汽车轮胎是白边的？"

"噢。"鲍伯得意地笑笑，"我在窗户里看到的啊！"

哈莱金一转身，看着鲍伯，大叫了一声，"你胡说……"

鲍伯目瞪口呆，哑口无言。

这是为什么呢？

## ☆ 第263天　爱吹牛的大牛

大牛特别喜欢吹牛，而且越吹越离谱。有一次，大牛和朋友一起吃饭时，对几个朋友说："我刚刚发明了一种液体，它可以溶解任何东西，我相信这是世界上最好的溶剂，我要去为它申请专利。"几个朋友听了之后知道他又开始吹牛了，但一时又找不到什么理由反驳。正当大牛扬扬得意之时，旁桌吃饭的一个人忽然对他说了一句话，大牛听了之后立刻傻眼了，他的谎言也不攻自破。你知道那个人说了什么吗？

## 第264天　老孙的妙法

隔壁的人家在盖房子，本来这不关老孙什么事，可这天下班回家时他发现那家人竟然在建筑工地外竖起了一块厚厚的木板。那块木板放在外面既不美观，也给居民出行带来了相当大的不便。老孙看到后非常生气，找来一张纸写上"违法建筑"四个大字，并把这张纸贴在了木板上。

第二天，老孙从那里经过时，发现自己贴的纸已经被人揭了下来。老孙不甘心，回家之后又想出一个绝妙的办法。这次不管对方使出什么样的方法，都不能让字从木板上消失，你知道老孙用的是什么方法吗？

## 第265天　告官

有个姓陈的穷人家中有一片果园，往年这片果园收成并不好，但这一年恰好风调雨顺，果树长得枝繁叶茂，结出了很多果实。姓陈的穷人本打算将果园卖个好价钱，然后趁机会脱贫致富，没想到的是，这片果园却被一个财主盯上了。财主跑到县太爷那里告了陈姓穷人一状，说那片地是穷人抢夺自己的，同时他私下里还贿赂了县太爷。

陈姓穷人知道县太爷是个贪官，如果真要打官司自己肯定吃亏，所以心里非常着急。然而就在官差盘问他姓名时，陈姓穷人忽然灵机一动，想到了一个好办法。

官差通报案情后，县太爷开始审案。县太爷先是喊了财主的姓名，又接着喊："传陈旧上堂。"县太爷这一喊不要紧，一旁的财主面色大变，竟然吓得偷偷溜走了。县太爷虽然收了贿赂，但既然财主不辞而别，也就顺水推舟将果园断给了姓陈的穷人。

请问，你知道财主为什么会被吓跑吗？

### ✡ 第 266 天　逃离密室

有个人被关在一所封闭性很好的房子里。房子没有窗户，只有一扇门，门并没有上锁，可是这个人无论怎么拉门都出不去。从屋顶出去，很显然这是不可能的。你知道这个人最后是怎么逃离这个房间的吗？

# 参考答案

第 229 天　那位经理提出了这样的建议："将牙膏管开口径扩大 1 毫米，这样一来，虽然每天消费者挤出的还是同样长度的牙膏，但由于口径扩大了，使用的牙膏也会增多，由此牙膏的消费量也会随之上升。"

第 230 天　吝啬鬼往灯盏里面加水，油浮于水面而够着灯芯，那么油灯就会继续亮一段时间了。

第 231 天　5 岁的孩子对房东说："老爷爷，这个房子我租了。我没有带孩子，只带了两个大人。"

第 232 天　酒店管理人员和我们的想法恰恰相反。因为这是一家著名的星级酒店，陈列在酒柜里面的又都是世界名酒，所以酒店此举不仅能凸显客人尊贵的身份，满足他们的虚荣心，吸引他们常来做入住，同时也可以极大地提升酒店的形象。

第 233 天　小伟骑的马是地道的纯种马，他做的工作就是为马配种。

第 234 天　凶手是住在 509 房间的人。

推理过程：他是用枪朝向上射杀七楼的露西的，也就是说，子弹是从下往上发射的。因为凶手作案时，被害人正在做健美操，身体倒立。因此，胸部在下，子弹就由下向上射中胸部。毛衣褪到胸部，露出肚脐，嘴含十字架项链。这些都是她倒立的证明。

第 235 天　把这根甘蔗榨成汁，这样就可以把甘蔗汁平分为三份了。

第 236 天　劳伦斯警长对着自己的手表，开始让卡拉 OK 俱乐部里的那只钟恢复摆动。然后，他静坐在一旁耐心等待，目不转睛地盯着自己的手表。当他听到那只钟敲了响时，就可以根据这一过程所用的时间判断出钟停在几点几分上，而这正是凶手作案的时间。劳伦斯警长利用"时间差保持恒定"的原理，查明了凶手作案的时间。

第 237 天 电话。

理由：爆炸的导火线是电话的铃声。电话用电和居民普通用电是由不同的电路供给的，就算是居民区停电，电话还是照常工作。电话响起，就会有电流通过，产生的火花与室内的煤气接触而发生爆炸。嫌疑人先将屋内的煤气阀门打开，然后在一段时间后再给死者打电话。警长找来服务生是想证实死者的侄子在这段时间有没有打电话的记录，果然证实了警长的猜想，死者的侄子给家里面打过电话。

第 238 天 老人确实是踩着那个纸箱上吊自杀的。自杀前，他将纸箱中装入一大块干冰。干冰是固体的，很硬，人踩上去也经得住。由于干冰具有气化的性质，所以发现老人吊死，现场没有异样的痕迹。自然也不会把纸箱弄湿。气化后产生的二氧化碳，通过风扇排到室外。因此，现场没有留下任何线索。

第 239 天 A 虽然说的是让法官听不懂的方言，但是不管 A 是不是杀人犯，他都会说自己"不是杀人犯"。如果 A 是杀人犯，那么 A 是说假话的，这样他必然说自己"不是杀人犯"；如果 A 不是杀人犯，那么 A 是说真话的，这样他也必然说自己"不是杀人犯"。在这种情况下，B 如实地转述了 A 的话，所以 B 是说真话的，因而他不是杀人犯。C 有意地错述了 A 的话，所以 C 是说假话的，因而 C 是杀人犯。

第 240 天 首先是县官听到的那句话引起了他的怀疑；其次，凶器是佃户家的。凶手必然是经常来佃户家，杀人时一念兴起，拿起了凶器。如果是仆人所杀，则一定要预先谋划，自己准备凶器。邻居家的儿子晚上去找佃户家的女儿，见到书吏和少妇，以为是心上人另有新欢，于是妒火中烧，找凶器杀了人。

第 241 天 说真话的是二女儿伊莲。

推理过程：首先，假如奥古斯汀说的是真话，那么，说假话的就只有妻子蒙梅尔一人，其他三人说的都是真话，这与结案后的事实是矛盾的；其次，若蒙梅尔说的是真话，就是说有 3 个人说真话，这也与事实不符；再次，假如大女儿玛丽说的是真话，就是说有 3 个人说谎话，那么说真话的就有两个人，这也与事实不符；第四，儿子吉尔说："我们家里没有一个人不说谎！"这本身与结案后的事实不符。

上述 4 个人说的都不是真话，可以推出说真话的只能是二女儿伊莲。

第 242 天 把船停靠在岸边，让桥上的一些人上船，这样船就会下沉几厘米，小船也就可以顺利通过桥洞了。

第 243 天 丙说的是真的，他下围棋赢了羽毛球冠军，打羽毛球又赢了围棋冠军。

第 244 天 约翰斯说："请问，你受伤之前，能举多高呢？"

原告下意识地很快把手举过了头顶。顿时，引起在场人一片哄笑，原告这才知道露了馅。

第 245 天 凶手谋杀卢比奥的手段是，凶手事先躲在炼钢厂冷却池的正上方，他把一张道路的照片用强力投影仪投射在冷却池水面上，从而迷惑卢比奥走入池中。事发时有目击者看见卢比奥被淹死的地方有光闪了一下，证明了这一推断。而罪犯之所以要关闭通风设施是为了避免风使水面产生涟漪导致露馅。

第 246 天 A 箱里放了镯子，B 箱里放了簪子，C 箱里放了金首饰，D 箱里放了龟形饰物。

如果 A 箱上的记述是假的，那么 A 箱里放的应该是金首饰。而四个箱子里只有装了金首饰的箱子上的记述是假的，所以另外几个箱子上的记述都是真实的。由 C 箱上的记述可知，D 箱里装的是镯子。由 B 箱上的记述可知，B 箱装的是簪子，可这样一来 A 箱上的记述又成了真实的。所以，A 箱上的记述是真实的，B 箱里装的是簪子。

如果 D 箱装的是金首饰，那么没装金首饰的 C 箱上的记述就成了假话。所以，C 箱装的是金首饰。

因为 C 箱上的记述是假的，所以可知 D 箱装的是龟形饰物，A 箱装的是镯子。

第 247 天 第一个问题是：你神志清醒吗？回答"是"的就是人，回答

"不是"的就是吸血鬼。

第二个问题是：你是人吗？如果人回答"是"，那么他就是神志清醒的人，回答"不是"就是精神错乱的人。同理，吸血鬼回答"是"，那么他就是神志清醒的吸血鬼，回答"不是"，自然就是精神错乱的吸血鬼。

第248天 4号佳丽接着说道："写到这里，年轻的作家把稿纸撕掉，同时自言自语：'如此俗套的情节，怎么可能会出自于我的笔下。'"

第249天 当莫扎特弹到那个地方时，用双手弹响了钢琴两边的音符，然后用鼻子按响了钢琴中间的音符。

第250天 琼斯正苦于无计擒拿女诈骗犯时，金发女人问他是不是哑巴，于是他将计就计，装作聋哑人，让女诈骗犯把自己要钱的话写在纸上。女诈骗犯上了当，于是他以此为证据抓住了这个女诈骗犯。

第251天 先用直尺将啤酒瓶瓶底的直径测出来，这样就可以计算瓶底的面积。之后再向瓶中注入约一半的水，测出水的高度。盖住瓶口后，将瓶子倒过来测量瓶底到水面的高度。将两个高度相加后再乘以瓶底的面积就可以算出啤酒瓶的容积了。

第252天 这名男子通过事先观察好的邮筒，然后把钱装在写了自己家地址的信封里，通过邮局寄回自己家。所以，当警察搜身时并没有搜到。

第253天 贝丝的主治医生每周定期为她检查身体之前，先把无色无味的毒素涂在体温计的头上。体温计是含在口中的。每次进入体内的毒素虽然是微量的，但积少成多，就可以达到致死量。

第254天 因为德国驯犬师训练牧羊犬的时候用的是德语，所以牧羊犬听不懂吴建豪的口令。

第255天 因为那个女逃犯手指的指纹上也涂了指甲油，这样就不会留下指纹了。

第256天 根据题目中所给出的条件，可以得出罪犯共有6条逃跑路线：

(1) 向右，向左，向前；

(2) 向右，向前，向左；

(3) 向左，向右，向前；

（4）向左，向前，向右；

（5）向前，向右，向左；

（6）向前，向左，向右。

如果采用第一种路线，那么3个口供都是真的，与题意不符。

如果采用第二种路线，有2个口供是真的。

如果采用第三种路线，有1个口供是真的。

如果采用第四种路线，有2个口供是真的。

如果采用第五种路线，没有1个真实的口供。

如果采用第六种路线，有2个口供是真的。

由此可知，罪犯选择的逃跑路线是第三种，即过第一座桥后向左，过第二座桥后向右，过第三座桥后向前逃跑。

第257天 E镇可以同A、B、C3个小镇通电话。

推理过程：首先，A镇同其他5个小镇都有电话线路，所以可以确定E镇与A镇之间有电话线路；其次，就是B、C两个小镇。

假设：B、C两小镇之间没有电话线路。那么，B、C两镇必然分别可以同A、D、E、F4个小镇通电话；如果B、C两镇分别同A、D、E、F4个小镇通电话，那么，只有3条电话线路的D、E、F3个小镇就只能分别同A、B、C3个镇通电话。如果是这样，那么，在D、E、F之间是不能通电话的。但是，已知D镇与F镇之间有电话线路，因此，B、C之间没有电话线路的假设是不能成立的。换句话说，B、C两小镇之间有电话线路。因为A镇可以和B、C两镇通电话。假设，B镇的另外两条线路一条通D镇，一条通F镇；C镇的电话线路也是一条通D镇，另一条通F镇，如果这个假设成立，那么D镇、F镇就将各有4条线路通往其他小镇。但是，我们知道，D、F两镇都只同3个小镇有电话线路，所以，上述假设不能成立。综上所述，E镇可以同A、B、C3个小镇通电话。

第258天 E是杀人凶手。

推理过程：A和G对视了一晚，B死了，显然凶手不是A和G，而死去的人就只有E的尸体没在，过程更简单，首先他利用密道杀了F，然后去厨

225

房煮咖啡，做蛋糕，咖啡和蛋糕本身没有毒，但是他在每个杯子的半弧处涂了毒药，因为只有 D 是左撇子，相对的，他用左手拿杯子，自然就喝到了带毒的那个半弧，然后他佯装逃走，在海上引爆了游艇，实际上潜回了房子，因为 C 有心脏病，结果 E 从镜子里出现，吓死了 C，B 发现了真相，E 连夜又杀了 B，只剩下 A 和 G，A 细想了整件事情的经过，见到了所有人的尸体，唯独没有 E 的尸体，所以他知道是 E 干的。

第 259 天 弟弟的体重和哥哥一样都是 50 公斤。两个人分别站到体重计上时，指针都指向了相同的数字，所以弟弟的体重和哥哥的体重是一样的。

第 260 天 A：妻子，普卡部落人塞西尔，号码 66；B：丈夫，沃汰沃巴部落人西德尼，号码 44 ；C：儿子，伊夫琳，号码 54。

推理过程：从第一句话入手，组合方案有夫普、夫沃、妻普、妻沃或子。如为夫普，C 的 2、4 话不合条件；如为夫沃，B 的 1、3 话不合条件；如为妻沃，B 的 1、3 话不合条件；如为子，A 的 2、3 话不合条件。

第 261 天 城堡的主人出门前先把挂钟上满弦后使其走动，并记住当时的时间。等他回来时，再根据挂钟现在的时间来计算来回路上所花费的时间。将这个时间的一半加上从别人家问来的时间，所得出的时间就是此刻的时间。

第 262 天 因为仓库经理对哈莱金说，工人把轮胎堆成漂亮的圆柱体，鲍伯在窗户里，只能看到轮胎正面，是不可能知道它的里面是白边的。

第 263 天 那个人对大牛说："既然这个溶剂这么厉害，你要用什么容器去装它呢?"

第 264 天 老孙在自己的家里用幻灯机的强光将"违法建筑"四个字打到了隔壁家的木板上，除非对方拿走这块木板，否则使用任何方法都不能消去这几个字。

第 265 天 陈姓穷人对官差说自己叫陈旧，这样县太爷在喊他姓名的时候，就好像是在喊"臣舅"。财主就是听成"臣舅"才以为县太爷是穷人的亲戚，因此吓得落荒而逃的。

第 266 天 题目中说那个人怎么拉门也出不去，既然门没有上锁，拉门又出不去，要想走出这个房间就只能推门了。

## 第八章 发散思维训练
## ——开启驰骋无限的思维想象力

### ✿ 第 267 天　姜浩的奇妙方法

姜浩是个非常聪明的孩子，但他却不怎么喜欢学习。老师上课的时候他经常在台下睡觉，回到家后书包往床上一丢，从来不会翻书本来看。眼看期末考试就要到了，姜浩的学习成绩却越来越差，为此他没少挨父母的批评。为了提高姜浩的学习成绩，妈妈给姜浩下了死命令，让他每天最少学习 2 个小时。妈妈的命令姜浩当然不敢不听，不过他实在是对学习太厌烦了，于是便想出了一个奇怪的方法来应对。这方法既让他每天学习了 2 个小时，而且总的学习时间还减少了。请问，这是一个什么样的方法呢？

### ✿ 第 268 天　马克·吐温寄书给牧师

马克·吐温是美国著名的作家，且为人风趣幽默，深受大众喜爱。有一次，马克·吐温出去办事，途中经过一处广场，发现此时广场的中心处竟然聚集了一大批人。在好奇心的驱使下，马克·吐温也来到了人群附近，想看看这里在搞什么名堂。

此刻，一位戴着金丝眼镜的牧师正在临时搭建的高台上神采飞扬地说着什么，台下不时有人随声附和。马克·吐温听了一会儿，觉得这个牧师讲的都是些陈词滥调，根本没有什么值得听的地方，于是便大声对牧师喊道："先生，我刚才在台下听了一会儿，你的讲词实在精妙得很，不过其中的每一个字我都在书上看到过。"

牧师正讲得兴高采烈，突然有个人过来打岔，还故意挑他的毛病，当然心里很不痛快。他面红耳赤地对马克·吐温说："这不可能，我的演讲词都是自己想出来的，绝对没有抄袭别人的作品。"

马克·吐温一笑，继续说道："可是你说的每一个字都在那本书上啊。"

牧师开始有些恼怒了，对马克·吐温说："那好吧，如果有时间，请你把那本书借给我看一下，我想知道是不是和你说的一样。"

没过多久，牧师真的收到了马克·吐温寄来的书。书是用厚厚的牛皮纸包着的，牧师拆开包装看到书的名字后，一时哭笑不得。

马克·吐温说的没错，牧师也没有撒谎，这究竟是怎么一回事呢？

## ✿ 第 269 天　克拉尔探长的依据

一天夜里两点钟，警局的电话铃急促地响了起来，睡意正浓的克拉尔探长立即被惊醒了，他拿起电话。"警察先生，这里是中央商厦，我们遭到了抢劫！"电话那头的声音不停地颤抖，显然还心有余悸。挂了电话，克拉尔探长迅速往出事地点赶去。

中央商厦是一家著名百货公司所在的大楼，看来是百货公司遭到了抢劫。克拉尔探长赶到现场，便见地上到处都是被砸碎的玻璃，角落里躺着散乱的杂物，柜台里的珠宝被洗劫一空。

商厦的值班经理丹尼尔苍白的脸上流露出悲伤的神情，他坐在楼梯上，注视着凌乱不堪的商厦。看来他们的损失非常严重。

克拉尔探长走到丹尼尔的面前，"要想尽快挽回损失，就要全力配合我们警方的工作。"

丹尼尔精神恍惚地说："他们……他们有 5 个人，都带着手枪……一进店门二话不说就开始砸柜台，不到 5 分钟就抢走了所有的钻石首饰，这些都是价值连城的首饰啊！"

"那你看清匪徒的样子了吗？"克拉尔探长追问道。

"只看清一个光头,他的鼻子上有一颗大痣,其他人就不知道了……"

克拉尔奇怪地问:"光线这么暗,你怎么能看清楚对方脸上的痣呢?"

丹尼尔结结巴巴地说:"他们闯进来的时候我吓得躲到一排货柜里。光头拿着强光电筒照过来的时候,我偷偷从货柜缝隙看出去,刚好看到他的脸。"

克拉尔听到这里冷笑道:"丹尼尔先生,如果这真是抢劫案的话,你就应该尽快交代你们的犯罪事实。"

克拉尔探长依据什么断定丹尼尔就是匪徒的同伙呢?

## ✡ 第 270 天　杰克的证据

有一天,杰克正在家里看书,突然响起一阵急促的门铃声,他赶紧去开门。进来的是隔壁的罗娅太太,杰克心里不禁咯噔一下:她可是个远近闻名的刁妇呀。

罗娅太太一看见杰克就气势汹汹地嚷道:"你必须得管管你家的那只小畜生,太可恶了,它把我给咬了!"

杰克莫名其妙:"您是指?"

"你家的宝贝狗。"

杰克回头看了看地上卧着的小狗,觉得很是奇怪,他家的小狗从来不咬人的。况且今天一直都蹲在自己脚边。

于是杰克问罗娅太太道:"什么时候咬的? 咬在哪里? 我怎么没看到伤口?"

罗娅太太说:"就在刚才经过你家门口时。"说着把她干净整洁的裤子拉得高高的,露出一条肥胖的大腿,杰克这才看到,罗娅太太的膝盖有一处被咬伤的痕迹。

杰克看过罗娅太太的伤口后,随即也笑了。他十分肯定地对罗娅太太说:"荒谬! 你在撒谎! 伤口不是我的狗咬的!"接着杰克说出了证据,罗娅太太哑口无言。

杰克的证据是什么?

## ✿ 第 271 天　请帖与回帖

从前,有个吝啬的财主要给儿子办喜事,他请了地方上不少有头有脸的人物,也邀请了很多亲朋好友,但有一家关系比较近的穷亲戚他却拿不定主意请不请。如果不请吧,肯定会有人议论他,说他看不起穷亲戚;如果请吧,不但收不到什么贵重的礼品,还白白便宜了他们一顿酒菜。

思量再三,财主终于想到了一个好主意。他给那家穷亲戚送去了一张请帖,上面附着这么几句话:"若是来,便是贪吃;若是不来,便是不赏脸。"

穷亲戚看到这封请帖后,马上准备了一份薄礼给财主送回去,同时也附上了一张回帖。财主看了这张回帖,顿时觉得非常难堪,你知道穷亲戚是怎么写的吗?

## ✿ 第 272 天　一张小纸条

这一天正好是礼拜天,外面天气晴朗,探长希尔正在街上闲逛,突然听到一声枪响。他连忙向枪响的地方跑去,发现是附近一家比较偏僻的小酒吧。他跑进酒吧,看到一个青年男子血流满面地倒在地上,额头上有一个弹孔,人已经死了。围观的人说,他正是酒吧的老板波克。桌子上放着一把手枪,手枪上面有一张小纸条,上面写着:我对生活没有了希望,所以想结束自己的生命。署名:波克。

警察一刻钟后赶到现场,警官波西经过查看说:这很明显是自杀。还有通过认识波克的人了解到他的小酒吧生意惨淡,马上就要倒闭了。而且,那张小纸条上的字也是酒吧老板的笔迹。

探长希尔却不这么认为。你知道他的理由是什么吗?

## ✿ 第 273 天　扑克游戏

这一天,大明正在和 3 个朋友打扑克牌。轮到大明发牌的时候,他先是将一张牌发给了自己，然后按照顺时针依次将牌发给了朋友。牌发到一半的时候，大明接到了女朋友的电话，两个人亲热地聊了半天。打完电话以后，大明也忘记牌发到哪里了。他问3位朋友，那几个朋友也不记得。有人提议说重新发牌，也有人抓到了好牌，不愿意再重新发牌，只说数数手里的牌就知道了。请问，你能找出一种更简单的方法来把这副牌发完吗？

## ✿ 第274天　卫生纸上的线索

一天早上，著名的演员梅朵小姐被人发现死在自己的公寓里，是因为她的经纪人维克联系不到她就跑去公寓才发现的。

当维克来到梅朵的公寓，发现门是开着的，房里一切如常。只有卫生间的门是从里面反锁着的，打不开，门缝底下流出的血已经凝固。维克大吃一惊，急忙叫来公寓管理员一起撞开卫生间的门，只见梅朵穿着睡衣坐在马桶上已经死了。

警察很快赶到了梅朵的公寓，他们确定梅朵是被匕首状的凶器刺中了背部而死亡的。从屋内的情况看，应该是梅朵小姐在卧室遭到袭击后逃进卫生间，把门锁起来，防止凶手再追击。但是由于流血过多，她还是死掉了。警察根据现场的情况只能推测出这些，但没有发现任何有价值的线索，搜查似乎陷入困境。

就在这个时候，一名警员突然发现墙壁上的卫生纸纸筒上似乎沾染了红色的血迹。警员细细察看了一番后，突然对警长说："凶手是一个名字大写字母缩写为 LY 的人。"

警长大吃一惊："在哪儿找到的线索？"

"如果你想上厕所就会知道。"警员呵呵地笑着。

那么，这位警员为什么这样说呢？

## ✿ 第275天　检验毒酒

很久之前，印度有个非常聪明的国王，他最大的乐趣就是出题考验别人。有一次，他突然给大臣们出了一道奇怪的题。假如 1000 瓶酒中有 1 瓶酒被下了毒，最少要用多少个人来品尝，才能知道哪瓶酒里被下了毒呢？

大臣们听了这个题后都默然无语，谁也猜不出来。国王大发雷霆，下令如果第二天还没人答上来，就要拿他们来做实验。大臣们都被吓坏了，纷纷回家思考。有个大臣的儿子很聪明，他看到父亲愁眉不展地回到了家中，便向父亲询问缘由。大臣将事情对儿子原原本本地说了。儿子沉思了一会儿，想出了解决问题的办法。大臣转忧为喜。

第二天，大臣将答案告诉给了国王。国王非常高兴，对他连加赞赏，还赏给了大臣不少财物。

请问，你能找到这个问题的答案吗？

## ✿ 第 276 天　做贼心虚

一列开往伦敦的列车即将靠站，因为车站很小，所以列车停车时间很短。一批旅客急匆匆下车后，一批新旅客又赶快上车。

突然，一位穿着红色连衣裙的姑娘大叫起来："不好了，我的手提箱不见了。"这时，站在旁边的马克侦探走过去安慰她说不定是有人拿错了。

女士听罢，赶紧在人群中张望，果真看到一个瘦高个的男人手里拎着的手提箱跟她的几乎一模一样。女士快步冲了上去，抓住那个男人问："这是你的手提箱吗？"

瘦高个男人回头看了她一眼，怔了一下，连忙道歉道："对不起，小姐，好像是我拿错了。"然后把手提箱递给女士，就急忙朝出口走去。

马克侦探看到这里，立即追过去说："先生，你下错车了，快回去！"说着，不由分说地拽着那个瘦高个男人往车厢走去。同时招手让乘警过来说："这个男人有可能是小偷，赶快抓住他。"

乘警把瘦高个男人带到警务车厢，审了审，就从他身上搜出了大量的现金和珠宝首饰。瘦高个男人见状只得乖乖地低下头，坦白了犯罪事实。

马克侦探是怎么知道瘦高个男子是小偷的？你看出来了吗？

## ✡ 第277天　神秘岛的美女

有这样一个奇怪的国度，他们的国民无论是男是女，都能分成：永远诚实的好人，永远撒谎的坏人；时讲真话、时撒谎的平凡人。其中好人的等级最高，平凡人的等级是第二位，坏人的等级最低。

有个旅行者来到了这个国家，遇到了 A、B、C 3 个美女，其中有一个好人、一个坏人和一个平凡人。但平凡人是由妖怪变成的。

请问，这个旅行者需要如何提问，才能避免和变成平凡人的妖怪做朋友呢？需要注意的是，他提出的问题对方只能用"是"或"不是"来回答。

## ✡ 第278天　13朵百合

布斯是一个孤僻的人，平常与人不怎么来往，一天，他被发现死在自己的屋子里。

报案的是一个花店女主人。她给警官打电话时是这样说的：布斯先生在每个星期三晚上都要到她那里买 13 朵白色的百合，已经 8 个年头了，从未间断过，可这两个星期他都没去。她有点担心怕他出事，所以就报了警。

布斯租用的房间只有一扇窗和一扇门，而且都由里面锁上了。警察们小心翼翼地弄开门，进入房间，只见布斯倒在床上，是中弹死亡。

根据现场情况，警官安迪初步推测，布斯像是先锁上了门和窗，然后坐在床上向自己开了枪。他向自己的右侧倒下去，手枪掉到了地毯上。开门的钥匙在他的背心口袋里。并且至少死了七八天了。

然而，探长巴尔克却不这么认为。他观察到：布斯把花插在一个花瓶里，花瓶放在狭窄的窗台上，花都枯萎凋谢了。整个地板几乎都铺了地毯，即从窗台一直铺到离墙脚 1 英寸的地方。地毯上除了一点灰尘，很干净，没有别的东西，也没发现血迹，只有床上有点。

于是探长大声宣布："布斯根本不是自杀的，是被人谋杀的。"

警官安迪疑惑地问道："从何说起？"

探长巴尔克答道："有人配了一把布斯房间的钥匙，他开门进来，打死了正站在窗边的布斯。然后，凶手打扫清洗了所有的血迹，再把尸体挪到床上，使人看上去像是自杀。"

在场的人都摸不着头脑，你知道探长为什么如此肯定吗？

## ✡ 第279天　王安石的字谜

王安石想找一名书童，把此事委托给了自己的管家。经过数次挑选后，管家终于找到了一个合适的人选。他带着这个书童走进了王安石的房间，问他是否满意。王安石看了看这个书童，没有说话，而是写了一则字谜递给管家，上面的内容是："一月又一月，两月共半边。上有可耕之田，下有长流之川。一家有六口，两口不团圆。"

管家也是个非常聪明的人，思索片刻就知道了王安石的意思。请问，你知道谜底是一个什么字吗？

## ✡ 第280天　聪明的王强

市郊公园里有一个大池塘，里面养了很多鱼。但是近段时间来，公园的生意不景气，经过开会讨论后，经理王强决定把池塘开放，允许游人来这里钓鱼。

这个方案实施后，很快就有很多游人欣喜地来公园里钓鱼，公园的收入也逐渐回升。可是好景不长，一个周末的一大早，公园的一个值班员着急地跑进经理王强的办公室，气喘吁吁地说："不好了，经理，池塘边有人被打死了！"

王强听罢，脸色大变，赶紧同值班员一起跑到池塘边。只见一个老头躺在池塘边上，头被打破了，已经没了气息。一个年轻人蹲在老头的尸体旁，哭哭啼啼地说："王伯伯（老人）跟我是邻居，我俩经常一起来公园钓鱼。但是最近听人说王伯伯丢了一笔钱，他怀疑是我偷的。果然，这几天，王伯伯再也没有约我一起钓鱼。可是今天早上，王伯伯突然约我一起来钓鱼，我心想王伯伯肯定是找到钱了，发现冤枉了我，所以要跟我和好呢，就高高兴兴地陪他来钓鱼。谁料，刚才我正聚精会神地钓鱼，忽然在水面上看见王伯伯的倒影，他手里举着一块砖头正朝我头上砸来。我吓得赶紧跳起来躲开，一气之下夺过他手中的砖头向他砸去，没想到竟然把他砸死了……我知道都是我的错，可是我这也算正当防卫啊……"

王强听年轻人哭诉完，叹了口气，朝池塘平静的水面望去，思考着怎么解决这件事情。突然，他的眼前一亮，随即返身对值班员说："快去报警，说这里出了故意谋杀案。"

年轻人一听，惊讶地抬起头准备争辩。

王强抢先开口道："你不要再争辩了，你是故意杀他的吧？"

请问，经理王强为什么这么说？

## ✡ 第281天　钓了多少鱼

王旭是个钓鱼爱好者，但无奈技术十分差劲。每次出去钓鱼的时候，王旭都准备得非常充分——鱼竿用最好的、鱼饵用最新鲜的，甚至连钓鱼的地点都要精挑细选。尽管如此，王旭钓鱼的成果还是可以用惨不忍睹来形容，运气好的时候他能钓到几条小鱼，运气不好的时候干脆就是空手而归。因为这件事，王旭常常被自己的朋友取笑。

这一天，王旭又兴高采烈地出去钓鱼了，临出发前还向妻子吹牛要钓上一大筐鱼。结果，王旭在鱼池忙活了一整天，直到日落西山才回来。路上有熟人看见王旭又去钓鱼了，便笑着问他："今天钓到鱼了吗？是不是满载池水而归啊？"王旭骄傲地回答："今天我可是大有收获，钓了6条没头的，8条半截的，还有9条没尾的。"问他的人吃了一惊，他实在没有想到王旭今天这么厉害。

请问，你知道王旭那一天究竟钓了多少条鱼吗？

## ✡ 第282天　会动的喉咙

丽娜是一个特大犯罪集团头目的前妻，最近犯罪集团头目被警方捕获，警方希望她能出庭作证。为了保障她的安全，他们让丽娜住进了位于纽约曼哈顿闹市区的一个女修道院，他们认为没有哪一个胆大妄为的歹徒会在女修道院行凶杀人。

然而警方的信心在第二周就受到了巨大的打击，丽娜的头颅被一颗0.44英寸口径的子弹打穿了。枪声是在当天傍晚修女们做祷告时响的，修道院院长珍妮宣布了这个噩耗，"丽娜……死了。"她说这话时，脖子上紧绷的硬领子随着她咽唾沫而一跳一跳的。

探员们懊恼地看着倒在地上的丽娜的尸体："近来有新加入这个修道院的修女吗？"

"是的，新来的有 2 个。"珍妮颤抖着答道。

第一个修女安娜来到院长面前说："枪响时我在二楼，听到枪声后我赶快藏到一个阴暗的角落里，几秒钟后发现莫拉修女从三楼下来，她没看到我，但我清楚地看到了她手里的枪。"

第二个修女莫拉是从新泽西州来到这里的，她住在四层，她承认她当时拿着枪，她说这把 0.22 英寸口径的手枪，是她哥哥怕她遭到不测才让她贴身带枪的，那天她也是听到枪声后才下的楼。

探员们听了这些并没有发现什么可疑的地方，但是其中一个探员猛地将头抬了起来，原来是他！

请问犯人是谁呢？

## ✿ 第 283 天　神秘的女孩

一个月色朦胧的夜晚，萧军躺在松软的沙滩上，正目不转睛地看着天上的点点繁星。白日里喧嚣的沙滩，到了晚上却变得格外沉静，只听得见浪花拍打海岸的声音。如此静谧的夜，让萧军一时沉醉其中。

忽然，萧军的耳边传来了一阵"沙沙"的声音，听上去像是轻微的脚步声。他急忙起身来看，这才发现离自己的不远处有一位身姿窈窕的长发美女正孤独地、忧伤地走着，微凉的海风吹拂着那一头美丽的长发。萧军对这个女孩产生了强烈的好奇心，这时那个女孩也回头看了他一眼，他顺着那个女孩的眼神看着她身后的沙滩，竟然没有看到脚印！

这是怎么一回事呢？

## ✡ 第284天　录音机里的声音

上午10点，某贸易公司正在召开年度报告会议，年度报告会议的内容是制订下一年的发展计划和汇报公司今年的经营情况。此时，董事们都按时进入会场。

忽然，会议室大门被推开了，董事长亚摩斯先生手里拿着一个微型录音机，气冲冲地走了出来，对秘书说："公司里有商业间谍，让保安部主任盖尔马上来，我要查个水落石出。"

盖尔赶来，他听完录音后说："这是今天早上9点45分开始录的音，我去查一下这个时间前后离开办公室的人。"

不一会儿，丽娜小姐踩着高跟皮鞋，一扭一扭地来到会议室："我感冒了，下楼去买药。"说着拿出一瓶感冒药，以证明自己没有说谎。

盖尔笑了笑，没有发表意见。

第二位是男职员巴里先生，盖尔听到他脚上的大皮鞋踩在地砖上"咔咔"直响，他说："我上午9点请假回了一趟家，因为我卧病在床的妻子突然说不舒服，回家后又没事了，然后吃过午饭我又来了。"

第三位是打扮朴素的女职员苏菲小姐，她说出去打了一个私人电话。盖尔见她脚穿运动鞋，就问："公司规定上班要穿皮鞋，你为什么穿运动鞋？"苏菲小姐说："我的脚昨天扭伤了，穿不了皮鞋。"

听到苏菲小姐这样说，盖尔沉思起来，他在室内来回踱步，用心思考着什么。然后盖尔又重新按下放音键，磁带运转起来，起初是一片寂静，过了一会儿，听到一声轻微的门响的声音，但没有走动的脚步声，接下来就是董事们走进来的声音。听到这里，盖尔已经知道是谁安装的录音机了。

你知道是谁吗？

## ✿ 第 285 天　聪明的小和尚

隋唐时期，长安城东南有一座香火旺盛的寺庙，寺里有个默默无闻的小和尚。小和尚天资聪颖，自幼酷爱读书，还喜欢做文字游戏。可是他的才华始终没有展露出来。

有一天，一位特殊的客人来寺里求见方丈，他刚刚得悉了朝廷要派兵剿灭这座寺庙的消息，专程赶来通知僧人们避难。然而，这位客人上门多次，都没有得到见方丈的机会。客人本是好心而来，没想到却受到了如此冷落，一气之下，便在寺门上写了这样一首诗："龛龙去东海，时日隐西斜。敬文今不在，碎石入流沙。"写完之后，客人愤然离去。

没过多久，有看门的和尚发现了这首诗，赶忙通知方丈来看。方丈带着大大小小一群和尚看了半天，都没琢磨出个端倪来。此时，小和尚正好要去挑水，无意中发现自己的师兄们都围在寺门口。他年纪小，好奇心也强，急忙挤进人群也来看这首诗。不看则罢，看完之后小和尚大汗淋漓，对方丈说道："我已经看出这首诗的意思了，我们寺庙大难临头了。"方丈听闻此言，急忙向小和尚询问详情，小和尚把自己对这首诗的解读一五一十都说了，还说那位客人临走前把全寺的和尚都骂了。

方丈得悉了内情，急忙带人去追赶那位客人，好言相劝了一番。那位客人也不是气量小的人，见方丈都向自己赔礼道歉了，也就把知道的消息和盘托出。方丈听了之后大吃一惊，连忙安排寺里的僧人们去避难。因为躲避得及时，僧人们躲过了一场灾祸。

小和尚自那次崭露头角之后，越发受到方丈的喜爱。十几年之后，小和尚终于也坐上了方丈的位置。

请问，你知道小和尚当时是如何解释那首诗的吗？

## ✿ 第 286 天　神秘的字条

哈瑞是个名牌大学毕业的高才生，有一次他在报纸上看到了沃尔玛公司的招聘广告，其中的一份工作是他所中意的，待遇也十分优厚。哈瑞没有多想，果断投上了自己的简历。因为他的条件非常好，所以很快就收到了来自沃尔玛的面试通知。

到了面试这一天，哈瑞早早地就赶到了公司面试部，他以为自己已经来得很早了，可是到了才发现有 20 位求职者排在他的前面。哈瑞非常中意这份工作，所以想找到一个主意引起面试经理的注意。想了一会儿，哈瑞灵机一动，迅速在一张纸上写了几个字，然后叠好请秘书转交给人事经理。

人事经理本来已经看中了几个不错的人选，可当他拿起哈瑞的纸条时，哈哈大笑，不住地赞赏这个聪明的年轻人。

最终，哈瑞凭借自己出众的创新能力，从众多的求职者中脱颖而出，得到了这份中意的工作。

你能猜到哈瑞纸条上写的是什么吗？

## ✡ 第 287 天　上班的借口

小马大学毕业后就宅在了家里，不出去找工作，也不怎么出去游玩，每天就是在家打游戏。父母劝他出去工作他不听，反而找出了一大堆理由来解释自己为什么不上班。他经常说的一句话就是："我很忙，根本就没有时间出去工作。"为了证明自己这句话的正确性，他还特意给父母罗列了一个单子：

（1）每天睡觉 8 个小时，一年合计为 122 天；

（2）双休日 2×52＝104 天；

（3）一年要出门旅行 60 天；

（4）一日三餐需要 3 个小时，合计 45 天；

（5）每天 2 个小时娱乐，合计 30 天。

总计：122＋104＋60＋45＋30＝361 天。

小马说，这么算来，他一年只有 4 天时间可以用来工作。如果这 4 天不小心得病了，便没有一点时间去上班了。

小马这张看似很有道理的单子里，其实做了很大的手脚，亲爱的读者朋友们，你能猜到小马在哪里做了手脚吗？

## ✿ 第 288 天　恶作剧

1945 年，特快列车的轨道上发生了一起杀人案。那天晚上，特快列车快速通过 B 车站不久后便轧死了一位倒在铁道上的女人。

警方来到现场勘查后，起初认为女人是卧轨自杀，但事后调查证实是他杀。女人是被人强迫吃了安眠药昏迷以后，又被搬到铁道线上让呼啸而过的火车轧死。

警方很快就找到了重大嫌疑犯，此人就是与被害人正在分居的丈夫维克。

"维克先生，请问案发时您身在何处？"刑警问。

"我就在这趟列车上。"维克的回答使刑警们怔住了。

"自己乘坐的列车压死了自己的老婆是何等不幸的偶然呀！"维克勉强地笑着说，"不过，我可不是杀害老婆的凶手，倘若不相信，你们可以去问列车员，他可以为我作证。"

刑警只得跟列车员去核查情况。

"不错，维克先生的确坐在这趟列车上。"

"那他在乘车期间，有什么奇怪的举动没有？"

"没有什么奇怪的反应，不过刚刚过了 B 车站，维克先生就来到乘务室向我打听联运轮船的时间。发生事故是在那之后。"

刑警还了解到 B 车站特快列车是不停车的，所以维克有充分的不在场证明。刑警们没有查到任何线索，刚准备离去，突然列车员又说："噢，说起这事，刑警先生，那天晚上，列车在通过 B 车站之前不远处曾临时停过一次车。"

"那是因为什么重要的事吗？"刑警连忙好奇地问。

"是的，是因为司机以为要撞到一个人了，所以不得不实行紧急刹车。

但是我们下去一看，轧到的只不过是一个人形模特。"

"什么？人形模特……"

"实在可恶的恶作剧，一定是有人品德太差，唯恐天下不乱，想制造点什么事故。"列车员气愤地说。

"这个品德败坏的人应该就是维克先生。"刑警说着脸上露出了笑容。

那么，坐在行驶的列车上的维克先生是采用什么手段，利用这趟列车轧死其妻子的呢？

## ✩ 第 289 天　精明的书商

诺阿是一位书商，最近图书市场的生意越来越难做，他手里积压了一大批图书，资金周转都开始困难起来。

怎样才能处理掉手中这些书呢？诺阿为此经常愁眉不展，他吃饭的时候在想这个问题，出去逛街的时候也在想，甚至连梦中都常常会梦到。

有一次，诺阿在电视上看到一个节目，介绍本国的总统也是一个爱书人士。一般人看到这种消息也许不会在意，但精明的诺阿却从中嗅到了商机。他先是给这位总统寄出了积压图书中的一本，然后又多次打电话给总统，询问他对这本书的看法。电话打多了，总统也觉得不胜其烦，便随口说了一句"不错。"于是，诺阿就利用总统这句话为自己的书想了一个口号，不久这批图书就销售一空。

尝到了甜头之后，诺阿又寄了另外一本滞销书给总统，希望他对这本书给予评价。这次总统学聪明了，再也不对诺阿寄来的书随便评论。总统的小聪明没有难倒诺阿，他还是想出了一个新的口号，又成功地把这批图书销售一空。

请问，你能猜到诺阿是用什么方法卖掉滞销书的吗？

## ✩ 第 290 天　杀手的疏忽

一天晚上，一杀手奉命去暗杀某公司的一位重量级大股东巴克先生。

他悄悄地潜入巴克先生位于郊区的别墅，并进入了巴克先生所在的书房。当巴克先生发现有人进入他的房间时，手枪已抵住他右边的太阳穴，巴克先生把所有的钱都给了杀手，但这位杀手还是很快扣下了扳机。

接着，杀手在倒在书桌上的巴克先生右手上，放上了他刚才用的那把手枪，并把自己的指纹和足迹都清除掉，然后迅速地离开了这栋别墅。

事后，警方了解到：最近，巴克先生由于挪用巨额资金，致使该公司面临着倒闭的危险，并遭到大批股民的责难，于是巴克先生便一个人躲到他的别墅中。这样，自杀的可能性极大。

但当侦探克莱斯特对现场进行勘查后，确定是他杀，而不是自杀。

那么克莱斯特是依据什么判断的呢？

## ✿ 第 291 天　会说话的佳丽

"香港小姐"一直以来的选拔宗旨都是"智慧与美貌并重"，因此在选拔中主持人常常会向选手提出一些问题，考查她们的应变能力。在一次"香港小姐"的选拔中，主持人给参选的佳丽们出了这样一道题："如果你们必须在音乐家肖邦和战争狂希特勒两人中间选择一人作为自己的终身伴侣，请问，你会选哪一位？"

当时在场的佳丽几乎全部选择了肖邦，给出的理由大多是爱慕音乐家的优雅，而讨厌纳粹分子的丧心病狂。她们的选择无可厚非，但是雷同的回答让人感觉无聊极了。

正在大家感觉索然无味的时候，一位佳丽的回答却让他们眼前一亮："我选择希特勒，因为……"她新颖独特又充满了勇气和爱心的回答为她赢得了热烈的掌声。

请问，你知道这位佳丽给出的理由是什么吗？

## ✿ 第 292 天　偷运橡胶

海南有一家橡胶加工厂，最近经常发生工人偷运橡胶倒卖的事件，给企业造成了严重的损失。为了杜绝类似事件的发生，厂领导决定雇用专业的保安人员，每天下班的时候对出厂的车辆和工人进行严格的检查。

詹东是厂里保安部刚刚走马上任的负责人，在他有效的管理下，最近厂里偷卖橡胶的事件已经少很多了。这一天，詹东接到了一个举报人的电话，告诉他下班的时候会有人偷运橡胶出厂。听到这个消息，詹东如临大敌，马上安排保安提前到岗值班。

到了下班的时候，进出的车辆和工人开始多了起来，詹东带着几个保安对出厂的人员和车辆进行着严格的检查。他们查得非常仔细，但始终没有发现偷运橡胶的车辆。眼看到了七点多，下班的工人已经走了一大半，偷运橡胶的车辆还是没有出现。詹东以为举报人的情报有误，便打算带着人离开了。这时，一辆满载着橡胶桶的货车突然驶来，准备离开工厂。詹东眼前一亮，以为这就是那辆偷运橡胶的车，急忙命人去车上检查。然而，检查的结果让詹东大失所望，车上除了一些空的橡胶桶，什么都没有发现。詹东叹了口气，示意手下人放他们过去。

没过多久，举报人又打来电话，詹东正要说他消息有误，那个人却告诉他刚刚离开的那辆车就是偷运橡胶的车辆，说完就挂掉了电话。詹东接了电话后茫然不解，刚才他们明明已经对那辆车进行了仔细的检查，为什么还是让他们瞒天过海了呢？

## ✿ 第 293 天　壶里的乾坤

葛峰生于古玩世家，打小就对古董有着浓厚的兴趣。工作以后，葛峰没事就会去古董店逛逛，美其名曰"淘宝"。这一天，葛峰又来到一个熟悉的小店"淘宝"，老板看他是熟客，就给他拿来了一个样式奇特的小陶壶。小陶壶做工十分考究，但奇怪的是上面的盖子却打不开。葛峰拿着这个小陶壶晃了晃，里面有硬物碰撞的声音，不知道装的是什么。

这个小陶壶勾起了葛峰极大的兴趣，他向店主询问壶里装的是什么，可店主对此也毫不知情。为了满足自己的好奇心，葛峰决定把这个小陶壶买回家好好研究一下。到家之后，葛峰试了几种方法想把盖子打开，却都没有成功，最后葛峰只能把小壶砸碎。令他感到奇怪的是，壶砸碎后除了碎片，竟然什么东西都没有。这么短的时间里，壶里的东西应该不会融化或蒸发，那么壶里的东西到底去哪里了？

## ✿ 第 294 天 谁偷了画册

巴泽尔是著名的文化品收集家，对名画情有独钟。退休后，巴泽尔在他居住的小镇开了家书店，专卖价格昂贵的画册，生意很好，每天都能卖掉不少。

这天，天下着雨，顾客很少，书店里只有巴伦太太和蒙西先生在挑选画册。

蒙西先生夹着公文包，买了一本画册就离开了书店。巴伦太太手里提一个大纸袋，身子几乎趴在书架上挑选着，原来她是近视眼，今天忘戴眼镜了。巴伦太太选了好半天，才拿着一本走到柜台付账，巴泽尔看到她拿出一张 10 元纸币，捧在眼前仔细瞅了一会儿，才放心地交给他。

结完账后，巴泽尔扶着巴伦太太走出店门，告诉她今天下雨，路不好走，让她注意安全。然后，回到店里整理书架上的画册。这时，他发现书架上少了一本画册。巴泽尔想着今天只有两位顾客来过书店，所以，画册肯定被其中一人偷走了。

于是，巴泽尔就去这两个人家里索要。先到了巴伦太太家说明来意，巴伦太太很激动，她发誓没有偷书，并说当时离她 10 米远处还有个人，当时她看到他手里拿的那本书上的书名正是巴泽尔刚刚提到的。

巴泽尔又赶到蒙西家，蒙西一听火冒三丈，认为这是对他的侮辱，把巴泽尔赶了出来。巴泽尔垂头丧气地往回走，他边走边回忆着书店里的情形以及他们两位刚才说的话，恍然大悟，心里知道是谁偷走了画册。于是，他又返回去，很快就把偷画册的贼揪出来。

那么，巴泽尔所揪出来的那个偷画册贼究竟是哪个？为什么？

## ✿ 第 295 天  40 米深的贝加尔湖

贝加尔湖不仅是世界上最深的湖泊，而且是全球最清澈透明的湖泊。它的透明度几乎能达到 100%，从水面上往湖底望下去，像从 40 米的大楼上往下眺望。

就在某个盛夏的傍晚，贝加尔湖水面上发现了一条漂着的小帆船和一具男尸。人们猜测这男子应该是划着小帆船游览时被突起的风浪打翻了，然后造成船翻人亡。

警方来到现场打捞起尸体后，经过辨认，得知该男子是位于湖泊东南岸上某建筑公司的工程师，死亡时间大概是头天晚上 7 点钟左右。

警方来到建筑公司询问了工程师的同事们：

"昨天傍晚确实起了点风。"

"但是工程师他会游泳的。"

"是的，我经常看到他和朋友去体育馆的游泳池游泳，而且游得很棒的。"

"他有心脏病，应该是小帆船被打翻后，他掉进水里，冰冷的湖水把心脏麻痹了，然后就淹死了。"

"是这样，即使是盛夏，湖水的水温也是很低的。"

"除了心脏病，工程师他还有什么特别害怕的吗？"警官听了工程师的同事们的说辞问。

"对了，他有恐高症！原本他的宿舍在 6 楼，后来他要求调到 1 楼了。"

"那么，诸位以上的推断都是错误的了。你们的工程师是被人谋杀的。"

工程师的同事们面面相觑，不知道警官先生是怎么判断出来的，你知道吗？

## ✿ 第 296 天  变换的发型

盛夏，白沙蓝水的海滨热闹非凡，男女女女不是在海中畅游就是躺在白沙滩上晒日光浴。

而这其中大部分都是远道而来消夏的游客，所以海边的别墅群和宾馆里，都住得满满的。

然而，让游客不安的是，这几天别墅和客房里连续遭窃，有几位小姐的珠宝和几位先生的贵重物品都不翼而飞了。那个狡猾的贼就像幽灵一样出入各个房间。

但还是有人隐隐地看到了窃贼的体貌特征。警方经过访问这些目击者，根据他们的叙述了解到了窃贼的模样，于是用电脑合成了窃贼的模拟像四处张贴，提醒游客们注意或者看到相似的人，马上报案。

很快，一个宾馆的服务员小姐向警方报告说，宾馆今天新入住了一位游客，长的模样跟模拟像上的罪犯非常相似。

警方获讯后迅速赶到该宾馆，在服务员小姐的引领下来到那位游客的房间。那名游客确实长得跟罪犯很相似，但是不同的是，犯罪嫌疑人的发型是三七开分头，而面前的这位却是大背头。

游客称自己一直留的是大背头，还拿出来大量的照片证实，警察看到照片上的男子果真都是大背头，包括最新照的几张也是。

现场的人都在疑惑，会不会是真的搞错了，他只是长得与嫌疑人相像而已。

这时，因公务繁忙而姗姗来迟的警长指出了一点，他有办法验证该游客是不是罪犯。

然后谦恭地笑着对那位游客说："不好意思，先生，为了证明您的清白，我们需要给您换个发型。"

那位游客听了虽然不悦，但也无奈。只好跟着警长来到美容室，结果证明他正是那个幽灵般的窃贼。

这是怎么回事？

## ✪ 第297天　寻找好心人

有好心人给2个失学儿童捐了一笔钱，帮助他们重返校园，但好心人却没有留下名字。2个儿童的家长想感谢好心人，但又不知道对方是谁，只好委托希望工程的工作人员帮忙。经过多方查证，工作人员最终锁定了 A、B、C、D4 个人选。他们中有 2 个人向失学儿童寄出了助学金。

工作人员找这 4 个人谈话，内容如下：

A 说：不是我捐的。

B 说：是 D 捐的。

C 说：是 B 捐的。

D 说：我肯定没有捐。

经过证实，4 个人中只有 2 个人说了真话。根据以上给出的条件，请判断以下哪项断定可能为真。

A. 是 A 和 B 捐的。

B. 是 A 和 D 捐的。

C. 是 C 和 D 捐的。

D. 是 B 和 C 捐的。

E. 是 A 和 C 捐的。

## ✿ 第 298 天　蓝莓饼

舞蹈家伊丽莎白看上了自远东某国而来的一位浪荡公子毕维斯，很快他们便陷入恋情中，整天形影不离。事实上，伊丽莎白是垂涎这位富家子囤积的珠宝，她一心想把其据为己有，为此打算谋害毕维斯。

两人经常在一起，伊丽莎白发现这名叫毕维斯的富家子除了贪恋美色以外，还非常贪恋美食，于是她筹划在餐点上做点手脚。

这天晚上，两人又一起用餐，旅馆服务员给他们俩送来了咖啡和蓝莓饼。当毕维斯快要把自己的那盘蓝莓饼都吞进肚子时，突然打了个嗝，脸色黑青，然后从椅子上摇摇晃晃地倒下去了。

15 分钟后，伊丽莎白打电话找医生，惊动了正在这个旅馆住宿的探长巴克。伊丽莎白把巴克请进了毕维斯的房间，毕维斯仍在昏睡。伊丽莎白对巴克说："他在失去知觉前把自己那盘蓝莓饼都吃光了，也许毕维斯的那盘掺进了过多的药物。"说着，露出一口洁白光亮的牙齿。

警方人员来到以后，巴克对警长说："如果毕维斯的珠宝被盗，伊丽莎白的嫌疑最大。"那么，巴克根据什么做出这种判断？

## ✿ 第 299 天　两碗长寿面

清朝乾隆年间，浙江某县出了这样一桩家庭官司。

有个老妇人击鼓鸣冤，状告媳妇侯氏不孝之罪。老妇人悲切地哭诉着："大人，您一定要替老妇做主啊。平日里，我的儿媳不仅对我冷言冷语，而且还让我吃剩菜剩饭。甚至今天是我的生日，我见儿媳做了大鱼大肉，本想着可以好好吃一顿美味，谁料，儿媳把鱼肉端到她自己的屋子里大吃大喝。却让我吃白菜萝卜，我连鱼肉的刺都没见到啊。大人，您说说，天下哪有这么黑心的儿媳妇呀？我这条老命活的没意思，还不如死了算了。"

县官听了，忙责问侯氏。谁知，侯氏也哭哭啼啼地只说了一句："大人，民妇冤枉啊。"

然后就哭的成了一个泪人。

这情景，婆媳俩不像是来喊冤的，倒像是比赛哭鼻子的。"呜哩呜哩"得好不热闹。看得站在两旁的差役暗地里偷乐。

堂上的县官见了，却笑不起来。他仔细观察两个"泪人"。只见那老妇人满头白发散乱在额前，弓着的背也在伴着哭声微微颤抖着，看起来非常可怜；再看那媳妇，却是哭得满脸泪水，眼睛红肿，好像还怕人看见似的，不时地拿衣袖掩着面。

不看倒罢了，一看令县官更为难了。心想：我平日里断案清明，难道今天要被这婆媳俩难倒吗？

县官冷静下来，稍微思忖片刻，便心生一计。于是他恭敬地对老妇人说："老人家，你别啼哭了。你家儿媳妇不孝，是万万不该。不过本官身为百姓的父母官，也应该负教化不明之责。现在本官为你们准备两碗长寿面，一来是给您老人家贺寿，二来是希望你们婆媳能和睦相处，您看行吗？"

那老妇人听了，顿时满脸放光彩，她觉得县官大人亲自为她祝寿，真是有面子呀，于是心里开始得意起来。

不一会儿，两个差役端着两碗热腾腾、香喷喷的面条走到婆媳跟前，县官大人忙应声道："两位不必拘束，尽管趁热吃。"

老妇人也不客气，端起一碗就"刷刷"地吃起来。那媳妇稍微迟疑了一下，也只好进餐。

等到两碗面条吃完后，县官大人的案子也顺利地断清了。

请问，你知道县官大人是如何断案的？

## ✿ 第300天　超级间谍

被特工部门视为超级间谍的亚尔弗列得，为了获取一份重要情报，巧妙地伪装成一个记者混入了 G 国举行的一个外交集会。

亚尔弗列得背着高级照相机和闪光灯，利用伪造的记者证件潇洒地步入了会场。就在亚尔弗列得不停地拍照的时候，一位高大的联邦调查局特工大步走到他的跟前。

"记者先生，能看看你的证件吗？"

"当然！请过目。"亚尔弗列得微微含笑，彬彬有礼地递上"记者证"。

那名高大特工仔细看过"记者证"，脸上突然出现一丝冷笑，然后慢悠悠地说："先生，您的造假技术实在太差了，一下子就把您出卖了，还是亮明你的真实面目吧！"高大特工一边说，一边将手伸进衣袋里。

亚尔弗列得知道他在取枪，自己必须立即逃走，而且亚尔弗列得断定面前这个咄咄逼人的家伙肯定是 G 国特工。

亚尔弗列得一边解释一边脑子里迅速盘算着怎么逃走？他想到，自己此时转身逃跑，肯定背后要挨一枪的。

亚尔弗列得毕竟是位名副其实的超级间谍，他急中生智，想出了一个绝妙的办法，终于给自己赢得了时间，很快脱险，顺利逃走了。

# 参考答案

第267天 姜浩在学习的时候，总是选择在星期一、星期三和星期五的午夜来学习，每次都学习2个小时。在星期天的时候，他再拿出2个小时来学习。这样一来，姜浩一个星期的学习时间只有8个小时，而且还恰好满足了妈妈提出的要求。

第268天 马克·吐温给牧师寄去的是字典，牧师说的每一个字自然都包括在字典里。

第269天 一个谎言要用无数个谎话来圆。首先丹尼尔在昏暗的灯光下根本就看不到对方鼻子上的痣。接着他说被强光照射后看清楚了对方的特征，其实当人的眼睛突然被强光扫到的时候会暂时失明，什么也看不见，更不用说是匪徒的面部细节了，所以丹尼尔在撒谎。

第270天 杰克眼尖，他看到伤口在膝盖，但是罗娅太太的长裤却是干净整洁的，说明她在撒谎。

第271天 回帖上这样写着："若是收，便是贪财；若是不收，便是看不起。"

第272天 如果波克是开枪自杀，他不可能有时间把枪放在桌子上。而且，要是小纸条是他预先写好的话，应该在手枪的下面而不是上面。

第273天 不需要重新发牌，也不需要数牌。大家都知道，一副扑克牌共有54张，第一张是发给大明的，所以最后一张应该发给大明的左手邻座。所以，大明只需要将未发完的牌从最后一张开始由下往上发，第一张先发给大明的左手邻座，然后按照逆时针的顺序把牌依次发完就行了。

第274天 因为线索是写在卫生间的手纸上。可得知被害人逃进卫生间后，把手纸拉出几米长，用自己的血写下凶手名字的大写字头，然后再把手纸卷好。这样即使凶手撞开卫生间的门，也不必担心那血写的字母被发现。

过后谁用手纸时就会发现血书而报告警察。警察勘查现场时，没有检查手纸这是个疏忽。

第 275 天　至少要用 20 个人才能检验出毒酒。将这 20 个人每 2 人分成一组，共计 10 组。然后从每组中选出 1 人组成 10 位数组，一共有 1024 种组法。之后把 1000 瓶酒依次标上号，根据编号分别让人饮用。如果每组死一个人，总共会有 1024 种死法，每种死法都对应一瓶酒有毒。之后，再将酒的编号用二进制数表示，便会发现只要 10 位二进制数将酒数完。再把二进制数第一位为 0 的酒混合喂给第一个人，第一位为 1 的酒混合喂给第二个人。根据死去人的编号就能够找出那瓶有毒的酒了。

第 276 天　其实瘦高个男人并没有下错车，是马克侦探故意这样说的。因为经过侦探的观察，如果真像他说的他拿错了提箱，照理，他应该赶快回到车厢拿回自己的手提箱，但他却朝出口走，显然他是做贼心虚，偷了东西想赶快溜。

第 277 天　面对三个美女时，可以先问其中一个人："你说 B 比 A 的等级低吗？"

如果 A 回答"是"的话，那么 B 就是平凡人。如果 A 是好人的话，则 B 比 C 的等级低，因此 B 是坏人，C 是平凡人，所以 B 保证不是平凡人；如果 A 是坏人，则 B 的等级又比 C 高，这就说明了 B 是好人，C 是平凡人，所以 B 肯定不是妖怪，如果 A 是平凡人，那么她自己就是妖怪，所以 B 肯定就不是妖怪。因此，不管是哪种情况，选择 B 都不会结交到妖怪。

如果 A 回答的是"不是"，那么旅行者可以选择 C 做朋友，也不会结交到妖怪。推理方法参考上段。

第 278 天　花瓶中的 13 朵百合，在窗台上放置两个星期后早已枯萎凋谢，花瓣应该会落到窗台和地板上，不可能"只有一点灰尘"而"没有别的东西"。所以探长认为这些花瓣是凶手清理现场时一同清理掉了。

第 279 天　谜底是个"用"字。

第 280 天　王强看到池塘的水是平面的，所以在钓鱼时无法看到人在水中的倒影，证明年轻人在说谎。

第 281 天　王旭那天并没有钓到鱼。因为"6"去了"头"就是"0"，"8"从中截断是两个"0"，"9"去了"尾"也是"0"。

第 282 天　犯人其实是那个修道院院长，因为他在宣布丽娜死讯时喉咙会动，这证明他有喉结，他是男扮女装的，其实这个院长已经被歹徒收买了，是他杀了丽娜。

第 283 天　那个女孩其实是倒着走路的！

第 284 天　盖尔推断，是女职员苏菲小姐安装的。因为根据磁带录音的内容，磁带开始只有关门声而没有脚步声，说明安装录音机的人穿着软底鞋，这样才能保证没有脚步声。

第 285 天　小和尚是这样解释那首诗的："龛去龙字是'合'字，时隐日字是'寺'字（古代'时'写为'時'），敬的文字不在是'苟'字，碎去了石字是'卒'字，几个字连起来就是'合寺苟卒'四个字。"

第 286 天　哈瑞在纸条上是这样写的："先生，我排在队伍的第 21 位，在轮到我面试之前，请您先不要急着作决定。"人事经理非常喜欢哈瑞的机智与自信，尽管前面的应聘者中还有比哈瑞条件更好的人，但他最后还是把这个工作机会给了哈瑞。

第 287 天　小马在开列清单的时候把时间都重复地进行了计算。例如，在双休日，他便把睡觉、吃饭与娱乐的时候都多算了进去，但在计算全年吃饭、睡觉、娱乐时间时，他又没有减去这些已经加进去的时间。

第 288 天　维克先是用安眠药使妻子睡着，再弄到铁路线上，然后赶紧折回 B 车站方向，把人形模特放在这一带的铁道线上。当特快列车轧了人形模特紧急停车时，他又趁乱上了车。这样一来，在列车上的维克就有充分的不在场证明。

第 289 天　第一次诺阿为图书想出的口号是：这是一本总统评价为不错的书；第二次诺阿为图书想出的口号是：这是一本连总统都无法作出评价的书。连总统都不能作出评价，这样的书自然会引起很多人的兴趣，让他们慷慨解囊去购买。

第 290 天 开枪射击时，火药一燃烧便会在射击者的手上和袖口留下颗粒，但是，当克莱斯特检查巴克先生的右手时，发现他的右手既没有火药味，也没有火药的颗粒。因此，确定这起案件为他杀案件，精明的杀手没有料到这一点疏忽暴露了他的罪行。

第 291 天 佳丽是这么回答的："如果我能够嫁给希特勒，我会用自己的语言和行动去感化他，这样也许第二次世界大战就不会爆发了。"在座的观众都被这位佳丽机智的回答所打动，纷纷为她鼓掌喝彩。

第 292 天 盗窃犯把橡胶做成了空橡胶桶，等把这些桶偷运出工厂后，再熔化转卖给别人。

第 293 天 答案很简单，陶壶里面装的是与陶壶材质相同的碎片，所以葛峰砸碎陶壶后，没有发现里面放置的东西。

第 294 天 偷画册的贼是巴伦太太，巴泽尔观察到她近视到连纸币都看不清，但她在 10 米之外怎么能看到了书名呢？

第 295 天 工程师具有恐高症，贝加尔湖在水面上可以看到 40 米深的湖底，所以工程师不可能去那里划船游览的。

第 296 天 在美容室里，游客的头发剃光后，光头上出现了一条深色的分界线。根据常识，盛夏，在海边住上十天半个月，分界线处的头皮和面部一样会受到日光的强烈照射，就会被晒黑，跟被头发盖住的头皮颜色不一样。所以断定该游客这段时间来一直住在海边而不是刚刚入住，并且留的发型是三七开分头，正是犯罪嫌疑人的外貌特征。

第 297 天 这道题解决的方法并不是唯一的，在这里我们利用排中律的逻辑要求来对该题进行解析。

在题目所给的几个条件中，B 和 D 的话是互相矛盾的，由此可知其中有一个人在说真话，而另外一个人说了假话。而题目中已经提到了只有两个人是说真话的，所以 A 和 C 之间也有一人说真话，一人说假话。

我们用 T（ture）和 F（fate）来代表真话与假话，综合上面的推论，可以得到以下推论：

①B (T) D (F)：钱是 D 捐的。

②B (F) D (T)：D 没有捐。

③A (T) C (F)：A、B 都没有捐。

④A (F) C (T)：A、B 都捐了。

前提条件说明，只有两个人捐了款，由此可知：

①和④搭配：有三人捐款，排除。

②和③搭配：有三人没有捐款，排除。

①和③搭配：A、B 均未捐；C、D 捐。

②和④搭配：A、B 捐了；C、D 未捐。

将这两种情况与选项相对应之后，发现本题正确的选项应该是 A 和 C。

第 298 天 巴克看到伊丽莎白一口洁白光亮的牙齿，意识到她在事发时是清醒的，知道蓝莓饼有问题，所以并没有吃。如果她吃过蓝莓饼，她的牙齿在 15 分钟后不会那么洁白光亮，而会因吃蓝莓变蓝。

第 299 天 原来，县官大人让手下人在两碗长寿面里头放了呕吐药，吃完不久，婆媳俩就捧腹而吐，结果婆婆吐出来的都是大鱼大肉，而儿媳妇吐出来的却是白菜萝卜。所以县官大人很快就知道是谁在撒谎了。

第 300 天 亚尔弗列得只要把闪光灯朝特工一照，特工就会暂时失明，然后亚尔弗列得就可以乘机逃跑。

# 第九章 转弯思维训练

## ——思维大转弯，磨练敏锐的洞察力

### ✿ 第 301 天　最后一句歌词

张大爷是一个性格开朗的老人，无论面对任何事情都能"幽默"面对。张大爷患有心脏病，手术治疗失败了，死亡边缘，医生问张大爷是否有什么遗言交代，张大爷深情地望着主刀医生，唱了一句歌词，你知道张大爷唱了什么吗？

### ✿ 第 302 天　驼背、瘸子和单眼瞎

很久以前，在一座桥头上写着这样一句告示：驼背、瘸子、单眼瞎不准过桥。一天，一个驼背、一个瘸子和一个单眼瞎正好一起来到这座桥前想要过桥。可看到桥头这样的告示有些为难。聪明的驼背想到了一个办法，三个人顺利过桥了，你知道驼背想到了什么办法吗？

### ✿ 第 303 天　蚯蚓之死

上课的时候，老师说蚯蚓的存活能力非常强，即使切成两段也不会死。回到家后，小文特意找来了一条蚯蚓，并且把蚯蚓切成了两段，可是最后这条蚯蚓却死了。请问，为什么会出现这种状况呢？

## ✡ 第 304 天　爱嘲笑人的皮特

皮特是一家上市公司的老总，最大的特点就是特别喜欢嘲笑人。一天，皮特正在办公室里办公，忽然几个蒙面歹徒破门而入，且每人手中都持有枪支。警察赶到案发现场的时候，皮特已经死亡，墙上留有歹徒射击的 3 个弹孔，但皮特身上却没有丝毫的损伤，你知道皮特是怎么死的吗？

## ✡ 第 305 天　小北极熊的疑问

从前，在北极住着北极熊一家。一天，小北极熊追着妈妈的屁股后面问自己到底是不是小浣熊，北极熊妈妈很耐心地跟它解释说它是一只北极熊，并不是小浣熊。可这只小北极熊就是不相信。为什么？

## ✡ 第 306 天　小红帽和大灰狼的故事

我们知道，在童话故事中，小红帽是大灰狼的最爱，大灰狼总是想尽办法要吃掉小红帽。但是有一天，小红帽独自一人，很自然地从大灰狼的面前走过，而大灰狼就是眼睁睁地看着小红帽从自己的眼前走过，并没有起身去捉她，为什么？

## ✡ 第 307 天　比萨斜塔

一次，小莉去意大利旅游。到了意大利，自然是要参观最著名的比萨斜塔。但是小莉看到比萨斜塔的时候却一点也不兴奋，而且还很失望。因为小莉看到的比萨斜塔并不倾斜，笔直而立。在比萨斜塔的四周没有任何的修复痕迹，而且小莉所看到的比萨斜塔也绝对不是赝品。那么，你能合理地解释下小莉所看到的比萨斜塔为什么不是倾斜的吗？

## ✡ 第 308 天　没有明确的目的地

随着社会的不断进步和发展，人类的交通工具也逐渐变得越来越便捷。

飞机就是其中一个十分便捷的交通工具。但是有这样一种飞机，它只要飞行起来就没有明确的目的地，从来也不确定会降落到哪里，你知道这是什么飞机吗？

## ✡ 第 309 天　5 分硬币

张海涛现在是一家电器公司的老总，可谓是事业有成的成功人士。可没有几个人知道，他也有一个悲惨的童年。

在张海涛很小的时候，他的父亲就去世了，是母亲含辛茹苦一手把他抚养成人。小时候的张海涛不爱说话，腼腆害羞，因此镇上的大人都喜欢逗他。有一次，一个大人扔了 1 枚 1 角硬币和 1 枚 5 分硬币到张海涛的面前，张海涛却弯腰捡起了那枚 5 分的硬币，旁边围观的人都说他是个小傻瓜，不知道哪个硬币的面值更大。自那以后，总会有人给张海涛扔硬币来逗他，他也会一如既往地捡起那枚 5 分的硬币，而将 1 角的硬币留在地上。

张海涛小时候真是个小傻瓜吗？如果不是他为什么要这么做呢？

## ✡ 第 310 天　直升电梯的好处

随着社会的不断发展，直升电梯逐渐得到了普及。直升电梯除了省时、省力之外，你知道它的最大好处是什么吗？

## ✡ 第 311 天　派出所长

派出所长正在公园里和人下棋，突然一个男孩急匆匆地跑了过来，气喘吁吁地说："快回家吧，你爸爸和我爸爸吵了起来。"旁边下棋的人问派出所长："这是你的什么人？"派出所长回答："这是我儿子。"

请问，吵架的两个人是派出所长的什么人？

## ✡ 第 312 天　水果市场的疯狂购物

星期日，陈翔去附近的水果市场买水果。走到香蕉摊前，见有一堆香蕉便宜卖出，于是陈翔买下了；走到橙子摊前，见有一堆橙子便宜卖出，于是陈翔买下了；走到鸭梨摊前，见有一堆鸭梨便宜卖出，于是陈翔买下了。问，这次水果购物，陈翔一共买了几堆水果？

## 第 313 天　不承认

语文考试的时候，试卷的最后一道题是让同学们自己写一首诗。可珍珍的诗却是从书上抄来的。考试结束之后，老师批评珍珍，说她的诗句是从书上偷来的，但珍珍就是不承认她偷了别人的诗句，你知道珍珍为什么不承认吗？

## 第 314 天　好人与坏蛋

8 个好人和 3 个坏蛋同时搭载一艘游轮，行进的途中游轮不幸遇上了风暴，最后游轮沉入了海中，8 个好人全都淹死了。3 个坏蛋也掉进了水里，不过没多久就又浮上了海面，请问这是为什么？

## 第 315 天　马尾的朝向

有匹马懒洋洋地走出了马圈，它先是向着太阳升起的地方长嘶一声，又转过头来狂奔了数十米；接着，这匹马又向左转弯跑了一会儿，继而又右转弯飞奔起来。最后，它终于跑得有点累了，于是向着自己身后一处牧草丰盛的地方走了过去。

请问，到现在为止，这匹马的马尾朝着哪个方向？

## 第 316 天　王大爷的习惯

王大爷今年已经六十多岁了，天生患有眼疾，看不见东西。虽然说王大爷是一个盲人，但是王大爷却有一个奇怪的习惯，就是天黑出门的时候一定要拿着一个手电照明。你知道这是为什么吗？

## ✿ 第 317 天　回答问题

小新是班里有名的差生，老师上课提问他的时候，他经常结结巴巴回答不上来。可是有一次，小新却和朋友吹牛说："今天上课的时候老师问了一个问题，全班同学除了我，没有人能回答上来。"你知道老师问的是什么问题吗？

## ✿ 第 318 天　孔雀的蛋

王先生在自家院子里养了一只孔雀，可是有一天，这只孔雀却跑到了隔壁张先生的院子里，并在那里下了一个蛋。你觉得这个蛋应该算是谁的呢？

## ✿ 第 319 天　最快的速度

速度是一个比较抽象的名词，一般单纯的表述是很难让人理解的。汽车的速度很快，但是飞机的速度比汽车还要快；飞机的速度很快，但是火箭的速度比飞机的速度更快。那么，你能不能用一个很准确的词语来形容一下最快的速度是怎样的呢？

## ✿ 第 310 天　天气如何

星期六，红红要和妈妈准备外出郊游。早上醒来的时候，红红的妈妈问已经看过天气预报的红红，天气怎么样。红红想了想，指着一只落在日历上的蜜蜂说道："今天的天气就像它们一样。"聪明的你知道红红的意思吗？

## ✿ 第 321 天　最坚固的锁

老陈是镇上出了名的锁匠，不仅会开锁、修锁，而且还会自己制造锁。一天，老陈制造出了一把锁，可以说是世界上任何坚硬的东西都不能将这把锁打开。但是这把锁还是有它害怕的东西，你知道这把锁最怕的是什么吗？

## ✡ 第 322 天　分苹果

在一个篮子中，放了 10 个苹果。现在，要将这 10 个苹果分给 10 个人，且最终篮子里还要剩下 1 个苹果。不准将苹果切开，也不准将苹果榨成汁，那么，你知道该如何分这些苹果吗？

## ✡ 第 323 天　金鸡报晓

古代的时候没有钟表，有个叫汪盛的人养了一群鸡。可是天亮的时候，却没有一只鸡给他报晓，这是为什么呢？

## ✡ 第 324 天　孔明复生

如果诸葛亮还活着，现在的世界会有什么不同？

## ✡ 第 325 天　"神奇"的牛

一个圆形的圈子里养着一头牛，圈子直径有 10 米，中间钉着一根木桩。牛被一根 5 米长的绳子拴着。请问，如果不解开牛身上的绳子，也不割断绳子，这头牛能否吃到圈外的牧草？

## ✡ 第 326 天　脸上的伤痕

崔超又在外面和人打架了，他的脸上被抓了几道伤痕，非常明显。可是第二天崔超上街买东西的时候，路上的行人都看到了他，却没有人认为这些伤痕是和人打架造成的。这是为什么呢？

## ✡ 第 327 天　过独木桥的羊

一只山羊正在过独木桥，走到一半的时候发现，在桥的尽头有一只凶猛的老虎在等待着它。而它回头的时候又发现，一头张着血盆大口的狮子也在等待着它。进退两难，可山羊又不会游泳，最后，这只山羊眼睛一闭，还是过去了，你知道这只山羊是怎么过去的吗？

## ✡ 第328天　两个土匪

很久以前，山上住着两个土匪，这两个土匪自称是山上的大大王和二大王。大大王说，如果山下的人遇见他，一定是必死；二大王说，如果山下的人遇见他，可以活命。一天，大大王和二大王两个人一起下山，走到半山腰的时候，遇见了一个村民。那么，你知道这个村民会怎样吗？

## ✡ 第329天　最喜欢长发的人

你知道这个世界上最喜欢长发的人是谁吗？

## ✡ 第330天　喜剧也忧伤

电影院内正在播放着一位著名笑星的影片，奇怪的是，剧中的男主角表演得越搞笑，台下的观众就哭得越伤心。这是怎么一回事呢？

## ✡ 第331天　赛跑

运动会，小明报名参加了800米赛跑。号令枪响过后，小明箭一般冲出去，可跑了没多久就没有力气了。现在是比赛的最后100米冲刺，小明拼尽全力，超过了第二名的同学，冲过了终点线，那么，你知道小明在这次赛跑当中获得了第几名的成绩吗？

## ✡ 第332天　抽烟的男人

电影院里是明文禁止抽烟的，可是在剧情达到高潮时，有个人开始抽起烟来。不一会儿，烟雾就笼罩了整个屏幕，可是却没有一个观众出来阻止，这是为什么？

## ✧ 第 333 天　咖啡里的手机

陈伟刚刚买了一部苹果手机，他拿在手里爱不释手地玩着，没料到手一滑手机竟然掉到了装满咖啡的杯子里。陈伟赶紧把手机从杯子里拿了出来，奇怪的是，手机却一点都没湿，这是为什么呢？

## ✧ 第 334 天　黑人罪犯

一个黑人在大街上抢了别人的东西，闻讯赶来的警察对他穷追不舍，最后把他逼进了一个白人俱乐部里。警察在俱乐部里找了好几遍，最终也没有找到那个黑人，这是为什么？

## ✧ 第 325 天　无法跨越

阿珍是个聪明伶俐的女孩，有一次她对朋友说："我把一根筷子放在地上，你们这些人谁也跨不过去。"朋友们听了后都说她是在吹牛，结果阿珍真的在地上放了一根筷子，而且她的那些朋友没一个能跨过这根筷子的，你能猜到这是为什么吗？

# 参考答案

第 301 天 张大爷深情地唱道："其实你不懂我的心。"然后就去世了。

第 302 天 驼背拿着一根草棍弯下身，边过桥边画，并说："我为你们画一条线，你们按照这样的路线过桥。"然后单眼瞎排在第二个过桥，捂上一只眼睛，望着线说："我来帮你看看你画的线直不直。"瘸子最后走，拖着坏掉的腿在驼背画好的线上走，边走边说："那我帮你把画完的线用鞋擦掉吧。"

第 303 天 因为小文是竖着把蚯蚓切成两半的。

第 304 天 他是嘲笑歹徒的枪法太差，笑死的。

第 305 天 因为小北极熊一直觉着自己很冷。

第 306 天 因为小红帽今天没有戴红帽，大灰狼没认出来她。

第 307 天 因为小莉所站的位置正好是与比萨斜塔倾斜方向相对的地方。

第 308 天 纸飞机。

第 309 天 张海涛是这么想的，如果他捡了那枚 1 角的硬币，以后就没人会再给他扔硬币了。

第 310 天 避免摔跤的尴尬。如果你在滚梯或者楼梯上不小心摔了一跤，你可能会尴尬地滚落到下一层，但是坐直升电梯，就绝对不会有这样尴尬的事情发生。

第 311 天 一个是派出所长的爸爸，一个是派出所长的丈夫，派出所长是女的。

第 312 天 陈翔一共就买了一堆水果。

第 313 天 因为珍珍认为，诗句还在书上，怎么能算是偷。

第 314 天 因为蛋坏了就会浮上来。

第 315 天 马尾一直都是朝下的。

第 316 天 因为王大爷并不是在为自己照明，而是提醒别人不要撞到他。

第 317 天 老师问的是："小新今天你为什么迟到了?"

第 318 天 蛋是孔雀的。

第 319 天 一步登天。

第 320 天 红红的意思是说，今天天气，风和日丽（蜂和日历）。

第 321 天 当然最怕的是可以开它的钥匙。

第 322 天 每人分一个，分到最后一个人的时候，直接将篮子也送给他。这样，篮子中就剩下了 1 个苹果。

第 323 天 汪盛养的是一群母鸡。

第 324 天 多了一个人。

第 325 天 可以，因为题目中并没有说明牛被拴在木桩上，所以牛可以自由走动。

第 326 天 崔超是抱着一只猫上街的。

第 327 天 晕过去的。

第 328 天 半死不活。

第 329 天 当然是理发师了。

第 330 天 因为这部电影是为了悼念这位笑星去世而特别播放的纪念影片。

第 331 天 第二名。

第 332 天 抽烟的男人是影片中出现的人物。

第 333 天 因为杯子里装的是咖啡粉。

第 334 天 黑人吓得脸色煞白，所以警察没有发现他。

第 335 天 阿珍把筷子放在了墙角，前面有一堵墙挡着，当然没人能跨过这根筷子了。

# 第十章 应用思维训练

## ——着眼现实，立足生活，思维大升华

### ✿ 第 336 天　苍蝇的重量

物理课上，老师问大家："一个瓶子的瓶底停着一只苍蝇，它们合起来的重量是 520 克。如果苍蝇飞在瓶子里，它们的重量有没有变化？"有的同学说，重量会变轻。老师没有说正确与否，而是做了一个实验。

老师拿来一架天平，在天平的右边放上一个装有苍蝇的瓶子，左边放上砝码，这时苍蝇停在瓶底，天平两边平衡。当苍蝇飞起来后，所有同学的眼睛睁得大大的，怪了，那天平仍是平衡的。你知道这是为什么吗？

### ✿ 第 337 天　谁是小偷

索尼娅先生是位考古学家，独自住在郊外的别墅里。每年，索尼娅先生都有好几个月在外工作。不在家的时候，就委托邻居杰克帮他照看房子。

这一天上午，索尼娅先生远道归来，刚走到大门口，杰克急忙跑来告诉他："先生，不好了，您家里昨晚遭窃了……"

索尼娅先生还没等杰克话说完，就连忙跑进屋子一看，果然，屋子里一片凌乱。经过清点，索尼娅先生发现丢失了几件价值昂贵的古玩和 10 万美元。

索尼娅先生便请来詹尼斯警长，詹尼斯警长向杰克了解失窃情况。

杰克说："昨天夜里我听见索尼娅先生家里有响动，便起来看看出了什

么事。走进别墅的院子后，发现门是虚掩的。我想着先不要惊动里面的人，就偷偷地趴在窗子上往里看，但是玻璃窗上覆盖着一层厚厚的冰，看不到里面的情况。我对着玻璃使劲哈了几口热气，擦了擦，这才看清屋里有个家伙在翻箱倒柜。我冲进去与那盗贼搏斗，但是那家伙身强体壮，我根本不是他的对手，就让他溜了。"

"够了！"詹尼斯打断了杰克的话，"你撒的谎话太愚蠢了，你就是小偷！"

这是怎么回事呢？

## ✡ 第 338 天　朋友聚会

海南的李宇、刘夏、张宏、赵旺 4 个好朋友都以出海打鱼为生。新年元旦那天 4 个人都随着自己的船队出海了。他们去的海域远近不同，回来的时间也不同。李宇每隔 16 个星期回来一次，刘夏每隔 12 个星期回来一次，张宏每隔 8 个星期回来一次，赵旺每隔 4 个星期回来一次。他们约定 4 个人都回来的那一天再相聚在一起喝酒聊天。你帮他们算算，那一天什么时候到来呢？

## ✡ 第 339 天　抢手表

3 月初的一天，警官小吴正在街上巡逻时，忽然听到前面拐角处有争吵声，就前来查看。

只见一胖一瘦两名男子一边嘴里争执，一边互相撕扯着。小吴走近一看，原来他们是在争夺一只手表。手表看起来还是崭新的，虽然不是特别名贵，但也值不少钱。

两名男子看到有警官走过来，就停止了争执。

那个看起来有点消瘦的男子首先抢着开口了："警察先生，我刚刚下班，回家的半路上，他突然冲出来要抢我的手表。"

"是你抢我的手表吧。"那个有点微胖的男子也不甘示弱。

"你们两个别争了，慢慢把情况说来。"小吴厉声道。

"这只手表是我女朋友给我买的，前段时间刚过了情人节。我女朋友为了给我送礼物，把自己养了好几年的长发都剪掉了。"偏瘦的男子说完，面露难过之色。

"他胡说，这是我老爸前几天刚给我买的。警官先生，你看这只手表价格不菲，他哪有资格戴。"

小吴看了看衣着破烂的消瘦男子，再看看衣着光鲜的微胖男子。突然灵机一动，想到了一个办法，然后很快就知道手表的主人是谁了，小吴就毫不留情地把那个抢手表的人拘捕了。

那么，究竟警官用的是什么办法？

## ✡ 第 340 天　照片上的线索

天鹅湾小区里到了夏天，非常漂亮，简直可以跟公园相比美。只见绿油油的草坪铺盖在地面上，路边的高大梧桐树下洒满斑斓的阳光，池塘边婀娜的杨柳随风摇摆，花园里正是百花齐放的一番胜景，蝶飞凤舞，美丽极了。

吃过晚饭以后，年轻男孩女孩们，拿着录音机，来到大草坪上跳舞唱歌；爸爸妈妈们，则牵着孩子或推着儿童车里的可爱婴儿悠闲地散步；老人们则摇着扇子，来到树荫下，聊着古老的故事。

幸运的是，林建就住在这个小区里，不过又不幸的是他经常错过这一番美景。这都要怪林建的工作，他是一名警察，经常因公务缠身，很晚才能回家。

今天，林建忙完了工作，已经是 11 点多了，刚准备下班回家。忽然，报警电话铃响了，他接起电话，是一个男子的声音，他报案说自己的妻子被人杀害了

林建问他的地址，那男子报出来是天鹅湾小区 6 幢 603。真的很巧，林建也住在 6 幢楼，并且就住在他的对门。两家人虽然不常见面，但林建依稀记得那夫妻俩的样子，男人个子不高，女人却很漂亮，且看起来比丈夫年轻

好几岁呢。这段时间来，好像夫妻俩的关系不太好，经常听到他们吵架，有时是深夜，有时是大清早的。今早，林建出门时，似乎听见他们在屋里吵架呢。

林建马上带着法医，赶到现场，经过检查，死者是被人勒死的，脖子上有明显的深紫色痕迹，死亡时间大概是下午3点钟。

男人好像也认出来林建，低着头说："最近我和妻子因为一些小事经常吵架，今天吃完午饭，妻子又跟我吵起来，我一怒之下就离家出去了。然后到公园里去散心，直到下午6点，我就去饭店里吃饭，正好碰见一个朋友两个人就边喝酒边聊天，直到11点多才回来。回来却看见妻子……"男人说着抽泣起来。

"你说下午你在公园，你有什么证据吗？"林建问。

"有，我当时本来心情不好的，这时，一个小男孩走到我身边，让我给他跟梅花鹿拍一张照。然后我也就顺便拍了一张。"男人说着拿出手机翻出照片。

林建看见照片中男人站在一只高大的雄鹿旁边，雄鹿的鹿角竖起来好像高高的树杈，显得那么威风，使得身旁的男人显得更矮小了。

林建看着照片说："你就是凶手吧，快说实话吧！"

林建警长根据什么说男子是凶手呢？

## ✿ 第341天  自作聪明的女仆

玛丽娜小姐被邀请到姐姐家玩了几天回到家来，当她高高兴兴地推开门，却被眼前的一幕吓呆了。只见屋子里被翻得凌乱不堪，抽屉全部被拉开，柜子被撬开，乱七八糟的东西散落了一地。连她心爱的金鱼缸也被砸碎在地。玛丽娜心里一紧，立即跑到卧室一看，放在床头的保险柜也无影无踪了。

玛丽娜气得浑身哆嗦，大叫仆人们过来。咆哮着质问她们："小偷是什么时候进来的？怎么进来的？"

仆人们吓得不敢多言，只是都一个个摇摇头。

玛丽娜几近崩溃，突然她想到在回家的火车上认识的新朋友杰克，他可是当地有名的侦探。于是立马拨通他的电话。

没一会儿，侦探杰克就来到玛丽娜家。勘查了现场后，杰克开始询问仆人们："玛丽娜小姐走后这几天，有没有陌生人来访？"

仆人们都说没有。

"那小偷就有可能是你们其中的一个了。"

仆人们都跪倒在地，大叫着："先生，绝对不是我们。"

这时，一个名叫苏菲的女仆急忙上前道："侦探，我这几天都没在家，才刚刚回来，玛丽娜小姐知道的。我请了几天假回去看望我乡下的妈妈。"

玛丽娜小姐答："是的，的确如此。苏菲在我走的时候已经回老家了。"

这个机灵的女仆又说："我刚才进去看了一下，打碎鱼缸里的水还没干，小偷肯定是刚走不久。"

杰克立即走到窗前，阳光照射进来，但地板上打碎的鱼缸旁仍然有一摊水渍。难道小偷真的是刚走？但是他又感到很奇怪，为什么其他在家的仆人都默不作声，几天都不在家的苏菲却极力在为自己辩解呢？

杰克俯下身子仔细打量这摊水渍，之后拿起两条死去的金鱼，摸了摸，他感到金鱼的身体非常冰凉，他嘴角突然开始上翘，轻蔑地说道："苏菲，你不要再自作聪明了，赶快把偷走的东西全部交出来。"

为什么杰克会认为苏菲是小偷呢？

## ✿ 第 342 天　合欢树下的命案

唐朝的时候，李光奉皇上的命令，从驻地赶往京都长安。为了一路上的方便，他没有带随从，也没有穿官衣，只是一人一马，穿着便装上路了。

这一天，李光正往前疾驰着，忽然，头顶上乌云密布，眼看着一场大暴雨就要到来。他勒住了马，四处打量，想找个地方躲躲雨。

远远地，李光看见有一个小客栈，正想策马赶过去，可是已经来不及了，大雨哗哗地落下，李光只好冒着雨赶到了客栈。

李光将马拴在院子里的马桩上，便推门进了客栈。他一边抖落身上的雨水，一边观察着客栈里面，发现屋里有4个人也是浑身湿淋淋的，正围在一起烤火，见到李光进屋都纷纷同他打招呼。李光便很友好地回着话，同时，让店老板做了几个小菜，也凑到火盆旁一边烤着火一边自斟自饮。

喝了几口，李光突然看见从店堂当中的楼梯上走下来一个中年男子，瓮声瓮气地要老板做些饭菜送到楼上去。李光见他穿得干干净净，心想这个人一定是留宿在这个小客栈已有多日，便没有多琢磨。

大雨来得快去得也快，李光一壶酒刚刚喝完，外面的大雨就停了，众人便都纷纷起身准备上路。

这时，后院突然传来一声尖叫。原来店小二发现有一个陌生男子被人杀死在后院了，大家便纷纷跑过去观看，李光也紧随众人到了后院，一瞧，只见有一个满脸胡须的男人，仰面躺在后院的一棵合欢树下，身上插着一把刀。

李光见此情景，当即亮明了身份，并开始查验现场。他发现由于刚刚的大雨，死者身上及地上的血迹已经基本被冲掉了。他又检查了死者的身上，发现死者身上的财物已经被洗劫一空。于是，他向众人说道："我估计这是一起抢劫案！"

李光命现场所有人都不要离开，继续查验现场，希望能发现一些破案的线索，可他搜寻了半天，没有发现任何有价值的东西，不禁让他有些灰心。

李光在院里踱来踱去，目光也四处寻觅着，突然，他把目光停在了那棵合欢树上。他紧走几步，来到合欢树跟前，仔细地检查着。此时，在雨后明媚的阳光下，合欢树上几片带血的叶子立刻吸引了他的注意。

他眼珠一转，心里有了主意，便悄悄地叫过来店老板，轻声地问道："下雨前，你的店里住着几个人呀？"

店老板说道："就住着楼上的一个人，而且他已住了好几天了！"

"好吧！我告诉你，"说着，他又把周围的那些人也叫了过来，"我现在郑重宣布，行凶抢劫者就是楼上的那个中年男子!"

随后，李光便带着大家来到二楼，先将那个男子按住，然后开始搜查，一会儿工夫就在他的客房里搜出几个带有血迹的元宝和一些古玩。

大家纷纷赞叹李光断案如神，并请教他是如何发现凶手的。

李光便向众人讲述了他断案的根据。你能猜到吗?

## ✿ 第 343 天　韩信点兵

韩信点兵又称为中国剩余定理。相传汉高祖刘邦问大将军韩信统御兵士多少，韩信答说，兵不满一万，每 5 人一列、9 人一列、13 人一列、17 人一列都剩 3 人。刘邦茫然而不知其数。请问，兵有多少?

## ✿ 第 344 天　小玲被关在哪间小屋

小玲是一个聪明的姑娘，可惜天生双目失明。在一个炎热的夏日午后，小玲被绑架了。家人交了赎金后，她才平安回到家。小玲凭着记忆告诉警察：绑架她的好像是几个渔民，因为她能闻到他们身上的鱼腥味；她被关在一个小屋里，非常闷热，尤其是白天，不过到了晚上就会凉快些，因为会有风吹进来，隐隐约约可以听到远处有海浪的声音。

警察判断小玲被关的小屋应该离海边不远。果然在海边靠近丘陵的不远处找到了两间小木屋，小屋外观上看去几乎一模一样，只不过窗口开着的方向不同，一间窗口朝南，一间窗口朝北，海岸面向海的方向是南面，北面对着丘陵。可是小玲究竟被关在哪一个小屋呢?

聪明的你知道吗?

## ✿ 第 345 天　凶手的血型

一天晚上，传媒大亨鲍伯的大儿子布莱尔彻夜未归。第二天清晨，布莱尔的尸体在高尔夫俱乐部的更衣室里被人发现，警察们立刻来到了现场。

经过警方的鉴定发现，布莱尔衣服上留下的血迹中，有两种血型，一种是 A 型血、一种是 AB 型血。而布莱尔自己的血型是 A 型血，那么另一种血型的血迹应该就是凶手留下的了。可是 AB 型血的人那么多，究竟是谁呢？

经过警方的调查，很快便得知布莱尔的弟弟布来兹正为争夺继任父亲公司总裁的位置和他闹得不可开交，而布来兹在案发的当天晚上也神秘失踪了，找不到人就无法确定他的血型。

警方曾拜访过鲍勃夫妇希望能从他们那里得知布来兹的血型，但是他父母都说不太清楚。还有一位嫌疑人就是布来兹的妻子，经过了解她的血型是 B 型血，所以排除了她作案的可能。但值得注意的是布来兹的妻子的哥哥巴尔也在这两天消失了。

眼看着案子陷入了困境，警长思前想后，请来了有名的侦探里克过来帮忙。里克了解了案情后，询问有没有问过他们的父母，警长答询问过。

"我指的不是这个意思。"里克侦探一副神秘的样子，"我是说问问他们父母的血型就会知道布来兹的血型了。"

警长一脸不可置信的表情望着侦探，不明白他说的是什么意思。在心里嘀咕"鲍伯夫妇总不至于杀死自己的孩子吧。"

随后警长和里克侦探一道又来到鲍伯夫妇家，取回了血型样本。回到警局经过法医鉴定：鲍伯的血型是 O 型血，鲍伯夫人的是 AB 型血。

"现在好了，很明显就知道凶手是谁了。"里克侦探说。

警长还是满脸的狐疑，里克侦探解释了一番后，他才恍然大悟。

你知道凶手是谁吗？

## ✿ 第 346 天　可怕的椰蟹

某个热带岛上种植着很多椰树，当然有椰树的地方就会有很多椰蟹。

夏天的午后，许多人会来到沙滩上散步，海水里也会有很多人戏水，还有的人穿着泳衣躺在沙滩上只是享受美妙的阳光。

这天，一对年轻夫妇沿着海岸散步，走到一个拐弯处，看到一个男子只穿着泳裤躺在一棵高大的椰树底下，头上盖着草帽，看不到他的脸。

"似乎睡着了。"丈夫笑着对妻子说。

"是呀。"妻子回笑着说，两人正准备往前走，妻子突然叫起来："快看，他的头部好像在流血。"

夫妻俩上前把草帽挪开一看，该男子头部果然在淌血，于是赶紧报了警。

警察赶到后，经过鉴定发现该男子已经死亡大约两三个小时了，男子是被击中要命处——太阳穴死掉的。警方在他身边发现一颗硕大的椰子，椰子上还有斑驳的血迹。除了这个，沙地上还有很明显的大椰蟹爬过的痕迹。

"可怜的男子应该是被一只大椰蟹害死的。"一个警察说，"肯定是大椰蟹爬上椰树，用它的大钳子剪断了椰柄，然后这颗硕大的椰子砸下来正巧击中他的太阳穴。"

但警长却断然地说："这是一起谋杀案。"

你知道为什么警长这样说？

## ✿ 第 347 天  识破企业家的谎话

有社会责任感的企业家往往会做慈善，沽名钓誉的企业家也"做慈善"。有个民间团体组织了一次慈善活动，为西部儿童献一份爱心。现场有一位企业家说："我本人经常做慈善，因为这是企业家应承担的责任。曾经有一次去西部旅游，我遇到 10 位穷人，当时我身上没有现金，却恰好有 50 枚金币，我就把金币都分给了他们。但并不是每个人分 5 枚，因为他们的贫困程度不同，所以分得的金币自然也应不同。结果我正好把 50 枚金币分完，他们所得的金币数都不相等。"

现场的人们听后，都为这个企业家鼓起了掌，只有一位年轻人说："大叔，您要么在撒谎，要么就是数学没学好……"听完年轻人后面的话，这位企业家一脸狼狈，说不出话来。

年轻人为什么会那样说呢？

## ✡ 第 348 天　奇怪的生日

李贺、李奇是双胞胎兄弟，弟弟李奇今天已经在过第四个生日了，而哥哥李贺昨天才过完第二个生日，为什么会这样呢？

## ✡ 第 349 天　军师的妙方

古时候有一员大将名叫刘光，此人勇冠三军只是缺少智谋，因此皇上为他配备了一名军师。有一天黄昏，刘光在长江北岸安营扎寨。当时正当长江汛期，一夜之间长江水势暴涨，江面变得波涛汹涌。刘光大军本来天明就要过江，但他们的船根本过不了江，还没到江心就会被咆哮的江水掀翻了。

军令如山，刘光的军队今天必须过江。刘光请军师出策，军师胸有成竹地说："水势太急，船根本过不去，又没有桥，看来我们只能这样了……"刘光听后大喜，立即命士兵们动起手来。到了下午，大军乘船安然过江。

你知道，军师想出的是什么办法吗？

## ✡ 第 350 天　如何找到罪犯

夜深人静的时候，农场主夫妇俩被一声响惊醒了。丈夫刚准备起身查看发生什么事情了，一个蒙面的人从窗子里跳进屋子，手持一把手枪对着床上的夫妇俩。

只听蒙面的人说道："不许动，不然打死你们，识相点把值钱的东西交出来。"夫妇俩这才意识到家里进来抢劫犯了。

蒙面的人用枪逼着，把夫妇俩绑起来。然后翻箱倒柜，拿走了所有值钱的东西，又跳窗子逃走了。

案发以后 10 分钟，夫妇俩想尽办法，终于挣脱了绳子，马上打电话报警。巴德警长检查现场以后，认为罪犯熟悉农场主家的情况，肯定是农场内部员工。他马上叫来了"黑虎"。

"黑虎"是一只优秀的警犬，它，高大英俊，威武而又聪明。"黑虎"的嗅觉特别灵敏，坏人在现场留下的气味，"黑虎"闻了以后，就会牢牢记住，然后闻着坏人的脚印，带领警察们一路追踪。追上坏人以后，"汪汪汪"叫三声，胆小的坏人就会吓破胆，脚一软，乖乖举手投降。如果胆大的坏人想举枪顽抗，"黑虎"会勇敢地扑上去，咬住罪犯的手，等警察来把罪犯抓住。

巴德警长拍拍"黑虎"的头，让它闻罪犯拿过的绳子，它吸吸鼻子，然后叫了一声，表示已经记住了坏人的气味。警长一声口哨"黑虎"立刻像箭一样冲了出去。

他们沿着田间小路，转了几个弯，一路追踪到养牛场里，"黑虎"突然打了好几个喷嚏，接着往草地上的牛群跑去。这时候，它的速度减慢了，东转转，西闻闻，显出犹豫不决的样子，最后竟然停了下来。巴德警长知道，罪犯太狡猾了，施展了小伎俩使警犬闻不到他的气味。不过，反而提供了找到罪犯的办法。

为什么警犬闻不到罪犯的气味了？巴德警长有什么办法找到罪犯？

## ✡ 第 351 天　该死的纵火犯

在郊区的农庄里，有一位叫作安斯艾尔的庄园主，他有一个闻名全国的葡萄园。安斯艾尔视他的葡萄园如珍宝，专门盖了自动调节温度的玻璃房，让葡萄藤在最好的环境里生长。

6 月的盛夏，太阳炽热地烤着大地。安斯艾尔生怕葡萄藤被太阳烤坏了，便拿出大批用来喂马的干草铺到玻璃房里，又在干草上面放上自制的铁槽，里面盛满了大量冰块，在调低了玻璃房的温控系统后，温度表上显示玻璃房内终于下降至 23℃，忙活了一天的安斯艾尔脸上也露出了笑容。

到了下午，天气忽然开始转阴，下起了淅淅沥沥的小雨。并且越下越大，整整一晚上也没停，直到天亮。

安斯艾尔安心地睡了个长觉，直到快要吃午饭时才起床。这时，太阳已经高高挂起，他来到葡萄园望着玻璃房内的葡萄叶上还挂着晶莹剔透的水珠，心里美滋滋的，感叹道：真是一场及时雨呀。雨后的气温一下子凉爽了好多，气温降下来，再也不用担心葡萄藤晒坏了。安斯艾尔又想到：刚刚下完雨，正好给葡萄施点肥，让它们茁壮生长。打定主意，他吃完午饭便套上马车赶往镇上。

马车刚刚走出庄园 500 米。安斯艾尔忽然看到庄园里冒起一股滚滚浓烟，很快，红色的火苗像蛇一样蹿了起来，看方位，正是种植葡萄的地方！他大惊失色，连忙跳下马车，跑进庄园，往葡萄园飞奔过去。当他钻进玻璃房时，看见铺着的干草已经完全燃烧了起来，火势凶猛。不一会儿，珍贵的葡萄藤完全被大火吞没了。等火完全扑灭的时候，葡萄藤也差不多都被烧焦了。

"天啊，是谁放的火？"安斯艾尔瘫坐在地上大哭起来。

冷静下来后，他连忙给老朋友安东尼打电话说："今年我要破产了，无论如何，请你一定把那个该死的纵火犯找出来！"

安东尼探长立刻带领警察赶到现场，侦察了一番，发现在现场只有安斯艾尔自己和两个赶来救火的园工的脚印，除此之外找不到任何其他人的脚印了。

"奇怪了，雨直到天亮才停，大火也是早上烧起的，如果说有人过来放火肯定会在湿地上踩下脚印的。"一个警察说。

安东尼探长转向安斯艾尔的两个园工询问，他们都说没看到有人进了葡萄园。安斯艾尔觉得诡秘极了，把探长拉到一边悄悄地说："真是不可思议，难道是鬼魂来放火？"探长扑哧笑了，摇摇头说："不可能的，世上哪有什么鬼魂。"

说完，他围着玻璃房转了一圈，此刻，正是大中午，火红的太阳直射到地面上，烤得脸上也火辣辣的。这时，一道强光刺到了安东尼探长的眼睛，探长挪开几步，他马上观察强光的来源，原来是玻璃房顶部上面的圆形凹槽，凹槽一个连一个排列在房顶边缘，形成一个个圆圈。"这些是透水孔。"安斯艾尔见探长俯下身子观察凹槽，便在一旁解释道，"是用来让房顶积水流下来的。"

安东尼探长突然说道："我知道那该死的纵火犯是谁了，并不是什么鬼魂，而是这些圆形凹槽！"

"什么?"安斯艾尔吃惊地叫道，他怎么也没想到这些圆形凹槽就是毁掉葡萄园的凶手！

你想到了吗?

## ✡ 第 352 天　报童

石、黄两家是邻居，石家有 2 个孩子，分别叫石小唐、石小寒；黄家有 3 个孩子，分别叫黄小穹、黄小天、黄小沧。暑假期间，这 5 个孩子每天一起卖报纸，他们每天卖 10 个小时，5 个人轮流着每人卖两个小时。

这一天，石小唐首先卖掉了所有报纸的 $\frac{1}{4}$，再加 1 张报纸；接着，黄小穹又卖掉了剩余报纸的 $\frac{1}{4}$，另加 1 张；然后，石小寒又卖掉了剩余报纸的 $\frac{1}{4}$，另加 1 张；接下来 2 个小时，黄小天又卖掉剩余报纸的 $\frac{1}{4}$，另加 1 张。这时，石家的两个孩子比黄家的两个孩子多卖出 100 张报纸。最后，黄小沧把剩余所有报纸都卖完了。这时，黄家的 3 个孩子比石家的 2 个孩子卖出的报纸多。

请问，黄家的孩子比石家的孩子多卖了多少份报纸，报纸总数是多少?

## ✡ 第 353 天　燃烧的雪茄

毕夏普拥有一座宏伟的私人博物馆，坐落在最繁华的商业区。毕夏普给他的私人博物馆取名叫思考博物馆，因为博物馆紧邻一座天主教堂，而且毕夏普自己本人也是天主教的忠诚信仰者。

毕夏普花了毕生巨大的心血，收藏了许多价值连城的古董放置在思考博物馆中，其中最珍贵的是一副来自埃及图坦卡蒙王的寝陵的法老面具。这副面具用纯黄金手工锻造而成，黄金的表面又镶嵌着璀璨夺目的珍珠宝石，尤其是面具的两只眼睛，更是难得一见的珍品，那是两块发着幽光的蓝紫色宝石。10 年前，毕夏普花费重金买下了这副已经流传几世的面具后，决定把它当作思考博物馆的"镇馆之宝。"

在平常的日子毕夏普甚至都舍不得把他的镇馆之宝陈列出来给参观者欣赏。而在这一天却例外，因为这一天可是不同寻常的日子，是重大日子，是思考博物馆成立十周年纪念日。

当毕夏普把这副美轮美奂的面具展现在人们的眼前时，所有人都被它的精美所折服，惊叹世界上竟有这样神奇的宝物，毕夏普听了心里得意扬扬的。可惜，镇馆之宝只在博物馆大堂里展览了两个小时，就被毕夏普拿回他的私人办公室，锁在了保险柜里。

下午 6 点，是博物馆关闭的时间，这时已经是 5：40 了，所有游客都开始陆续离开。保安人员在清完场后，就开始例行的安全检查。可直到博物馆关闭，却还不见毕夏普馆长出现。

保安负责人约翰觉得有点奇怪。今天这么重大的日子，毕夏普馆长除了在展览那副面具的时候出现，返回办公室后，就再也没出现。难道是在办公室会见重要的人物？约翰边想边来到毕夏普馆长的私人办公室。在门外听了听，却没有声音。他于是开始敲门，可是连敲了几下，屋子里还是没有反应，约翰觉得有点不对劲，就破门而入。却看到毕夏普馆长倒在血泊之中，一把匕首直直地插在他的心脏上。旁边的保险柜也是大开着的，约翰发现图坦卡蒙王面具和一些珍贵文物都已经不翼而飞，馆长的办公桌上，一支未燃尽的雪茄还在冒着一缕缕青烟，把旁边放着的望远镜笼罩在一片氤氲中。看来凶手刚走没多久，约翰赶紧集合所有的保安人员在博物馆里搜查，同时报了警。

警察来到博物馆后，很难想象戒备如此森严的博物馆里，竟然有人在光天化日之下杀了人还偷了东西。

通过对雪茄燃烧长度的判断，毕夏普馆长死亡的时间大约是下午 5：30 左右。警方了解到在图坦卡蒙王面具展览之后，收藏家鲍里斯先生前来拜访过馆长，不过他在 3 点钟就离开了。并且，下午 5：30 的时候鲍里斯先生正在参加一个慈善募捐活动，有完美的不在场的证明。此外，毕夏普馆长一下午再也没有会见任何人。

负责侦破工作的警察波文感到十分棘手。毕夏普馆长喜欢打高尔夫球，身体十分健壮。如果凶手是从窗子外面跳进来的，那么毕夏普馆长一定会大声呼救，并且和凶手展开搏斗的，不可能轻易让凶手杀死。

但是毕夏普馆长的生命就是在悄无声息的情况下结束了。波文从直插进心脏的匕首上推断，凶手是在很近的地方作案，可唯一接触过毕夏普的鲍里斯又不在场。究竟谁是真正的凶手？波文走到窗口，在夕阳的照射下，旁边天主教堂的尖顶在地面上拉出长长的影子，波文又回头看看桌子上的地球仪、望远镜和古董，忽然明白了凶手是如何成功作案的。

这到底是怎么回事？

## ✿ 第 354 天　穿越封锁线

第二次世界大战期间，英国一名士兵想要穿越德军的封锁线，给盟军的部队送去一封重要的情报。可是要到达自己的后方，英国士兵必须先过一座桥，桥面现在已经被德军控制。桥的中间有一个哨所，德军哨兵每隔 5 分钟就要出来巡查一次，而穿过整座桥需要 7 分钟。巡查的士兵看到有人试图过桥，就会把人赶回去。

请问，英国士兵怎样做才能过桥呢？

## ✿ 第 355 天　大黑柜

有一天，有个叫孙明远的瓷器商贩到一家小店投宿。店主热情地领他走进一个房间，只见炕上已经躺着两个人，炕头堆放着五六匹布，孙明远猜想他们应该是布商。没有多想，孙明远便脱鞋上炕，很快便进入了梦乡。正在睡梦中，孙明远觉得被人拽起来，他迷迷糊糊地睁眼一看，是一黑脸醉汉。

"快起来，我要买碗！"

孙明远从没碰到过这样的主顾，没好气地说："深更半夜的，不卖!"

"不卖?"醉汉抄起炕边的一根扁担就往瓷器担子上砸。孙明远见状吓得死命抱住了醉汉。

这时，一个矮瘦的男人冲进来一边帮忙拽住醉汉，一边客气地劝道："尊兄，我这兄弟性子暴，今天又喝多了，望多包涵。我看您还是换个房间为好。"

孙明远想想也对，跟醉汉能争出个什么。这时，店主人也闻声赶来，把孙明远安排在另一个房间。

同时，矮瘦的男人指挥外面的 4 个人抬进来一个大黑柜，并对店主人说："我们弟兄 6 个人都住这屋。"

孙明远生了顿闷气，躺在炕上辗转难眠。不知过了多久，他听见隔壁房间传来了醉汉的声音："杀死他俩了吗?"有人回答："杀了……"孙明远心里一惊："他们是强盗?"可又一想，他们 6 个加上 2 个布商，共是 8 人，杀死 2 人，明天早上一查点人数，发现少了 2 个人，不就可以把他们抓起来了吗? 想到这儿，孙明远悄悄来到店主人房里，店主人听他一说，忙叫起店里十几个伙计，暗藏利器，守住了店门。

天亮时，醉汉等 6 人抬着大柜走出房门，2 个布商紧跟在后。店主人傻眼了，只听醉汉喊他："店家结账!"

孙明远更是疑惑万分，他盯着那个大黑柜，忽然眼睛一亮，大喊一声："拿下强盗!"众伙计立即冲出，将黑脸醉汉等 6 名强盗及 2 个布商捉获，并从黑柜里搜出了 2 个布商的尸体。

孙明远是怎样破的案呢?

## ✡ 第 356 天　神奇的杯子

把一根 2 米长绳子的一端，缚在一只杯子柄上，另一端系在天花板的吊钩上，使杯子悬挂起来，要求剪断绳中央，杯子却不会落下，应如何办?

## ✡ 第 357 天　聪明的李奶奶

李奶奶的孙子放学回家，吵着闹着要吃饺子。她拗不过孙子，只好收拾一下准备包饺子。可是要和面的时候，李奶奶才发现家里没有面粉了，于是她又骑上三轮车去粮店买面。因为出来的时候太匆忙，李奶奶忘记带装面粉的工具，粮店的营业人员给她称好了面粉，李奶奶却没法把面粉带走。

好心的营业员看李奶奶没带面袋，便对她说："大妈您别着急，我这里有一个盆可以借给您用，不过要在下班之前给我送回来。"

李奶奶看了看墙上的挂钟，现在已经 5 点 45 了，还有 15 分钟粮店就要关门。而李奶奶家又离得比较远，15 分钟说什么也不可能走个来回。怎样才能把面粉带回去呢？李奶奶想了半天，终于想到了一个好办法。最后她不仅把买来的面粉全部带回了家。而且还没有借助任何的容器。

你知道李奶奶想到了什么好方法吗？

## ✡ 第 358 天　智救自己

特工阿诺德成功获取了走私集团的情报，可是在撤离的时候被一颗暗中飞来的子弹打中了，蜂拥而来的走私贩牢牢地抓住了他。

阿诺德被关在阴暗潮湿的地牢里，中弹的大腿上疼痛欲裂。阿诺德很沮丧，被一群小喽啰就抓住了，还要被他们折磨。难道，要死在这里吗？要知道，天亮的时候，走私集团的老板就会回来，他屡次栽在阿诺德手里，这次他一定会亲手杀死阿诺德的。

这时，看守地牢的矮个子男人说："阿诺德，也许我可以帮你点小忙，让你逃走，出去以后，往北 8 公里有个警察局。"矮个子男人说着就从窗外扔进来一根钢锯。

"为什么帮我？"阿诺德又惊又喜。

矮个子男人叹了口气说道："其实我并不是走私贩，我本是一名安守本分的庄稼人，半个月前，被走私贩拉来跟他们干，我不大愿意，他们就威胁我。我是新手，所以他们就先让我看守地牢。好了，不多说了，时间不多了，我 2 小时以后就要换班，你动作快点，我只能帮到你这里了。"

矮个子男人走后，阿诺德对准地牢铁栏，飞快地锯起来，当锯断两根铁栏后，阿诺德钻出了地牢，他忍着疼痛狂奔起来，很快逃离了走私贩营地。

不知道跑了多久，阿诺德才气喘吁吁地停了下来，他发现自己身处在一片茂密的、一丝阳光也看不见的原始森林里。阿诺德脑子里一片空白，这要怎么分辨东南西北呀？找不到方向，自己最终会饿死在森林里的。

阿诺德焦急地把浑身上下搜了几遍，也没找到能够指示方向的东西，只是从口袋里掏出一个打火机、一个回形针、一块丝织手巾，可是这些东西一点用都没有。

阿诺德苦恼地低下了头，望着地上的一摊积水发愣，突然他灵机一动，马上又重新拿出刚才的三样东西制作了一个指南针，很快找到了方向，顺利地逃出了原始森林。

阿诺德的指南针是怎样做的呢？

## ✪ 第 359 天　爸爸分果子

爸爸要将一堆果子分给 5 个孩子。老大得到果子的 $\frac{1}{5}$ 的 $\frac{4}{9}$，老二得到果子 $\frac{1}{5}$ 的 $\frac{17}{35}$，老三得到果子 $\frac{1}{5}$ 的 $\frac{3}{7}$，老四得到果子 $\frac{1}{5}$ 的 $\frac{101}{203}$，老五得到果子 $\frac{1}{5}$ 的 $\frac{151}{301}$，你能快速猜出这 5 个孩子中谁得到的果子最多吗？

## ✪ 第 360 天　巧过独木桥

阿龙身材魁梧，相貌粗犷，一眼看上去像是个坏人。可是，阿龙不仅不是坏人，还是个非常有爱心的人，平时他甚至连小动物都不忍心伤害。

有一天，阿龙从城里做完生意回来，挑着一副空担子。那天他的生意非常不错，两个篮子的苹果全都卖光了。阿龙回家的路上要经过一座独木桥，他走到桥中央的时候，发现对面来了一只小猫，急匆匆往桥上走来。阿龙想转身回去给小猫让路，没想到身后的桥上又蹦上来一只兔子，阿龙被两只动物夹在了中间。阿龙这下子不知道如何是好了，前有小猫，后有兔子，无论如何他都是避不过去了。

你能帮阿龙想一个好办法，让阿龙和两只小动物都顺利地过桥吗？

## ✡ 第 361 天  孩子的眼泪

某一段时间，边境地区拐卖婴幼儿的现象特别严重。

一天，青丽市公安局接到一个匿名举报，警方一直追查的一个拐卖婴幼儿的犯罪团伙，某天准备将一批婴幼儿从本地区转到内地去贩卖。

于是青丽市公安局在火车站做了周密的布置，很多刑警都乔装打扮成检票员、列车员和乘客。

离开往内地的火车开车还剩一个小时不到，这时一个抱着婴儿的可疑女子出现在人群中。她一边四下张望着，一边不停地摇哄怀中啼哭的婴儿。

随即，她找了一个空位坐下来。

"呀，小孩是怎么了？哭得这么厉害！"化装成乘客的女刑警童晓也拎着包走过来坐在旁边，关切地问道。

"病了，发烧呢。"年轻女子苦笑着回答，然后低下头心疼地给孩子擦眼泪。

"呀，小可怜，多大呀？发烧怎么还出来坐火车？"说着童晓摸了摸孩子的额头，果然是滚烫的。

"刚满月，我们是从另一个市过来的，需要转车，孩子是在路上着了凉，突然感冒发烧起来，现在不远了，坐两站地就可以下车了。"年轻女子脸上挤出一点笑，又忙着给孩子揩眼泪。

"别撒谎了，这小孩不是你的吧？"童晓突然厉声道，"我们是公安局的，跟我们走一趟吧。"

年轻女子脸色大变，站起来想要逃走，被童晓一把拽过来，拿出手铐铐住，另一名警察赶忙过来抱住小孩。

请问，童晓是怎么知道年轻女子在撒谎，她就是犯罪团伙之一的呢？

## ✡ 第 362 天　山贼闹婚宴

明朝的时候，有一个地主为儿子举办结婚喜宴，给亲朋好友都送了请柬。但是请柬被仆人在路上弄丢了 2 张。有 3 个山贼正好捡到了那 2 张请柬，他们又把请柬交给了山大王。山大王一看是 2 张婚宴请柬，不禁动起了歪心思，于是派人去打探情况。

原来地主的请柬与众不同，每张请柬是连在一起的两张红卡片，进地主家院门时撕下一张红卡，进屋门时再把另一张红卡交给总管。筵席中，如果有事外出，总管会发一张临时通行证。凭这张通行证，可以进出院门，进屋时再交给总管。

山大王眼珠子一转，说："虽然只有两张请柬，但我们可以进去十几个人。我们给他来个里应外合，新娘子如果很漂亮就抢回来做压寨夫人，如果不漂亮就抢些粮食、钱财。"举办婚宴那天，果然如山大王所说，有 3 个山贼进了屋，十几个山贼进了院子，把漂亮的新娘子抢走了。你知道他们是怎么进去的吗？

## ✡ 第 363 天　蜡烛与年龄

梅琳过生日时说："自我出生后，每年都有一个生日蛋糕，上面插着等于我年龄数的蜡烛，迄今为止，我已经吹熄了 231 根蜡烛了。"你能算出她现在多少岁了吗？

## ✡ 第 364 天　燃烧的蜡烛

偏僻农村的电力供应远远不及城市，经常会发生断电。因此，村民们家家户户都准备着蜡烛，可以在断电时照明。有一天刚吃完晚饭，村里就停电了。王小文家还有两支一般长的蜡烛，但粗细不同。完整的粗蜡烛可以点 5

个小时，完整的细蜡烛可以点 4 个小时。王小文把两支蜡烛都点燃了，他就在烛光下看书。不知道过了多久，他看书也看累了，就在这时电又来了，那两支蜡烛还没烧完。王小文看蜡烛所剩不多，就把它们丢掉了。

第二天爸爸问他，昨晚上停电有多长时间。王小文忘了是几点停电，又是几点来电的，只记得他丢掉的那两根蜡烛长度不一样，长蜡烛是短蜡烛的 2 倍。

你能算出停电有多长时间吗？

## ✡ 第 365 天　贪吃的男人

霍根和妻子莎拉结婚后一直在郊区住着，他们有一个不大却美丽的农场，生活过得逍遥惬意。

夫妇俩精心打理农场，除了开着汽车去城里采购食物或者签订农作物买卖合同，很少外出。

一天，当妻子莎拉从镇上采购生活必需品回到家时，发现霍根仰面倒在了火炉的旁边，胸口插了一把匕首，已经没有了呼吸，莎拉哭得死去活来。

精神恍惚的莎拉清醒后立即报了警。

警长休伯特带着警员很快来到现场进行了勘查：只见一个烤盘的上面还在烤着牛肉，里面的炭块已经快要熄灭了。旁边的桌上放着两个托盘、两副刀叉、一些作料。

休伯特检查尸体后，确认霍根大约在 1 小时前被杀害，那么，凶手应该还没有跑远。休伯特带着警员立即展开了追捕，结果在方圆 20 里的范围内只见到一个看起来是外地人的男人，休伯特觉得可疑，就把这个男人带回到了凶杀现场。

那个男人说自己是个旅行家，走累了正想找个地方休息呢。结果他来到现场看到火炉上的烤肉，伸手就拿，张嘴就吃。

"先生，慢慢吃。我只问你一个问题，你 1 小时前在哪里？"休伯特一边打量这个人一边问道。

"说真的，我实在不知道我在哪里，因为我迷路了，反正应该在这个农场里。哎，警官先生，请等我吃完这块烤肉再跟你详细说。"说着他停顿了一下，从炭火中又取出了一块烤肉，迫不及待地放进了嘴里。

他的这个小动作被休伯特看得一清二楚。休伯特眼前一亮，然后把手铐拿出来说："先生，您不仅爱撒谎还爱贪吃，请跟我到警署去一趟吧！"

休伯特是如何看出这个人是凶手的呢？

# 参考答案

第 336 天 因为苍蝇飞动时，快速扇动翅膀，其反作用力会通过空气传到瓶子上，所以它们的重量和不变，天平仍然平衡。

第 337 天 寒冷的天气里，室内温暖，冰霜都是结在室内玻璃上，户外玻璃上是不会结厚厚的冰的，可见杰克在编谎话。

第 338 天 4 个人回来的时间分别是 16 周、12 周、8 周、4 周，算出这 4 个数的最小公倍数就能知道那一天什么时候到来。最小公倍数是 48，即 48 周后四人重聚，那一天是 12 月 2 日。

第 339 天 小吴让他俩试戴一下手表，结果那个偏瘦的男子很快就把手表戴上，看起来正合适，但是微胖的男子由于胳膊较粗，戴了老半天才勉强戴上。然后小吴把手表拿过来一看，观察手表带上的两个孔很快就知道谁是表的主人了。因为二人手腕的粗细不一样，表带的长度肯定也不一样，消瘦男子系的那个孔周围看起来有点磨损，但微胖男子系的孔周围一点痕迹都没有。

第 340 天 梅花鹿的角在夏天的时候还没有长大，只有到了秋天或者冬天，才能长得像树权一样。男子杀害了妻子，用以前的照片欺骗探长，以造成下午不在现场的假象。

第 341 天 因为苏菲在极力掩饰罪行的时候，恰恰败露了自己所制造的不在场证明，而这一切都被杰克识破了。今天一早，苏菲回家后将准备好的冰块和金鱼放在打碎了的玻璃鱼缸附近。在太阳的照射下，冰块开始融化，等玛丽娜小姐到家的时候，就只剩下一些水渍。然而金鱼肚子里的冰块融化得很慢，所以，金鱼的身体摸起来还是冷冷的。

第342天 李光解释道："有些植物的叶片在晚上或是阴天下雨的时候，会自动地合起来，目的是不让外界的雨滴或大风等把叶片毁坏。合欢树的叶子就有这个特点。所以，当我发现死者旁边的合欢树上有几片叶子的内侧溅上了血迹时，我就断定死者是在下雨之前被人杀害的，也就是说凶手是下雨前就待在店里的人。又根据以往的经验来推断，如果是店老板杀害了死者，店老板一定会把尸体藏起来，不会放在外面。由此，我断定凶手就是下雨之前住在店里的人，也就是二楼上的这个人。"

第343天 兵有9948人。

第344天 小玲被关在窗户朝北，即面对丘陵的那间屋子里。根据气压理论很快就可以解释：海岸一到夜晚，陆地上的气温要比海面的温度容易冷却，这时凉空气会就从丘陵向海上流动，所以从朝北的小窗口吹来阵阵凉风。反之，白天由于陆地很快变热，风就改从海上吹来，而在早晚气温相同的时候，海岸上就处于无风状态了。

第345天 鲍伯是O型血，而他的夫人是AB型血，这样他们的儿子布来兹就只可能是A或者B型血，所以他不是凶手，那么凶手就可能是布来兹妻子的哥哥巴尔。

第346天 首先要了解椰蟹的习性，椰蟹怕强光，因而白天都躲在洞穴里休息，夜间才外出游览和觅食。所以肯定是凶手在杀死男子后伪装的现场。

第347天 按企业家所说，他把金币分给了10个人且每个人分得的金币不等。果真如此的话，企业家至少需要55枚金币，因为10个人中，最少的分到1枚，最多的分到10枚，至少要55枚金币。而企业家说他只有50枚，所以他在说谎。

第348天 兄弟俩都出生在夜里，哥哥李贺是3月1日零点之前，即2月

29 日将要结束时出生的，弟弟李奇是 3 月 1 日零时后出生的。因为只有闰年时才有 2 月 29 日，所以哥哥每隔四年才过一次生日，即兄弟俩 4 岁时的 2 月 29 日是哥哥的第二个生日，第二天是弟弟的第四个生日。

第 349 天 因为没有桥，所以刘光大军只能从江中过。既然水势太大，那就把水势放缓，问题是怎么放缓。军师的办法是在岸边挖出一条长长的水渠，两端与长江接通，如此就能分散长江水流，从而减缓它的水势，军船就不会被江水掀翻，大军便能安全渡江。

第 350 天 罪犯故意到养牛场，脚底踩了牛屎，牛屎会刺激猎犬的嗅觉，从而掩盖了罪犯的气味，巴德警长只要检查农场员工的鞋底，看谁的鞋上沾了牛屎，就能找到罪犯。

第 351 天 玻璃凹槽在盛满水的时候，就变成了一面凸透镜，太阳光通过这一排凸透镜聚焦到干草上，便引起了大火。

第 352 天 黄家的孩子比石家的孩子多卖了 220 份，报纸一共有 1020 份。

第 353 天 凶手在作案后把雪茄放到桌子上，再将望远镜的焦距调整到下午 5：30 左右太阳的位置，对准雪茄烟的头部。下午 5：30 左右的时候，阳光开始聚焦在雪茄上把它点燃，从而造成了毕夏普馆长是下午 5：30 左右才被杀的假象。从作案手法上看，能够近身作案的人一定和毕夏普馆长很熟，再加上刻意制造的时间证据，凶手很可能就是唯一跟毕夏普馆长接触过的鲍里斯先生。

第 354 天 英国士兵在德军哨兵刚进哨所的时候开始过桥，走了 4 分钟就已经过了哨所，然后掉转身往回走。当哨兵出来的时候就会命令他再次调转方向，这样英国士兵就可以顺利通过大桥了。

第 355 天 孙明远忽然想到，昨天晚上强盗为什么非要赶我走，我身上不是也带着钱吗？由此他想到一定是因为人数的缘故。果然让他猜中了。原来，那两个身带巨资的布商早就被这伙强盗盯上了。他们预先叫 2 个同伙藏在黑柜里抬进客房，半夜杀死布商后，用 2 个死的换出 2 个活的。如果不把孙明远撵走，就对不上人数了。

第 356 天 在绳子中间打一个活结，使结旁多出一个绳套来，从绳套中间剪断，杯子就不会落下来。

第 357 天 李奶奶在面粉中加了一些水，捏成团后带回了家。

第 358 天 从回形针上扭下一段，在丝织手巾上用力摩擦，这样针就具有磁性。把针在额头上擦两下，沾上一点油，再放入水中。油的张力能让针浮在水面上，而磁极的作用会让针尖摇晃，当摇晃停止后，针尖所指示的方向就是北方。当然，针尖所指的是磁场的北极。

第 359 天 老五得到的最多。如果把各式通分比较分母或分子，算起来都很麻烦。如果把各分数化为小数，算起来也不简单。这就需要你找捷径。通过观察可知道 $\frac{3}{7}$、$\frac{17}{35}$、$\frac{101}{203}$ 都小于 $\frac{1}{2}$，只有 $\frac{151}{301}$ 大于 $\frac{1}{2}$。

第 360 天 阿龙把小猫和兔子分别装在了两个篮子里，然后转动担子的方向，将小猫放到身后的桥上，将兔子放在身前的桥上，这样大家都可以顺利过桥了。

第 361 天 根据生理常识，一个月大小的孩子哭泣时眼泪很少。

第 362 天 山大王先安排刘、张、赵 3 个山贼持 2 张请柬进入屋内：刘山贼先拿一张请柬卡进屋，然后借口有事外出，领取一张临时通行证；接着，张山贼用刘山贼拿出的临时通行证进院门，进屋时用请柬的一张红卡，然后也借口有事外出，领取一张临时通行证，这时张山贼的手中就有一张请柬的一张红卡和两张临时通行证；赵山贼也用张山贼的方法获取一张临时通行证。凭这 3 张临时通行证，山贼每批进院门 3 人，出 1 人，就可将十几个山贼都安排进院。最后，刘、张、赵 3 个山贼再进屋，把 3 张临时通行证交给总管。

第 363 天 21 岁。

第 364 天 王小文家停电的时间大约就是两根蜡烛燃烧的时间。从王小文所记的残烛的长度，可以推算出两支蜡烛燃烧了 3 小时 20 分钟，这也就是停电的时间。

第 365 天 那位自称为旅行家的男子伸手就拿火炉上的烤肉，因为他知道此时火炉上的烤肉已经不烫了，所以张嘴就吃了，说明他分明来过现场并杀害了霍根先生。

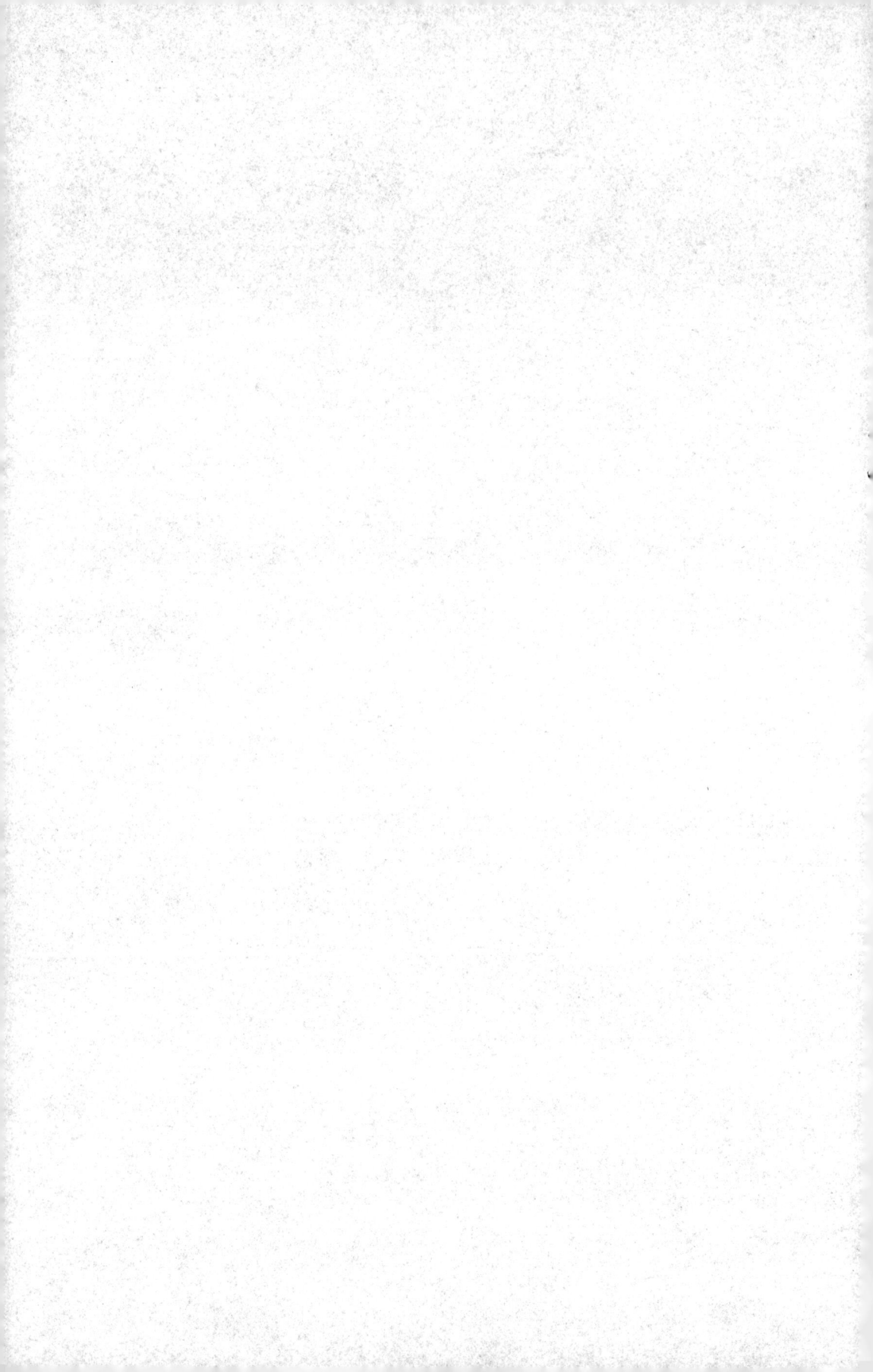